上海百老德育讲师团 编著

臧泉木 主编

上海教育出版社

新编《百老风采》丛书编委会

新编《百老风采》丛书编辑部

写在前面

今年4月18日，迎来了上海百老德育讲师团建团18周年。我们的《百老风采》丛书又再版了。我们难以忘怀的是2007年4月17日，习近平同志给上海百老德育讲师团全体同志的信中热情鼓励："上海百老德育讲师团的全体同志，你们离退休后不辞辛劳，满腔热忱地帮助青少年健康成长，为培养造就社会主义事业接班人作出了积极贡献，令人尊敬和钦佩。知悉你们正着手编写《百老风采》丛书，这是很有意义的一件事。老同志的精彩人生是我们党领导人民进行革命、建设和改革的生动写照，是培养教育下一代的珍贵素材。希望丛书能够早日付梓出版，成为广大青少年的良师益友。衷心祝愿老同志们身体健康、生活幸福！"

习近平同志的信给我们百老团600多位老同志极大的鼓舞和力量。

难以忘怀的是在上海志愿者协会成立10周年的群英会上，上海百老德育讲师团团长戚泉木荣幸地受到习近平同志的亲切接见，热情握手和鼓励。习近平同志到北京工作后，又委托秘书给戚泉木团长来电热情关怀上海百老团的建设和《百老风采》一书的出版，同意他的来信可以公开发表。难以忘怀的是2017年在百老团成立17周年之际，百老团写信给习总书记汇报工作，习总书记在出访美国前夕，工作如此繁忙之时，还委托中央办公厅同志给百老团团长戚泉木来电话回复，对百老团全体老同志热情关怀。2017 年 9 月 27 日，《解放日报》《文汇报》《新民晚报》及电视台报道了《习近平在上海》一文，文中也有这张习近平同志同戚泉木同志亲切握手的照片，通过互联网向世界宣传，这是对上海百老团老同志极大的鼓舞。十年来，上海百老团的老同志们以习近平同志这封信为动力，以爱党爱国爱民的赤诚之心，积极投身加强青少年思想道德教育的伟大事业，发挥余热，再立新功！

在习总书记的亲切关怀下，上海百老团坚持“忠诚敬业，关爱后代，务实创新，无私奉献”的建团宗旨，坚持“要使红旗飘万代、重在教育青少年”的思想理念，“献了青春，献白发，为了江山，为子孙”。坚持听党话、永远跟党走。上海百老团全体同志决心以习总书记新时代中国特色社会主义思想为指导，全面贯彻十九大精神，拥抱新时代，践行新思想，实现新作为，讲好中国好故事，争当百老好讲师。

上海百老德育讲师团由 600 余位老干部、老红军、老将军、老劳模、老教师、老专家、老艺术家等组成，他们离退休后不甘享清福，依然激情满怀服务人民、奉献社会。百老讲师团专注德育，关心未成年人思想道德建设，1993 年底，上海市新闻出版局干部、中国作家协会会员戚泉木抱着“要使红旗飘万代，重在教育青少年”的理念决心组建上海百老德育讲师团。他竟三次向单位党委打报告，要求停领本单位 2400 元工资奖金，去作家协会领取 140 元津贴，以作家身份请创作假，携手 24 位老干部、老红军、老将军、老劳模、老教师、老专家、老艺术家等开始创建上海百老德育讲师团。在一无资金、二无办公场所、八次搬迁办公场所的困难条件下艰苦创业，执著奉献，无怨无悔。无论严寒酷暑，不管刮风下雨，百老讲师团成员始终坚持进学校、下社区、走城乡、入军营、去工厂、进机关……说那过去动人的故事,讲“我的人生,我们的中国梦”。18年来,已为410多万青少年举办了近5500多场德育讲座、德育展览和德育演出,七次被评为全国先进集体,21次被评为上海市先进集体,并被誉为全国和上海德育教育著名品牌。德育教育是塑造灵魂的工程,利在当代,功在千秋。百老讲师团关心未成年人的德育活动一直得到各级领导部门的亲切关怀和热情指导。百老讲师团德育教育内容丰富,形式多样,寓教于乐,生动感人,受到广大青少年的热烈欢迎。

追求创新、创造、创意,百老讲师团受到党和人民的高度评价。2005年2月7日,日理万机的中共中央总书记胡锦涛同志在中共中央办公厅呈报给他的一份综合报告中看到报告第四条“其他建议”有一段:“百老德育讲师团由上海市的老红军、老科学家、老劳模等组成,迄今已在学校、社区、农村举办了600多场专题报告,起到了很好的爱国主义宣传作用。这种形式可加以推广。”胡锦涛同志特别重视,亲笔批示推向全国。

2月8日中共中央宣传部发出“关于对‘百老讲师团’进行报道的通知”:“由上海市的老红军、老科学家、老劳模组成的百老讲师团已在学校、社区、农村举办了600多场专题报告会,收到了很好的效果。为大力宣传‘百老讲师团’经验,对青少年进行爱国主义教育,遵照中央领导指示和中宣部领导安排,请人民日报、新华社、中央人民广播电台、中央电视台等中央媒体近期对‘百老讲师团’进行重点报道。”

2013年,在习近平总书记的亲切关怀下,中央有关领导又一次亲笔批示,再次将这个特殊志愿者团队推向全国。中宣部根据中央领导批示精神,发出电话通知:“上海百老德育讲师团由600多位老干部、老红军、老将军、老劳模、老教师、老专家、老艺术家组成的精神文明宣传队伍,长期立足社区开展德育讲座、演出和展览,被誉为老有所为的典型代表，当之无愧的革命传统教育宣传员，最具威望的社会风尚监督员，最可亲近的思想道德教育辅导员。”指定中央重点媒体人民日报、新华社、光明日报、经济日报、中央人民广播电台、中央电视台、中国青年报等发表了两篇报道、一组评论，并号召“鼓励全社会学习百老德育讲师团的精神”。这更是对上海百老德育讲师团全体同志的极大鼓舞。

新版《百老风采》出版是一件很有意义的事，这是献给广大青少年的德育读本。百老不老，个个是宝。百老的奋斗历程，定能对青少年的成长有所启迪，激励他们为“实现两个百年”目标，中华民族伟大复兴的中国梦立志奋发，践行担当，为党旗添彩，为祖国争光。

目　录

CONTENTS

第一篇:烽火岁月铸忠诚

第二篇:人民将星耀山河

第三篇:铁骨铮铮照汗青

第四篇:忠诚党的教育事业

第五篇:报效祖国赤子心诚

第六篇:放声高歌艳阳天

第七篇:平凡人的不平凡人生

第一篇：烽火岁月铸忠诚

在革命年代，他们从战火硝烟中走来，砍头如同风吹帽，坚定主义不动摇；在社会主义建设时期，艰难困苦吓不倒，初心不改永向前。这是老干部的风骨，这是老干部的情怀，把为人民服务的教诲记在心里，扛在肩上。全心全意为人民服务是他们人生最大的夙愿。

弘扬革命先烈的爱国主义精神

夏征农题书

夏征农

1904年出生，江西丰城人。1926年参加中国共产党，1927年参加“八一”南昌起义。1933年参加中国左翼作家联盟。1938年起任新四军军政治部统战部副部长兼民运部长；1948年起任济南特别市委宣传部部长、市委常委，市委副书记。1950年调中共中央山东分局，先后任宣传部副部长、部长，山东省委委员。1954年起先后任山东省委常委、宣传部部长、副书记、书记处书记。1961年调中共华东局，历任宣传部副部长、部长。1978年任复旦大学党委第一书记。1979年起任上海市委书记。中共十二大被选为中共中央顾问委员会委员；中共十三大、十四大、十五大代表，十六大、十七大特邀代表。曾任上海市社联主席、上海市文联主席；《中国大百科全书》总编委副主任；还任《辞海》《大辞海》主编。夏征农同志为上海百老德育讲师团顾问。

夏征农:半是书生半是兵

夏征农是一位老革命家,也是一位才情洋溢的老作家,可他把自己定位为"半是书生半是兵",足以看出夏老豁达大度、谦虚谨慎的胸怀。

从枪林弹雨中过来

夏老1904年出生在江西丰城市。学生时代就抱着"国家兴亡,匹夫有责"的大志参加"五四"和"五卅"运动。1926年怀着反帝反封建的激情加入中国共产党,并且拿起枪,投入"八一"南昌起义。之后他远走他乡,读书求学。

1937年,他毅然投笔从戎参加了新四军,继续军旅生涯。

1941年,他随叶挺军长行军到皖南泾县茂林一带驻扎,遭遇了国民党军队的伏击。这是一次事先毫不知情的惨烈战斗,新四军9 000名战士被十倍于己的国民党军团包围、伏击。新四军虽顽强拼搏想要杀出重围,可寡不敌众,多次突围都被堵截,未能成功。

司令部、政治部干部全部集中到石井坑盆地商量对策,准备从这里再组织一次突围。可传来一个消息:负责掩护撤退突围的教导队所在的山头阵地被敌人占领了。敌军正居高临下,向石井坑发来密集的炮火。作曲家任光同志在指挥所内被炮弹击中当场牺牲。情况非常危急,指挥所必须立即转移。

夏老当时担任政治部统战部副部长兼民运部长。他随同叶挺将军一行连夜翻山越岭,进入了一个叫大坑王的山窝子里。他们又饿又累,天亮时都身不由己地瘫卧在地上了。白天不能行军,他们趁此就地休息。

侦察员探听到包围这座山口的是东北军的一部分,叶挺将军想通过谈判,让新四军有个通道可以突围,以免牺牲过大。未曾想到,叶挺将军带着随从一走进敌人的警戒线就被扣留了。这就是轰动一时的"皖南事变"。周恩来总理曾为死难的新四军战士写了"千古奇冤、江南一叶"的挽联。

夏老是"皖南事变"的亲历者,他在叶挺将军被扣后,和留下的同志们一起,继续组织突围。他们面前,只有突围一条路可走。敌人的炮火再猛烈也得突围,只有突围才有生路,但必须分散行动,于是大家趁黑夜分散往四面八方的山头上奔跑。

天亮时,夏老发现和他一起跑到这座无名山头上的只有侦察科长、参谋处长和女机要员小周等连他共四人。幸好山上杳无人烟,林木茂密是天然的掩护屏障。他们四人小组靠白天采摘野果,晚上下山接取山泉水来充饥、止渴。

夏老带领大家等待时机突围。真是奇迹,他们竟一直靠野果和山泉维持了五天。到了第六天,敌人终于停止了炮击,从山头撤离。

这是突围的好时机。夏老一行四人趁天黑下山,进到一位老乡家里。老乡热情地为他们烧了一大锅锅巴粥,给他们充饥。这无异于雪中送炭,很暖人心。但因村口还有国民党驻军,他们不能久留。夏老便通过老乡的关系,先将女机要员安全转移,三人再继续踏上回总部的路。最后通过圣公会陆绍泉会长的精心安排,夏老和同伴化装成茶商由乡亲护送出了封锁线,经上海,安全回到了苏北盐城新四军军部。这真是九死一生啊！那种喜悦之情难以言表，更难忘的是舍生忘死掩护他们脱险的乡亲！

每每回忆起这段惊险的突围脱险经历，夏老都按捺不住内心的激动，他说，危难中见真情！乡亲们冒着生命危险掩护我们，怎能忘记，怎能在日后的工作中不以人民利益为重呢！

40年后的1981年5月，夏老应新四军和华中抗日根据地研究会的邀请，到泾县云岭新四军军部旧址开会。当他见到当年掩护过机要员的吴老太太时，紧紧握着对方的手，眼中闪烁着激动的泪光，真是千言万语尽在不言中。吴老太太陪他细看了军史图片展，更让他内心久久不能平静。

当夜，夏老彻夜难眠。半夜披衣下床，借着皎洁的月光，写下了心中涌动的激情：

忆昔群英聚首，
而今人去楼空；
留有丹心一片，
照得大地通红。

开明开放的老领导

1978年7月，夏老在上海市委任分管文教卫的书记兼复旦大学党委书记。这时，他已年过古稀，但百废待兴，不容稍有懈怠，他分秒必争，一去复旦大学就抓了当务之急的两件大事。一是为学校含冤受迫害的教职员工平反昭雪，恢复名誉，为他们受牵连的亲属落实政策；二是为教职员工改善生活条件，解决生活困难。

同时，他为大学生开启民主之门，鼓励学生自己组织社会科学理论研究小组,不少学科办起了自己的墙报,复旦大学校园充满了生动活泼的民主空气。在人们心目中,这位年过古稀的老人,不仅是一位值得尊敬的老领导,更是一位开明的长者。夏老经常漫步在校园里,仔细观看墙报,从中了解学生真实的思想与要求,他自己也旗帜鲜明地写文章、作报告。

夏征农关心出版工作

在关于实践是检验真理的唯一标准问题的大讨论中,他提出要解放思想,发扬民主,打破思想顾虑,积极倡导学术民主,实行民主办学,努力把复旦办成教学和科研的中心,使复旦大学又一次走上了健康发展的道路。

世上最年长的主编

《辞海》是中国最具权威的大型综合性辞典,1904 年出生的《辞海》主编夏征农也称得上是世上最年长的主编。

1978 年,74 岁的夏征农继舒新城、陈望道之后,出任《辞海》第三任主编。在他的主持下,1979 年版、1989 年版和 1999 年版《辞海》相继出版,发行量逾 600 万部,还出版了 1 100 多万卷分册。2002 年,他以 98 岁高龄出任了我国第一部特大型综合性辞典《大辞海》的主编。《大辞海》篇幅是《辞海》的 2.5 倍,目前医药卫生卷、哲学卷、语言学卷和法学

夏征农主编的《大辞海》

卷已经出版。

据史料记载，明朝的解缙39岁编纂《永乐大典》，清朝的纪昀49岁编纂《四库全书》。夏征农从74岁起主编《辞海》，编到100岁，前无古人。

2004年1月31日是夏老100周岁生日。老人赋诗一首，题为《百岁乐怀》：

人生百岁亦寻常，
乐事无如晚节香。
有限余年仍足惜，
完成最后一篇章。

夏征农诗中最后一句，指的是《大辞海》，编纂工作中的重大事项仍然要他来拍板决定。

新中国成立后，夏征农六次进京出席党的代表大会，是中共十六大、十七大特邀代表中年事最高、党龄最长的老同志。

笑对人生话淡定

夏征农老人活到105岁仙逝，是高寿老人。在他百岁之际依然思维敏捷，身板硬朗。他那半是书生半是兵的人生充满传奇，总为人敬重。探索夏老养生之道同样是不少人的热门话题。每当说起，夏老总是态度平和，笑着不以为然地说："心静养神，心宽淡定，没有私心杂念，不计较个人得失，最为关键。"

淡泊个人名利，让夏老永葆一颗宽厚而无私的常人之心。夏老夫人说：“生活中我们常听到有人攀比：‘当年我比他的级别高，现在他领导我来。’征农从未说过这样的话。有人替他不服气时，他总是说：‘一切事物都是在变的，况且各有各的长短，各有各的机遇。就现在这样，我自己已经觉得名不副实了，人该有自知之明呀！’”

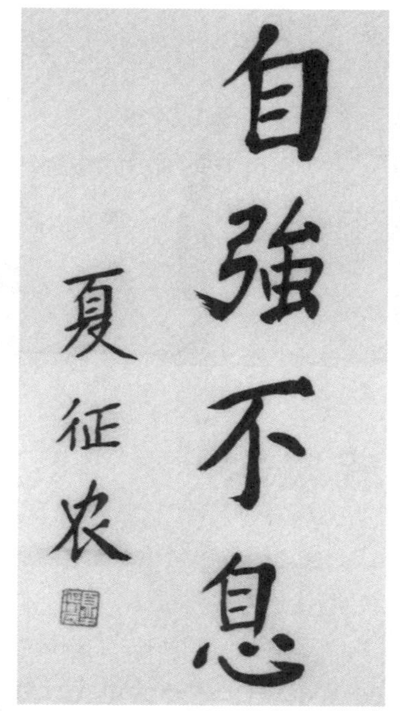

锻炼，是夏老生前终身不弃的一项爱好。几十年里，无论到哪里，无论遭遇坎坷还是身处顺境，他始终不曾停止过锻炼。20多年前，夏老开始每天早晨起床前做一套“干沐浴”体操，又根据自身情况下床后做一套自编的体操，不管天冷天热还是刮风下雨，他都坚持，从不间断。

后来，夏老被查出患了前列腺癌，医生建议家属别告诉夏老。夏老夫人说：我最了解夏老，还是决定将病情如实相告。正如夏老夫人所料，他听了表情很平静。他说：“听医生的，该怎么治就怎么治。”

夏老夫人接着说：“夏老进行了手术，手术很成功。麻醉剂时效过后的第二天清晨，我帮他洗漱完毕，他就非要下床不可，怎么也劝不住。我只好把他扶下床，走到病房门口时他推开我的手，充满自豪地高声说：‘我又站起来了！’他就是这样坚强，有种打不倒的精神。”

作者：彭新琪

共产党给我一支笔，
人生的价值在奉献。

戚泉木

戚泉木

笔名戚科夫、山川，泉水、奇木，1937 年 4 月 18 日生于浙江诸暨，中共党员、大学学历。

系中国作家协会和中国科普作家协会会员；曾任大学教师、上海市教育局工农教材语文编写室负责人、中央教育部工农教材编写室语文教材负责人、百老艺苑书画社社长、上海声像出版社编辑部主任、新闻出版局处级干部、联合国技术信息系统上海中心站秘书长等。现为上海百老德育讲师团团长，先后被聘为国务院发展中心上海发展所研究员，亚洲人文社会科学院学部委员，中国管理科学研究院研究员，西安交大、贤达学院客座教授，上海市建委党校特聘教授，上海大学、海事大学大学生德育导师，上海欧华职业技术学院、南洋中学、川沙中学、工艺美术学校、浦东模范中学名誉校长，上海市东新中学荣誉校长，上海市晋元高级中学德育高级顾问，上海市对外文化交流协会、上海市收藏协会高级顾问，上海康桥阳光城福利院名誉院长等。

先后两次荣获全国关心下一代工作先进工作者、第三届中国时代十大新闻人物、全国中华之魂十大功勋人物、全国五好文明家庭等全国十多项荣誉称号。同时被评为上海市关心下一代工作先进工作者、上海市党的基层理论宣讲先进工作者、上海市离退休干部先进工作者、徐汇区道德模范等上海市十多项荣誉称号。

戚泉木:共产党给我一支笔

上海是一座充满神奇的城市。苏州河上秋月春风,黄浦江潮起潮落,日月精华在这里留影。这里,谱写了上海百老德育讲师团团长、共产党员戚泉木同志彰显人生价值在奉献的精彩人生。

共产党给我一支笔

浙江诸暨,地处会稽山西麓,是西施的故乡。但在苦难的旧中国,这里的山不再美,水也不再灵秀。戚泉木 1937 年诞生在诸暨原本还算殷实的一户农家。但好景不长,在他 8 岁那年,母亲忽然患心脏病猝死。一年后,继母进门不久,以种田为生的父亲因劳累过度,患肺炎也一病不起。父亲的死,使破碎的家从此彻底破落。祖父母受不了打击,也相继离世。戚泉木的大姐不得不到上海打工谋生,三姐被骗到杭城深山受苦;继母为生活所逼,"典身"维持全家的生计,成了又一个"为奴隶的母亲";他则因缴不起学费,辍学在家,吃饭靠邻居接济,有了上顿没下顿。童年的苦难,让这个苦孩子看够了人间白眼,也熔炼了他不怕吃苦,刚直的人格。

1949 年,解放的隆隆炮声响彻神州大地。苦尽甘来,戚泉木免费重返学堂,还当上了儿童团的团长和少先队大队长,和穷人家的孩子一起欢呼翻身解放。不久,他被失散多年的大姐接到上海沪西小学插班就读。他十分珍惜这来之不易的机会：学习不怕苦，大扫除不怕脏，出黑板报不怕累……因成绩斐然，表现优秀，被学校选为少年先锋队的大队长。当他从校长手上接过奖品：一支金笔和25元的奖学金时，他夜不能眠，思绪万千，在灯下用金笔写下了“共产党给我一支笔”的感想。

“三寸水笔重又重，穷人几代扛不动。共产党给我一支笔，千歌万曲向党颂。”他牢记要用这支笔为党奉献一辈子。用这支笔他写下了入团申请报告；用这支笔他17次写下要求入党的申请，经受了17年的考察，终于光荣入党；用这支笔，他填写了加入上海作协和中国作协的申请，并成为协会的成员。

几十年来，从儿童团长到德育讲师团团长，从小学教师到大学教授，从读者到编辑部主任，他笔不离身，笔耕不断。在黑白颠倒的年代，命运多舛的他，一会儿到五七干校劳动，一会儿到人防工地“锻炼”，一会儿又去工厂接受“再教育”，生活使他迷惘苦闷，他从读书写书中得以慰藉。他用普希金的诗“假如生活欺骗了你，不要忧郁，不要愤恨，不顺心的时候暂且容忍；相信吧，快乐的日子就会来到”激励自己。每每在劳作之余，他就钻进帐篷不停地写啊、写啊，《种子的秘密》《衣服的故事》《防空洞的故事》……就是在月光下、机器旁、防空洞写的。一天的劳作后回到家，戚泉木仍不忘写作。为了不影响妻儿的睡眠，他常会用大雨伞遮挡台灯，《一只小木箱》《一本工作手册》《废纸是宝》等儿童小说，长诗《新长恨歌》，中篇小说《宝石密案》《娇妻难忍》就是在这样的大雨伞下写出来的。

他还用这支笔编写了不少大中小学的教材；他也用这支笔为一些受到委屈的老干部、知识分子以及企业家澄清事实，恢复名誉；他又用这支笔为青少年写下了数不清的德育报告……

数年前，戚泉木用心血和献身精神写的30万字的《人生价值在奉献》一书出版。为此，人们为他从事创作50年和该书出版举行了隆重的研讨会。中国作家协会发来贺信，表彰他是“一位保持着较高创作热情、有着强烈责任感和历史感的作家。从事创作50年来，他为广大读者奉献了300余万字的作品，受到社会广泛关注，曾多次获奖。泉木同志的报告文学《人生价值在奉献》，以饱蘸真情的笔触，表达了作者对人生价值的深刻理解，记述了他对人生价值的孜孜追求，具有鲜明的时代特色，是一部启迪心智、陶冶情操的优秀作品，也是一部生动感人、有说服力的德育读本，必将受到广大读者尤其是青少年读者的喜爱”。

人生价值在奉献

《钢铁是怎样炼成的》这部激励了无数人的杰作是苏联20世纪30年代文学中最优秀的作品之一。它是中华人民共和国成立后一代青年人的生活教科书。当戚泉木的老师将这部名著推荐给他阅读时，开始他有些不解：“我又不当炼钢工人，为什么要读这本书？”当他翻开书卷，就立刻被书中的主人公保尔·柯察金吸引了。保尔是一名勇敢的战士，战争使他双眼失明、瘫痪在床，在极端的困难条件下，坚持写作，表现了高度的党性和惊人毅力。几十年来，戚泉木无论在怎样的环境中，都以保尔的英雄形象激励自己，“困难就是考验，坚持就是胜利”成了他一生的座右铭。

“人最宝贵的东西是生命，生命属于人只有一次，人的一生应该这样度过：当他回首往事的时候，不因虚度年华而悔恨，也不因碌碌无为而羞愧；这样，在临死的时候他就能够说：‘我的整个生命和全部精力，都献给了世界上最壮丽的事业——为人类的解放而斗争。’”这是保尔留给世人的至理名言。戚泉木不仅能把这名言倒背如流，更是把它融入自己的血液中，见之于自己的行动里。这就是他常说的："人生价值在奉献!"

阳光消融了冰雪，春天重回了大地。党的十一届三中全会给重新崛起的祖国带来了希望。他被邀聘到大学招生办，又在大学当了教师，担任了市教育局和中央教育部工农教材语文编写室负责人，后来又担任了上海声像出版社的编辑部主任。

1989 年，已在市新闻出版局工作的戚泉木，受局的推荐参加了上海市人民政府组织的第四届讲师团，到金山支教并任分团长。此时他患肾病的妻子不慎跌跤，病重需要照料，他自己有高血压又漏肩风发病，同事好友都劝他向组织摆摆困难。面对支农，戚泉木觉得自己是共产党员，应听从党的召唤，服从分配。再说，支农亦大有作为，也是自己积累创作素材的好机会。就这样，他冒着酷暑去了金山，在人生的道路上又迈开了新的步伐。

在金山，各具特色的庭院经济如雨后春笋般迅速发展起来。特别是钱圩乡，这里家家户户利用宅前屋后零星土地和闲置的房屋，搞起了庭院经济。"门前屋后成银行，屋前宅后摇钱树""三月桃李芬芳，五月草莓鲜红，六月西瓜蜜甜，八月葡萄满枝，九月石榴结实，十月丹桂飘香"，村民的经济收入迅速提高。经领导同意，他决心到该乡蹲点半年。在这里，他认真总结钱圩职校的好经验，同时，他为实施国务院的"燎原计划"穿村走户，调查研究，通宵达旦地写出了 3 万余字《庭院经济前途无量》的调查报告。他还向当地研究庭院经济的专家、高级教师姚元绶学习，一起奋战 3 个月，利用业余时间编辑出版了 26 万字的《农村庭院经济探索》。该书被中宣部列入向全国推荐的百本好书之一。

庭院经济是商品经济中的"轻骑兵"，是"致富工程"。戚泉木为此着了迷，动了心。1992 年年底他从讲师团回到新闻出版局后，在市农

戚泉木向老领导夏征农和杨堤等汇报百老讲师团工作

委、农科院、园林局、作协等领导的重视和支持下,一级法人社团"上海庭院经济与文化研究会"正式成立。由市农委主任张燕任会长,戚泉木任该会法人代表、常务副会长。1993年年底,为了研究会的工作和利用研究会老同志多的优势筹建百老讲师团、组织百老讲师团对青少年进行爱国主义教育,他毅然放弃个人利益,他3次向所在的局党委打报告,请创作假继续到基层开展城乡庭院经济的调研和试点,以及百老德育讲师团的筹建工作。放弃机关2 400元月薪到作协领取140元津贴,着实使人感到不可理喻,有人甚至怀疑他脑子是否出了问题。戚泉木的生肖是属牛的,只要他认准的事,就一定会坚持到底。

1995年1月10日,戚泉木在人民大会堂向150余位中央有关领导、老干部、老将军作了"庭院经济与文化事业在上海蓬勃发展"的汇报,其中,关于发挥研究会中老同志的作用、对青少年进行爱国主义教育，筹建百老德育讲师团的做法受到了时任中共中央政治局委员、人大常委会副委员长王汉斌、孙起孟、雷洁琼、李沛瑶、吴阶平和政协副主席钱伟长、孙孚凌、朱光亚，以及陈锡联、马文瑞等领导人的赞扬，称赞上海的同志们正在开创一项“功德无量”的事业。

领军百老德育讲师团

在人民大会堂向中央领导的汇报，为组建百老德育讲师团奠定了思想基础。

2000 年 4 月 18 日，是戚泉木终生难忘的日子。他和 24 位在沪德高望重的老干部、老红军、老将军、老劳模、老科学家、老艺术家发起组织的上海百老德育讲师团宣告成立。讲师团成立之初，一无经费，二无固定办公场所，四年搬了八次家，但他仍初衷不改，坚持不懈地为青少年举办德育教育活动。成立 18 年以来，进学校、下社区、走城乡、入军营、去机关，已为 410 多万人次的青少年举办了 5 500 多场德育报告。仅 2006 年就举办了 200 场讲座。新春伊始，以社会主义核心价值观为主题，讲师团和孩子们共话热爱祖国，热爱党。暑假，结合红军精神代代相传，举办了留住红色记忆的德育教育活动。身为团长的他，开讲的“共产党给我一支笔”“人生价值在奉献”已有 300 余场，受到孩子们的热烈欢迎。为此，孩子们倡议要开展“四个一”活动：要为孤老、残疾人、居民楼各做一件好事，和特困生交一个朋友。在家决不做衣来伸

戚泉木利用双休日为小记者作报告

手、饭来张口的“小皇帝”。

戚泉木与孩子们在一起

戚泉木患有高血压、脑梗阻等疾病。一次出院没几天,便赶到母校晋元中学作“人生价值在奉献”的报告。他深情希望老师们身在三尺讲台要春风轻拂桃李,带领学生放眼五湖四海,树立振兴中华的使命感。在讲师团举办“三代领导人外交礼品展”时,他利用双休日为500多名小记者连续作了五场“共产党给我一支笔”的报告,嗓子哑了还坚持为他们的“祖国我为你自豪”作文比赛进行辅导。许多小记者会后写下了“戚爷爷是我们学习的榜样”的感言。2004年的夏天,他强忍着剧烈的偏头疼,为即将赴雅典参加残奥会的运动员演讲了两个多小时,给出征健儿加油鼓劲。他还把自己出版的《人生价值在奉献》一书,赠送给了青少年朋友。为了丰富德育讲座效果,他创作了口技“抗美援朝打美机”。

戚泉木的老伴因患尿毒症多年,住院多次。他深爱着百老事业,也深爱着老伴。老伴住院期间,他白天作报告,晚上就赶去医院陪夜。全国劳模杨怀远赞扬戚泉木:“老戚精神贵,从来不知累;一心为百老,真把心操碎;上至老领导,下到小字辈;关心送温暖,半夜还未睡。”

上海百老德育讲师团现已发展到600多人,另外还有十个分团。2005年,胡锦涛总书记殷切关怀,亲自批示,把上海百老德育讲师团的事迹推向全国。2007年,习近平亲切来信,热情接见。在2013年,以习近平为核心的党中央领导人的亲切关怀下,时任中共中央政治局常委刘云山,时任政治局委员、中宣部部长刘奇葆亲自批示,再次大规模推向全国。中宣部还号召“鼓励全社会学习上海百老德育讲师团的精神”。这给戚泉木和讲师团的老同志极大的鼓舞。上海百老德育讲师团七次被评为全国先进集体，21 次被评为上海市先进集体。

在众多的老有所为的前辈中，戚泉木是一颗璀璨光亮的启明星。他在上海世博会上，作为 150 多万志愿者的代表之一作出庄严承诺；他在北京人民大会堂，作过“人生价值在奉献，要为党旗添光彩”的动人演讲；他在北京大学作过“共产党给我一支笔，千歌万曲向党颂”的生动报告。他在上海大学向 1 000 多名大学生讲“继承光荣传统，争做优秀青年”20 分钟演讲，竟引起 40 多余次热烈鼓掌。他在贤达学院向 1 000 多名大学生作了 40 分钟演讲“喜迎十九大，争当百老好讲师，讲好中国好故事”，引来了 30 多次热烈鼓掌，大学生深深被革命传统教育所感动。习近平、胡锦涛、韩正、俞正声、刘云山、温家宝、李长春、徐匡迪等中央新老领导对以戚泉木同志为团长的百老讲师团有着重要的批示、来信和肯定。

功夫不负有心人，戚泉木几十年努力实践着他的“人生价值在奉献”的诺言，赢得了社会的尊重，彰显了他精彩的人生。真是莫道桑榆暮色晚，余霞灿烂满天闪！

作者：陆　潜

生命不息，奋斗不止。

叶尚志

叶尚志

1919年9月生于安徽宿松。历任上海市委统战部副部长、上海市委组织部主持常务副部长，离休前后兼任中国人才研究会副理事长，中国统一战线理论研究会常务理事，上海市政协常委，上海人才研究会会长、名誉会长，上海美育学会和行知教育促进会名誉会长，上海安徽经济文化技术促进会会长、名誉会长，上海炎黄文化研究会特邀顾问，上海抗大研究会副会长、会长，《人才开发》杂志社社长，京沪皖苏陈独秀研究会顾问，中华诗词学会理事，上海诗词学会顾问，上海书法家协会顾问，沪皖数家高校兼职教授、名誉教授，著有关于改革、人才、统战、党建、时论、杂论、回忆录等文集、诗集和诗书画集18种。叶尚志同志为上海百老德育讲师团顾问。

叶尚志：友情　亲情　诗情

叶尚志是位参加过抗日战争和解放战争的老同志。他从青少年起接受党的教育，历经革命沧桑，身体还是那么硬朗，工作还是那么热情，学习还是那么认真，作风还是那么正派，还像年轻时一样，保持着一股意气风发的革命精神。叶尚志一贯注重自学，有较高的文化理论水平。参加革命以来，从前线到抗大，从部队到地方，长期从事党政工作和党的教育工作。他坚持落实党的政策，尤其是党的干部政策和知识分子政策，实事求是，诚挚待人，广交朋友。

笔墨知己

"文化大革命"刚结束，叶老回到上海市委统战部。叶老对新、老知识分子接触多，了解多，很体贴，他坚持拨乱反正，不遗余力落实党对知识分子的政策；他秉公办事，敢于承担责任，尽力推动把"文化大革命"抄家所有物品从速发还的工作。叶老社会活动广泛，兴趣多样，在知识界有人缘，对文学艺术比较重视，刘海粟艺术大师就是其中他最敬重的一位。

叶尚志与刘海粟，一个从根据地来的革命老干部，一个在上海大都市久已闻名的大画家，这两个经历大不相同的人怎么会成为好友呢？

原来，他们对历史上的一些问题都有自己的见解，也有共同认识，互相敬重和认同。加上叶老有文化内涵，也会诗书，因此，他们一见面总是倾心而谈,热爱祖国、热爱艺术的激情溢于言表。他俩感情交融,心心相印,在不断接触中建立和加深了友谊。

叶尚志革命年代留影

1980年秋季,85岁高龄的刘海粟偕夫人到叶尚志家,带了一幅精心绘制的水墨画赠送给叶老,题款称叶老"笔墨知己"。这肺腑之言令叶老感慨不已。海老(艺术界对刘海粟的尊称)兴之所至,又当场挥毫写了一副林则徐的对联:"海到尽头天是岸,山登绝顶我为峰",叶老也挥毫回赠,两人交谈热烈,海老乐而忘返,直到夜晚,夫妇俩方尽兴而归。

当年夏季,叶老在北京民族文化宫举行诗书展览,突然得悉海老不幸逝世的噩耗,悲恸万分,立即发电悼唁,并写了《海老不朽》悼文,在《文汇报》刊载以表无尽哀思。

舐犊情深

叶老对两个子女在教育上要求非常严格,从不搞什么特殊化,如今他的子女都已学有成就,在各自的岗位上挑起重担。

儿子现在航空兵某研究所搞军事装备研究,担任所长、总工程师,大校军衔。女儿叶虹在父亲亲手创办的《人才开发》杂志社担任副社长兼主编。

"文化大革命"中，受叶老的牵连，他的子女都没有成为工农兵大学生。叶老教育子女在家好好读书。无论走到哪儿，叶老的家教都很严格。当年，这对兄妹硬是靠不懈的努力，当兵、入党，在国家恢复高考的那一年，比别人付出双倍的努力，兄妹俩都考进了大学。叶虹回忆，当时连续两年报名工农兵大学生都被刷下来，后来参加高考，她还在上班，却从未影响一天工作。在叶老教育下，叶虹在大学被评为优秀党员，还放弃了单位里上调工资的机会。

叶老年事已高，在上级组织的安排下，叶虹后来调入了《人才开发》杂志社，决心把叶老担任社长的《人才开发》杂志搞得更出色。自到了杂志社工作，叶虹更看到了父亲勤奋工作的一面。叶老不是挂名社长，每周 1 至 2 次到杂志社，一干就是 8 小时，非常有责任感。这样一位 80 多岁革命老干部的言传身教，使女儿叶虹更觉得自己身上责任重大，一定要把《人才开发》杂志办好！

浪花诗稿

20 世纪 80 年代前后改革开放时期，叶老常在报刊发表文章和旧体诗作。其实他早年就常写文章，但在漫长的"极左"时期从未动笔。他爱好诗词，与他的知识分子家庭影响有关。其祖父为晚清京师著名文人，国子监终身教授；父亲毕业于北京京师大学堂。他家是一个具有徽州文化传统的大家庭，叔伯兄弟从事教育，会写旧体诗的不乏其人。他又有坚持自学的习惯。过去虽东奔西走，驰骋疆场，工作紧张，但叶老凭借阅历、经验和文化积累，偶有所感，辄发诸笔端，作为一种业余爱好，畅抒所怀，或以文会友，共同切磋；一有空闲便习书画，以充实精神生活。粉碎"四人帮"之后，他开笔奋书重写诗文，是从 1979 年新春佳节写了两首诗作为开端的。当时于迎送酬和之余,叶老未忘林彪、“四人帮”给我们国家造成的惨痛教训,更喜粉碎“四人帮”之后,实现四化,大有希望,乃展纸研墨,尽情抒发。兹录《一九七九年春节感怀》(两首)如下:

一

清扫妖氛又一春,凯歌盛会扭乾坤。
十年教训千秋鉴,廿载沉冤一纸平。
善恶何愁无报应,是非岂虑不分明。
皑皑瑞雪迎春到,装点江山万象新。

二

莫说多年梦一场,几人肆虐亿人伤。
奸邪鞭烙曾难解,忠烈俎图岂可忘。
幸有宏材撑砥柱,更凭铁律正纲常。
神州今日风光好,万马奔腾百花香。

刘海粟看了他的诗,感到体裁虽旧而句义新,感情炽烈,爱憎分明,意境高昂,所以雅俗共赏,读后令人振奋,并将此振奋之情写入叶老汇集成册的《浪花诗稿》的序言中,认为:“《浪花诗稿》的出版,给诗坛增加了生气,是一件可喜可贺的事。”

叶老少年时的老友,诗书画国学兼擅的黎老光祖也为《浪花诗稿》写了序言,说两人是“少年的难友,成年的战友,老年的诗友”。叶老与黎老同乡,少年时因水灾同投亲戚家当学徒,患难相扶,情同手足,常以兄弟相呼。后两人不约而同到华北前线参军,投身革命。1975 年风雨如磐之际,阔别 44 年的老战友奇迹般地相会安徽省会合肥。老友相见,久别重逢,黎光祖当时有诗云:“昆仲分离卅四年,重逢已是换新天。狼烟战火争投笔,骤雨狂风紧着鞭。夙谊不忘先下榻,乡音未改尽开颜。逍遥津畔并肩坐,笑忆儿时抵足眠。”叶老即和之曰:“乡隅初逢忆少年,魔狂寇舞水连天。亲投篱下同尝胆,身献沙场竞策鞭。华发满头欢聚首，高楼遍市喜开颜。峥嵘岁月如流水，万绪萦怀难入眠”。此后他们经常互有诗歌唱和。黎老在《浪花诗稿》序言中赞扬叶老的诗篇：“其声铿锵，乃肺腑之声也，其境界高雅，乃心灵之境也。一部浪花、不啻万顷波涛，拜读之余，令人壮心不已。”

2000年秋季，全球汉诗大会筹备组织想让汉诗大会在中华大地举办，叶老全力支持，积极斡旋，终于在安徽省有关部门、上海安徽经济文化促进会、《人才开发》杂志社的支持下，促成了大会在诗词之城安庆市如期成功举行。《安庆日报》头版刊载了“龙山皖水尽欢颜，诗人兴会更无前”的大幅报道。安庆文风很盛，吟诗普及，海内外各地诗家和安徽吟唱团上台尽情吟唱，当地各乡农民也上台吟诗，叶老家乡一家四代登台吟唱，盛况空前，给中外来宾留下了十分深刻的印象，传播了祖国优秀的传统文化。

汉诗大会上，叶老以家乡吟诗声调吟唱了七律二首：

其一

吴头楚尾皖山迎，四海吟朋集古城。
笑语欢腾歌盛世，诗情洋溢度良辰。
炎黄祖脉源流远，华夏前程日月新。
回首故乡心难静，天涯八秩慰归魂。

其二

汉诗传颂几千年，代有贤人创美篇。
培德育民倡厚笃，修文易俗养清廉。
而今不学前人句，尔后难谙先圣言。
野语狂声充影视，但时雅正入微弦。

作者：刘鸿毅

青春是生命的出彩，
把握人生，
全力以赴心中的梦！
——李文祺
2016.2.28

李文祺

1946年10月1日出生，上海市浦东新区人，笔名穆志。大学学历。1966年参加新闻工作。《解放日报》驻京办事处原主任、高级记者。现任中国科技新闻学会名誉理事，中国科普作家协会名誉理事，中国环境记者协会理事，上海市作家协会会员，上海老新闻工作者协会常务理事、会长助理，上海百老德育讲师团副团长，上海报业集团《解放日报》退管委党总支副书记。

李文祺是全国科学大会代表，受到党和国家领导人的亲切接见、合影留念。撰写出版《南极之行》《来自北极圈的电讯》等科普书籍多种，发表科普文章上千篇。被中国科普作家协会授予“有突出贡献的科普作家”，被上海市科普作家协会授予“优秀科普作家”和“优秀科普编辑(记者)”称号。中国首次记者节获“范长江新闻奖”。2005年获上海大众科学奖。

1984年11月参加中国首次南极科学考察队，历时半年，荣立国家南极考察委员会三等功，受到中华全国新闻工作者协会通报表彰，被上海市委宣传部评为先进工作者，《解放日报》记大功；1988年获上海市十佳记者提名奖。1999年7月参加中国首次北极科学考察队，历时两个半月，中国新闻界中唯一参加“首次南极”和“首次北极”考察、采访的记者，被誉为“脚踏两极第一记”。曾亲历“神舟”一号至“神舟”六号现场采访。

李文祺:“五极”记者

《解放日报》高级记者李文祺,可称为“五极”记者。他有着丰富的经历,多彩的人生,献身新闻事业无怨无悔,深入现场采访出生入死,爱岗敬业,追求卓越,登上了记者生涯的五个“极点”,创造了非凡的业绩,作出了重大贡献。

哪五个“极点”?

壮士慷慨闯南极

1984 年春,我国首次派出的远洋科学考察船赴太平洋调查海底锰结核胜利归来,国家海洋局东海分局局长董万银在船上接受记者采访,采访结束,在聊天时不经意地提到:“我们今年还有项重大任务——到南极考察。”

在场的其他人没注意这句题外的插话,长期从事科技报道的李文祺打了一个激灵,问董局长:“派不派记者去?我能不能去?”“我们欢迎,但要你们单位提申请。”

李文祺立刻向报社领导汇报:“这是我们国家首次去南极考察,机会难得,希望报社派我随船报道这次科考盛举。”

总编辑陈念云、部主任余建华立即表示支持。申请报告送上去,国家海洋局很快批准,但提出:此行任务艰巨,参加者必须身体健康,业务熟练，还要面对困难，不怕牺牲，不但要完成采访报道任务，还要担任装卸工、搬运工。是年 38 岁的李文祺年富力强，自小在家中干农活，从不知道苦和累，怕什么？就这样，他成了中国首次南极科考队的一员。

党和国家领导人在人民大会堂为科考队送行，语重心长地叮嘱："希望你们平平安安地去，平平安安地回。"

李文祺深感责任重大，壮志满怀，但内心深处也作了各种准备。他看到，许多队员在登船前写下了遗嘱，船上准备了收尸袋，那是准备万一遭遇不测，就要成为烈士的。

离家前，李文祺拿着外交部发的公务护照到南京路王开照相馆拍了张 12 英寸的大照片，对妻子彭银芳说："想我的时候看看照片。"妻子看着照片仿佛猜到了什么，怯生生地问："不要去了，行不行？"李文祺流着眼泪，坚定而又乐观地说："就像解放军战士上战场，只能前进，不能后退，不去，就是逃兵。我是代表国家、代表中华民族去的，你放心，我一定会平安回来。"

上海市科技协会领导和 30 多位科技记者走过弯弯曲曲的乡间小路，到李文祺家中为他送行。《文汇报》摄影记者臧志成听说李文祺结婚时连结婚照也没拍过，特地把李文祺和妻子、女儿叫在一起，拍了张"全家福"。事后，臧志成悄悄地告诉李文祺："那张照片是为你万一回不来作纪念的。"

11 月 20 日，"雪龙号"破冰船和"向阳红 10 号"科考船离开上海，出东海，跨大洋，过赤道，穿越西风带，狂风暴雨，惊涛骇浪，考验着每个人的体力和意志。船上用水配给，考察队员半年没洗澡，头发胡子长得像野人。李文祺忍受着晕船、呕吐、失眠、厌食的折磨，每天向报社发稿，国内的千千万万读者，通过报纸关注着科考队的行踪。

在南大洋上，"向阳红 10 号"遭遇极地飓风，风速达每秒 34 米，而

12 级风也不过每秒 32.4 米。往日昂首挺胸的科考船，一会儿钻进波谷，一会儿又被抛上浪尖。144 米长、14 米高的涌浪与船头相撞，溅起几十米高的浪花，船体剧烈颤抖，左右摇摆达 70 度，舱室内瓶飞椅倒，人仰马翻，船体发出咔嚓咔嚓的响声。更严重的是，第 5 层甲板有 6 处裂开！主甲板两舷加强柱有 4 处裂缝！后甲板进水！船上雇佣的阿根廷顾问和直升机驾驶员，穿上救生衣，想登机逃走，但无法起飞，就跪在甲板上，左手拉着扶手，右手在胸前画十字，口中念念有词，祈求上帝保佑。

考察队队员坚守着岗位，与风浪殊死搏斗。船员中也有人想到了死，拼命喝白酒，还对李文祺说："老李，快喝酒，喝醉酒船翻溺水死亡不会有痛苦。"

在船长室，48 岁的船长张志挺双手紧握罗盘，神情专注，沉着应对，果断地发布口令：左满舵，右满舵，右桨停，左桨停，左车进一，右车退二！大副、二副、三副站立两旁，协助操作，一丝不苟。船员们高喊："船在人在，人在船在！"

李文祺冒着被风浪卷走的危险，抓着栏杆，从船舱爬到驾驶室，从船头到直升机平台，手持国产海鸥相机拍摄船员们与波浪生死搏斗的场面。

与暴风搏斗 15 个小时，冲出暴风圈，抵达乔治岛民防湾，船员们高呼："船长万岁！"

回到船舱，李文祺趴在地板上，写下了通讯《在沧海横流中》，连同《在巨浪中搏斗》的大幅照片，发回报社，及时刊登在《解放日报》上。

历尽千辛万苦，科考船驶进南极圈，在乔治岛上建起了有史以来第一个中国南极科考站——长城站。

船员们站在长城站前，遥望南极大陆，感慨万千。李文祺等 6 名记者向总指挥建议:“我们已经来到了南极,但尚未登上南极大陆,我们能否再前进一步,把国旗插上南极大陆?”船长采纳了这一建议,组织了36个人,穿上救生衣,上了登陆艇,向南极大陆进发。

环顾四周,是一座座千姿百态的冰山,寒光闪烁,晶莹剔透。突然,一座巨大的冰山向一旁倾倒,翻个大跟头,发出轰隆隆的巨响。这是因为冰山底部在海水的冲刷下逐渐溶化,头重脚轻,以致倾斜翻倒。

队员们无心欣赏这一南极奇观,万一小艇被翻跟头的冰山压着,非完不可!

小艇避开冰山,曲折前行,不料水中又冒出几个庞然大物——原来是巨鲸。它们一个个喷出十多米的水柱,黑色的尾巴一摆一摆,打出一个个漩涡。巨鲸虽然不会伤害人,但如果过于靠近,小艇也有被卷进漩涡的危险。

小艇迂回前进,驶向岸边,又在沙滩上搁浅。队员们穿上高到膝盖的防滑防冻防水靴,涉水上岸。记者们穿的是棉鞋,怎么办?李文祺等人脱下棉鞋,鞋带一系背在肩上,赤脚下水,走过浅滩。冰水刺骨,浑身打战,牙齿碰得咯咯响。上陆后穿上棉鞋,竟觉得双脚热得发烫。

队员们把五星红旗插上了南极大陆,创造了又一个奇迹。

回程中,因为登陆艇搁浅在浅滩上,队员们都脱了鞋,赤脚下水把登陆艇推入深水,再登艇回到科考船。

李文祺把这段经历写成一篇通讯发回报社,发表后荣获全国好新闻一等奖,国务委员宋健亲自向李文祺颁奖。

南极考察两个半月,航行十万八千里,李文祺发回了近百篇消息和通讯,国家海洋局和南极考察委员会为他记了三等功,《解放日报》为他记大功。上海教育出版社把他的作品汇编成《南极之行》一书出版发行,由汪道涵市长题写书名,市委宣传部副部长龚心瀚作序,新闻出版署、团中央、国家教委授予“全国优秀图书奖”。李文祺在南极拍摄的照片编成《南极掠影》一书出版，上海图书馆举办了“李文祺南极摄影展”，为这次南极之行画上了一个圆满的句号。

北极再奏凯旋曲

南极归来，“不甘寂寞”的李文祺又做起了“北极梦”。

15 年后，梦想成真。

1999 年，国家启动北极考察计划，国家海洋局组建新闻报道组，第一个邀请李文祺：“这次去北极，因为国家没有预算，采访记者每人要交 10 万元，你李文祺来，只要 5 万元就行了。”

年过半百的李文祺再一次热血沸腾。但那时的李文祺实在拿不出 5 万元。无奈之中，他找到报社领导：“能不能我自己出一点，报社出一点，我再找朋友赞助一点，让我参加北极采访？”报社领导一听，说：“不要这一点那一点了，你作为报社的特派记者去采访，费用全由报社承担。”

1999 年 7 月 1 日，“雪龙号”从上海外高桥码头出发，李文祺是船上唯一采访过南极又参加北极采访的中国记者。来自中央和地方媒体的记者们称他是“脚踏两极第一记”，推选他担任记者组临时党支部书记。

穿过白令海峡，进入北冰洋，洋面上一会儿风平浪静，波澜不惊；一会儿风起云涌，浓雾茫茫。直升机常常起飞时艳阳高照，回来时浓雾弥漫，找不到甲板。李文祺的报道任务也更重了，他同时担任了《解放日报》和《新闻晚报》的特派记者，还承担了向《北京晚报》发稿的任务。他把每天的工作分成两段：下午到晚上 12 点发生的新闻，发给《解放日报》，凌晨到中午 12 点发生的新闻，发给《新闻晚报》。为了与报纸截稿时间相接,他每天固定在下午1点和凌晨1点发稿,雷打不动。船上71天,李文祺向《解放日报》发稿68篇,向《新闻晚报》发稿70篇,还拍摄编发了4个版的彩色画刊。由于工作时间长,睡眠少,人体生物钟被打乱,内火重,他几乎天天吃药、打针,屁股满是肿块,一坐就疼。

1999年7月18日下午2点40分,雪龙号驶近北纬66度,扩音器里响起考察队报务主任的声音:"前方发现北极熊!"船上的20多名记者立即穿上考察服,拿上照相机、摄像机,冲出舱室。李文祺第一个冲到船头。

在北极冰原上

"雪龙"号减速,慢慢向冰原靠近。北极熊是北极地区最大的食肉动物,全身披着厚厚的白毛,仅鼻子留着一撮黑毛。只见远处浮冰上一群北极熊有的在轻松自如行走,有的在晒太阳。李文祺举起相机,拍下了一幅幅动人的画面,一看手表,已经过了晚报截稿时间。他返回船舱,直奔报务室,通过卫星电话拨通了报社,找到《新闻晚报》副主编胡廷楣:"我口授,请你记录。"终于抢时间在全国媒体中第一个发出了科考队发现北极熊的报道。

北极归来，上海科技出版社把李文祺关于北极的报道汇编成《来自北极圈的电讯》一书，出版发行。上海自然博物馆举办了“李文祺北极摄影展”，为李文祺的北极之行再次画上圆满的句号。

航天事业见证人

如果说南极、北极是地球的两个地极的话，那么浩渺无垠的太空无疑就是地球的第三极了，航天，就是向第三极进军。

李文祺感到幸运的是，他参与了神舟一号到神舟六号宇宙飞船发射的报道，是我国航天事业发展的见证人。

1999年11月20日，李文祺第一次来到大西北的戈壁滩。凌晨6时，我国第一艘宇宙飞船——神州一号在酒泉航天发射场升空，飞行20小时后，于21日凌晨3时40分返回。一般情况下，凌晨3点多当天出版的日报早已开印。在现场采访的李文祺目睹飞船着陆，争分夺秒，写好报道，传回报社，在当天的《解放日报》第一版刊出了神州一号胜利返回的消息。

2001年1月10日和2002年4月1日，李文祺在现场报道了神舟二号、三号的发射和返回。

2002年12月和2003年10月，李文祺报道了神舟四号、五号宇宙飞船的圆满成功。

2005年10月12日，59岁的李文祺再次走进巴丹吉林沙漠腹地，采访神舟六号发射。汽车在凹凸不平的公路上疾驶，李文祺双手紧抱着相机，坐在最后一排。突然，一次剧烈的颠簸，李文祺头碰上车顶，又重重地摔回座位，头部、背部、腰部疼痛难忍。汽车已到了离发射架只有1 000米的指定地点，同行们纷纷下车寻找有利地形，李文祺却瘫在车上,无法动弹。离神舟六号发射只有一个多小时了,他招呼随车战士把自己架起来,勉强移动到汽车窗口,头枕照相机包,脚蹬座椅,打开车窗,在窗口架好相机,对准发射架,拍下了飞船发射的瞬间。照片非常清晰,但如果仔细看可以发现,角度稍微有点斜。这个轻微的倾斜,记录了摄影者的非凡经历。

为居民解讲他拍摄的照片

就在当天,李文祺的妻子彭银芳和《解放日报》驻京办事处的工作人员一起,上街向北京市民散发刊登李文祺撰写神舟六号胜利归来的《解放日报》号外,有人走过来悄悄地告诉她,李文祺出事了……话没说完,彭银芳已泪流满面。

这时的李文祺,已被送进当地的部队医院,经检查,胸椎12级压缩性骨折,一截胸椎被压进去了近二分之一,尾骨碰伤。在部队医院住了8天,仍然不能动弹。李文祺想回北京,医生说,去机场的路况不好,再有闪失，下身将全部瘫痪。

李文祺急于回京，医院用木板做了副担架，把他捆在木板上，抬上救护车，再抬上飞机，飞回北京，住进同仁医院。李文祺在那里治疗、休养了好几个月，出院时被定为9级残疾，至今阴天下雨腰部、背部还隐隐作痛。

庆功宴上，总装备部部长曹刚川和政委李继耐、副政委朱增泉特地把李文祺拉到桌旁，高兴地说:《解放日报》立了一功!

三大会议铸春秋

如果说北京是中国的心脏，那么三大会议——全国党代会、人代会和政协大会就是心脏跳动的最强音，是铸造中国历史、影响世界走向的大事。对三大会议的报道历来是新闻界的重大战役，全国乃至世界性大媒体，无不派出精兵强将，安排大量版面和时段，抢占新闻报道的制高点。

世纪之交的20年间，李文祺先后担任《解放日报》驻京记者和驻京办事处主任，参加中共十四大、十五大、十六大和历年人大、政协大会的采访报道工作，对中国政治、经济、文化发展的大局和走向，党和政府最高层重大决策的经过，忠实地做了记录和报道，产生了广泛的社会影响。

在这些报道中，他记述了江泽民总书记与上海代表讨论如何发挥带头羊作用，更好地为长江经济带和全国服务，与文艺界代表讨论继承和创新的关系，与教育界代表讨论如何从应试教育转为素质教育;记述了胡锦涛总书记在酒泉飞船发射场与航天英雄杨利伟亲切握手，送他登上神舟五号飞船的动人场景;记述了政协委员视察三峡工程，参与重大决策等重大事件……

在李文祺的笔下,还记述了钱学森、周光召、宋健、徐匡迪、朱丽兰、王选等著名科学家畅谈科学精神,探索可持续发展的战略,以及节能环保技术、纳米技术、科技住宅、绿色建材、大规模并行计算机系统、生物雷达、高产水稻研究等。

有兴趣的读者可把《京城纪事》一书找来看看,那里收录了李文祺作为《解放日报》驻京记者写下的数百篇纪实作品。

扎根群众写传奇

李文祺从业40年,20年上海,20年北京,走南闯北,见多识广,采访风云人物,结交天下豪杰。他采访报道的对象,从党和国家最高领导人,到来访的外国政要;从科技界泰斗、演艺界明星、奥运会冠军,到劳动模范、战斗英雄,但他的根却深深地扎在基层,他的心紧贴着普通百姓。

40年记者生涯,让李文祺最感动、最自豪、投入精力最多的,是他与一个普通工人发明家的交往和对他的报道——这个人就是包起帆。

李文祺是第一个采访报道包起帆的人。

包起帆是1967届初中毕业生,1968年进上海港务局白莲泾码头做装卸工。那时,木材、钢铁等散货的装卸全靠人工操作,不但劳动强度大,而且工伤多。他目睹3位工人兄弟死于木材装卸,许多工友在工作时受伤致残,他自己的大拇指也在劳动时被压伤。他怀着“让码头工人远离死神”的强烈使命感,投身抓斗工艺改进、港口装卸、集装箱堆场和集装箱电子标签系统攻关,数十年如一日,勤奋学习,刻苦攻关,成为国内外知名的工人发明家。

粉碎“四人帮”，迎来了科学的春天。上海市要表彰一批科技创新的先进人物，李文祺找到了包起帆，多次采访，写成通讯《从装卸工到发明家》，《解放日报》刊登在一版头条。这是媒体对包起帆的第一篇报道，后来荣获上海好新闻二等奖。

李文祺和包起帆惺惺相惜，从采访和被采访关系变成了亲密无间的朋友。

20多年来，包起帆先后完成120多项发明创造，荣获3项国家发明奖，3项国家科学技术进步奖，18项省部级科学技术进步奖，30项国际发明展览会金奖。

中国拥有世界最大的集装箱吞吐量，但没有制定过任何一项国际标准，这个尴尬的纪录被包起帆打破。他和他的团队从2001年起潜心研究电子标签技术，面对西方的垄断和质疑，多次邀请国际标准化组织(ISO)专家来上海考察电子标签应用情况。面对事实，西方专家从最初坚决拒绝到最终愿意与中方一起制定国际标准。2011年12月29日，国家标准化管理委员会与交通运输部在北京宣布，国际标准化组织已投票通过并颁布由包起帆领衔制定的《ISO18186:货物集装箱RFID货运标签系统》，使这项标准升级为国际标准。

包起帆从一个装卸工，成了教授级高级工程师、国内外知名的“抓斗大王”，专家们称他推动了“一场改变人们运输方式的革命”。他还被评为全国优秀共产党员、全国道德模范，当选为中共十四、十五、十六、十七大代表，5次荣获全国劳动模范称号，2次荣获全国五一劳动奖章。

20多年中，李文祺追踪着包起帆的足迹，报道了他的每一项重大发明创造活动。他还主编了图文并茂、100多万字的《抓斗大王包起帆创造发明历程》《抓斗大王包起帆创新实践历程》《抓斗大王包起帆——感动中国的人》三本书，由上海科技出版社出版，把包起帆的传奇经历、崇高精神和光辉业绩广为传播。吴邦国委员长亲自题写了书名。

在迎接新中国成立60周年的日子里,中组部、中宣部、全国总工会、解放军总政治部等十一个部委联合开展的“新中国成立以来100位感动中国人物”评选活动,全国广大干部群众踊跃参与,经过近一亿人投票,包起帆脱颖而出,被评为“感动中国的人”。

李文祺的拼搏精神和骄人业绩也感动了无数人,也因此荣获上海范长江新闻奖、上海大众科学奖,被选为上海科技传播学会副理事长、中国科技新闻学会理事、中国科普作家协会理事、中国教育记者协会理事、中国环境记者协会理事、上海科普作家协会会员,等等。

正像《解放日报》报业集团社长尹明华在为李文祺新闻作品集写的《序言》所说:“能够与许多人交谈,探求他们的内心世界和成功奥秘,记录下社会的形形色色,在展现他人历史的同时创造自身的历史,这是记者职业的特征和优势。”李文祺正是这样履行了记者的职责,在记录历史的同时创造了自己的历史,在书写他人传奇的同时撰写了自己的传奇。

如果在中国新闻界评选100个感动中国的记者,我相信李文祺一定能当选。

摘自《中国新闻出版报》

作者:贯树枚(原中共上海市委宣传部副部长)

姚振尧

1938年3月生于上海。1960年7月毕业于上海外国语学院(今上海外国语大学),同年分配崇明县文教局工作,历任中学外语教师、教师红专学院(今教育学院)教研员、教研组长、教育科研室(筹)负责人、上海市崇明师范学校副校长、上海电视大学(今开放大学)崇明分校校长、上海市崇明科技培训中心主任,2001年1月退休。上海百老德育讲师团常务副团长、访问学者、崇明县政协第八、第九、第十届副主席。

姚振尧:青丝暮雪思华年

20 世纪 60 年代初,我还是一位刚毕业的青年中学外语教师,那段特殊时期的历练,给我留下许多美好的记忆,想起来仍然十分亲切。

尖尖的芦苇根比刀还锋利

旧中国"一穷二白",要在这个基础上建设新中国,是实在不容易的,要克服多少困难啊!

我工作之初,国家正处在"三年困难时期",物资极度匮乏,连粮食也都计划供应,每逢春秋两季农忙,学校都要放"忙假"协助农田作业,还做些副业,支持国家建设或补助困难学生。

特别让我记忆深刻的是秋天到海滩割芦苇,那是我第一次干农活,缺少劳动技能。最初,我见到海滩一望无边的海水和大片的芦苇荡,心情十分兴奋,海风一吹,滔滔的海水和那起起伏伏的芦苇,真像一幅幅巨大的油画……分工以后,我学着别人,卷起裤管拿着镰刀一步一拔腿地走进芦苇荡,开始割芦苇。这里的芦苇,俗称"江芦",比起内河的芦苇粗硬,怎么用力也割不断,况且大多数芦苇根还是没在水里的。大约不到一个小时,我的右脚底就被尖尖的芦苇根刺伤了,很痛,流淌着血;学生们便把我扶上岸,卫生老师赶紧帮我清创和包扎。过了一会儿,管后勤的陆老师拿着尖尖的芦苇根给我看,说这是我一路割下的芦根,再比较别人割下的芦根都是平头的。为什么呢？原因就是我将镰刀口往上斜拉，而别人的刀口都是平着割，斜口的芦根就像一个个竖插着的刀尖尖，是非常锋利的。

啊，我这才恍然大悟，也明白了简单的劳动并不简单，不经过实践是不会明白的。我虽然受了伤，但看到一车车芦苇堆放在校园内，特别是编织成芦苇篱笆送出校门去支援国家建设时，真有说不出的快乐。

踢球的爱好派上大用场

我学生时期是一名足球爱好者，是校队队员，踢右边锋。工作后在一所农村中学教外语，有时候也在操场上踢上几脚，玩得很开心。一天，体育老师与我商量，要我帮他带学校足球训练。校领导也找我谈了话，帮我调整了课时，增加了一些粮贴。每学期秋季，全地区中学生总有一季足球联赛，我们这所学校以往很少参加，参加了也总是个垫底的排名。

接受任务后，我特别抽时间去看了两场兄弟学校的球赛。当时的足球运动水平都不高，比赛时除守门员站在自家球门口，其余的人都是围着球争抢，乱成一团，根本进不了球。于是我便按照自己的经验订了份训练计划，根据7人制小足球场地小的特点，着重使学生学会三招：第一招是“传盘带球”，专练脚法，学会控制球；第二招是“三角短传”，也是俗称的“二过一”，两个人配合，绕过对方争球队员，将球推进球门区；第三招是“强行射门”，先练“点射”，从左中右不同角度射，然后练习跑动随机射门，可以是平射或挑射。当然，这三招的基本力量都来自球员奔跑的速度与耐力。

经过一个阶段的训练，就迎来了赛季，体育老师高高兴兴地代表学校报名参赛,组织赛事的领导予以表扬,说你们学校不能再缺席了。在片上五校联赛的第一场,我们学校就来了个“开门红”,以三球净胜的成绩向学校报喜。接下来虽有胜负,最后还是以总排名第二的好成绩出线,整个学校为此高兴了好些日子。

就这样,一位外语教师当足球教练的故事在各校传开了,学校也对我嘉奖了一番。我想在学习之余,多一些业余爱好是件好事,诸如音乐爱好、美术爱好或是科技爱好,说不定什么时候会派上用场的,使你有更好的发展。

篮球队员成为外语课代表

新学期开学不久,照例学校课余文艺队和球队都要调整部分成员,增加有特长的新同学或减掉一些学习明显跟不上的同学。为难的是校篮球队里唯一的高中锋球员有一门主课不及格,按规定是要被“劝退”的。这事传到我耳朵里,原因是该同学不及格的一门主课是我所教的俄语。下午我去教务处查了一下封存的试卷,核对了这位篮球高中锋同学的成绩。不错,他期末只考了52分,扣分最多的是一段复合句,关联词全都用错了,其余的部分还可以。

面对校篮球队将要失去一位主力队员的尴尬,我作了一个诚恳的建议,向学校送上一份为该同学补课的计划,尽快提高他的外语学习成绩。在不影响球队平时训练和比赛的状况下,我和这位同学安排好补课时间及进度。

我们的课补得很有成效,一次比一次进步,原来他的口语也不太好,现在也顺溜得多了。遇到他有训练课,我总是早早地准备好面盆、毛巾和肥皂,让他擦洗好定下心来补课,时间晚了就让他住在我宿舍旁的小间内。我们仔细地一课一课往下赶，在他最不懂的语法内容上作重点修补，就好比在珍珠项链断裂处予以加工。比如有一句汉语成语叫作“喝水不忘掘井人”，大家都很理解，语意十分清晰，但翻译成俄语，则句式就变成带有两个副句的复合句，应写作“当你喝水的时候，别忘了相关的人，就是掘井的那一位”。“当……时候”是时间状语副句，后面的“掘井的那一位”便是定语副句，是对“人”的指定，句中两个特定的关联词将主副连接在一起，成为带有一主二副的长句。俄语的文学性很美，美就美在其修饰语重重叠叠，很具欣赏性。

期中考试该同学获得 85 分的好成绩，同时他一场训练和比赛也没落下，还是保持进球数第一的优势。不到两个月，我们补课的内容便与正课进度齐头并进，更可喜的是这位同学没有被“劝退”，年终的考试成绩还列入全年级前 10 名的位置。第三学年开学，打篮球中锋的这位同学被大家推为外语课的课代表。

通过这次补课，我对教育工作有了一个新的认识，老师应该对每一位学生都要抱有极大的期待，相信他们都可以学好。

作者：姚振尧

少年易老学难成一寸
光阴不可轻未觉池
塘春草梦阶前梧叶
已秋声　朱熹诗劝学
郭幼栋书

郭幼栋

1925 年 6 月生于福建福州市后屿。1947 年 3 月进入上海“海军江南造船所”任船舶调度；1953 年参加中国共产党；1949 年 5 月至 1983 年 6 月历任厂工会（一届、二届）车间、厂部总办公厅工会主席，厂工会劳护、宣传委员会主任，厂工会第四届、六届、七届副主席，厂工会（十一届）常务副主席主持工会日常工作，厂教育科副科长兼厂业余职工学校校长，厂教育科党支部书记、科长，厂部监察室负责人、主任。1986 年正处级退休。1959 年担任苏联罗斯号万吨轮修船大队党支部书记；1963 年 6 月至 1964 年 12 月担任苏联伊里奇万吨轮修造大队党总支书记、教导员；1965 年担任东风号万吨轮建造工程大队党总支书记、教导员。2013 年出版《拙笔集》一书。现为上海百老德育讲师团成员。

郭幼栋:江南造船人的情怀

郭幼栋已经94岁高龄,但依然积极参加上海百老德育讲师团关爱青少年成长的德育活动。他讲江南人造船为国争光的故事,亲历亲闻真实感人,引领青少年积极向上。

1947年,郭幼栋21岁进了海军江南造船所工作,正是青春年华的郭幼栋刚开始的工作是船舶调度,一干近40年,直到1986年退休,他可算是与江南厂有缘,几乎把毕生精力和造船事业无缝连接,融入血液。船成了他心头的宝贝疙瘩,一说起有关船的事,他好似泄洪打开了闸门,讲得滔滔不绝。

施计护厂迎解放

时序轮替中,始终不变的是情怀;历史的坐标上,始终清晰的是印痕。在郭幼栋的记忆里,那还是1949年春天里的故事,尽管已经过去了69年,工友施计护厂迎解放的往事仿佛就在眼前。

1949年,国民党反动派彻底寿终正寝进入了倒计时,"百万雄师过大江"的凯歌激昂,仿佛已经响起"上海解放啦"的欢呼声。上海地火狂飙炽烈,在迎接黎明曙光中,海军江南造船所风高浪急,国民党反动当局不甘心失败,疯狂垂死挣扎,叫嚣"抢运物资器材,来不及搬迁就炸掉。决不准落到共产党手里"。江南厂地下党组织针锋相对,依靠广大工友施计护厂,想方设法粉碎敌特的阴谋。

在地下党组织的领导下,工友们特别有智慧,特别有胆识,特别有觉悟,无愧为上海工人阶级的光荣称号。工友们为了护厂,不顾敌特子弹上膛,总是置生死而不顾,一次次巧妙地甩掉暗探的盯梢跟踪,成功地保护江南厂。大家分头行动,挑选新的好的器材设备,如铆钉、风机、自动电焊机等藏好不让敌人发现,把那些破损甚至老掉牙的坏设备涂抹上厚厚的牛油,让敌人误认为是没有开封的新设备忙着搬运装船。轮机车间的工友乘敌特防备不及,悄悄用榔头砸歪、敲坏车床等大型设备与水泥地固定的螺帽螺栓,敌特眼巴巴地看着拆除不了,只能急得像热锅上的蚂蚁团团转,避在一旁的工友看着暗暗发笑。工友们为了拖延敌特的搬运时间,存心把堆放在库房里面的一捆捆派不上什么用场,但五光十色全新的玻璃布、玻璃绒搬到门口,敌特却以为是贵重物资,赶紧抢运。

江南造船人护厂迎接上海解放,和敌人斗智斗勇,使敌人的阴谋诡计化作了泡影。

为大军西渡浦江抢修轮船

解放大上海,乘胜前进的人民解放军势如破竹,对负隅顽抗的国民党反动派穷追猛打,务求全歼。郭幼栋讲起为大军渡黄浦江抢修轮船的往事,情绪总是有些不能自控的激动。

1949 年 5 月 25 日,屯兵浦东的人民解放军为粉碎国民党反动派困兽犹斗,尽快使上海回到人民的手中,急需大量渡江的船只。江南造船人想到用轮船运送子弟兵过江作战不仅乘载兵员、装备远远多于其他船只,而且速度快,更利于对付敌人守军的阻击,于是开始抢修一艘艘停航的轮船。时间紧，任务急，工友们把抢修轮船作为迎接上海解放的实际行动，拼命干，真正做到一切为大军渡江解放全上海。说到抢修的情景，郭幼栋真的是有太多感慨了。工友们一齐上阵，不分工种，不分部门，那种八仙过海各显神通的场景真的使人难以忘怀。紧张抢修的轮船上工友穿梭，人头攒动，风机轰鸣，火星四溅，谁也不知道已经干了多少时间，只有抢修工友那忙碌的身影在诉说着什么才叫真正的争分夺秒，什么才叫废寝忘食。

江南造船人抢时间，争速度，人心齐泰山移，团结就是力量，只用了整整一天的时间，就把艘艘不能航行的轮船修旧如新。随着起航的汽笛鸣响，看着满载大军的艘艘轮船飞越江心，工友们倍感欣慰，仿佛听到已登上西岸的大军对敌人大声命令："缴枪不杀，人民解放军优待俘虏。"

支前写着江南造船人的光荣

1954 年年底，上级给江南造船厂下达了一项紧急重大的军事任务，为强攻一江山岛做好相关设备和人员的准备工作，短期内为海军部队抢修和改装一批登陆艇，并配备 24 名思想素质好，驾艇技术过硬，能吃得了苦的支前工人。当年才 28 岁的郭幼栋说起参与亲历抢修和改装登陆艇的那些日日夜夜，总是情不自禁地竖起大拇指连声称赞："我们江南造船人个个好样的，与人民子弟兵鱼水情深，响应毛主席建立一支强大的人民海军的号召，有着太多服务人民海军的动人故事。"抢修和改装登陆艇是在初冬时节，加上江边风狂水寒，又是大雪天，大伙儿冒着零下六七摄氏度的严寒作业，有些是露天作业，有些活计很精细，穿了工作棉袄没法干，只能身着单衣工作。那时的工作条件不能和今天比,虽然很艰苦,但那个年代主人翁的观念特别强,参战的同志认为参加抢修任务是组织上对自己的信任,感到很光荣,虽然天寒地冻,心里却像燃着一团火,总是暖暖的。没有人说苦喊累,保质保量按时完成党交给的重大政治任务成了参战人员心里的全部。参战人员为了抢修,不讲工时,打破常规,不分白天黑夜 24 小时连轴转,有些人工作几天不休息,还有些人十几天不回家。要抢修改装的登陆艇情况很不一样,有些旧艇破损严重,极大地增加了抢修的难度和工作量。为了能多抢修改装一艘登陆艇,多一份作战装备,个个拼上命地工作。有些家属几天不见人回家不放心,找到厂里,郭幼栋记得很清楚,有好几次把人从艇上喊到现场指挥部,要他们和家属一起回家,可怎么说也不听,几乎都是同一句话:“在这节骨眼上要我回家,不是在要人命吗?”说罢,头也不回地走回工作岗位,领导们看着只能摇头喃喃自语:“都是拼命三郎啊!”这就是江南造船人的品格,工作拼命,一丝不苟,决不马虎。大伙明白,为人民海军修舰艇,来不得一丁点的疏漏,一定要做到该调换的零部件坚决调换,要返工的活儿坚决返工,哪怕要推倒重来就得推倒重来,这是在水里航行,漂洋过海,风急浪高,稍有不慎,那可是拿生命当儿戏,是犯罪。江南造船人对生产质量的认识就是这样的高度。

一方当先,八方参战,后勤部门在确保抢修器材供应的同时,积极做好工人防寒保暖工作。热饭热菜送到抢修工友的手上,防滑铺垫从地面铺到船坞,姜茶热水供应有保证。宣传部门到现场采访,广播快报、黑板报一齐上,好人好事大力宣扬。

讲起六十几年前江南厂抢修改装登陆艇的故事,郭幼栋感到无比光荣和自豪:江南造船人没有丢上海工人阶级的脸,在各方大力支援下,在抢修队员忘我努力下,大大超过预期,只用了十多天时间,又快又好地完成了任务，在交接仪式上得到了军方代表的赞扬。

优中选胜的24名驾艇支前员工

1955年，正是国家百废待兴的艰难时期，刚组建的人民海军像一个人一样，还是幼年时期。兵员大多是从陆军中抽调来的，缺乏入江下海作战的能力，而且许多陆地作战的虎员猛将到了船上，因为不适应，而发挥不出骁勇善战的专长。有些被人戏称为“旱鸭子”的战士水土不服，加上登陆艇乘风破浪颠簸厉害，常有人晕船呕吐，会驾驶登陆艇的驾驶人员奇缺。为了解决登陆艇驾驶员不足，厂党委按照上级的布置，决定把这项任务交给船艇坞闸车间。亲历并担任当时领导人之一的郭幼栋对完成这项艰难的任务，至今记忆犹新。车间党支书动员大会一散会，工友翻身感特别强烈，感到为祖国出力的时候到了，踊跃报名。大家热烈响应党的号召，觉悟特别高，积极性特别强。这次支前人员要求特别，要的是登陆艇驾驶员，工友们还是争先恐后抢着报名，不写上名字就不依不饶，说什么我就是要支前，为解放生活在水深火热中的一江山岛的劳苦大众，哪怕牺牲在岛上也值。“江南3号”副驾驶张锦华新婚不久，也报名支前，条件符合，但考虑他新婚，再说新娘也有想法，组织考虑再三，决定不批准他参加。可他说什么也不肯，还用新旧社会两重天的事实来做妻子的思想工作。年轻船员张宝善血气方刚，不顾爸妈有想法，积极报名……党员带头，骨干抢先，支前工作顺利完成。支前同志在登岛战斗中奋不顾身，轻伤不下火线，及时保证作战部队的物资供应。战斗结束，24名支前成员凯旋，个个胸戴大红花，4人评上二等功，15人评上三等功，5人受到嘉奖。他们的杰出表现传为佳话美谈，彰显了江南造船人爱国的情怀，展示了江南造船人的崇高品质。

抢修伊里奇轮

伊里奇轮修造大队成立于1963年,正值中国三年自然灾害时期,真的祸不单行,天灾人祸一起逼来,抢修苏联伊里奇轮更是请神容易送神难,被瘟神给死命地缠上了。

这艘外轮选定江南造船厂修造惊动了中央,周恩来总理指示国务院成立领导小组,在那经济困难、物资奇缺的年代,动用十分紧张的外汇,财政部专门拨5万美金作专项费用,足见这绝非一般的修造轮船,而是有着特殊意义的重大政治任务,举足轻重。江南造船厂全力投入,像准备打一场“小淮海战役”,专门成立“伊里奇轮修造大队”,生产副厂长薛宗华任大队长,建党总支,郭幼栋任党总支书记,下设六个支部。依照解放军的组织建制,大队设教导员,支部有指导员,作出了“为国争光,争两口气(向船东、自然界)”的庄严承诺。

在中国共产党成立42周年的1963年7月1日,党的生日那天,彩旗飞舞,锣鼓声喧天,第一批900人组成的抢修大军根据分工,快速进入各自的工作岗位,江南造船人打响抢修伊里奇轮大战,并立下军令状:1964年12月29日竣工交付。厂党委、厂部精细决策,提出1964年“四一动车,九月试航,年内交船”的三大战役。

排水量16 000吨的伊里奇轮是德国人1933年建造的,已是不符合航海规定的破烂货,因为江南厂当时缺少修理外轮的经验,加上委托对方设计又不作限制,这下可好,他们在设计上大做手脚,任意提高施工标准。这哪里是什么大修?简直是狠狠敲一杠子,要再打造一艘新船。明知是被高鼻头耍了,但理在人家那儿,我们只能打掉牙齿往肚里吞。江南造船人有志气,说什么也不能丢了上海工人阶级的脸面,为国争光激发力量，憋着一肚子的火，憋足浑身的劲儿，硬着头皮豁出命大干。人心齐，泰山移，心往一处想，劲往一处使，为保证“四一动车”，大队已增至1 500多人，吃住几乎都在船上，饿了馒头充饥，困了在船旁宿舍睡一会儿，不少人八天十日不回家，说服他们回家休息成为大队领导的头疼事。桂元生铜工小组的同志已是连续工作多日没有回家，考虑到大家的身体，大队部以党组织的名义要他们全部下班回家休息，并派人把他们送到公交车站。护送的干部回到大队部，桂元生小组的同志们已经又在伊里奇轮上干开了。大修必须拆光坏损了的船体内脏，只留一个空的船壳，还得对船体肢解，切除一半新造，脱胎换骨恢复性大修，必须符合苏联船舶局世界无限航区船级60年代远洋客轮的要求。达到这个标准谈何容易，工程难度有些令人咋舌，不说机械电气的复杂，就按当时的条件，光铝合金电化和木材防火两大处理就是难啃的骨头。铝合金电化处理不仅要求外观漂亮，更要达到耐压200伏以上的绝缘性能。修安车间金天寿小组动足脑筋，到处取经觅宝，想法攻克“金属不导电”这一难关。功夫不负有心人，在一天厂休，金天寿和爱人孩子到市百一店购物时，被一排黄澄澄的热水瓶盖吸引住了，一阵惊喜之下，他问好生产厂家地址，撇下家人拔腿就跑过去了。大家心里装着抢修伊里奇轮的事，没有被困难吓倒，三个臭皮匠抵个诸葛亮，用愚公移山的精神攻克了一个个难关，打出了抢修大队的雄风，展示了江南造船人的靓丽风采，彰显了咱们工人阶级有力量的豪迈气概。经过夜以继日的艰苦拼搏，胜利完成整体制造安装，工程进入了最后工序，对大姑娘出嫁化妆美容，拷铲工人不分昼夜铲锈漆除污渍。那时没有先进的喷涂设备，全靠能工巧匠的技术和经验，漆匠挑灯夜战，以最精湛的技艺对船体油漆彩绘。原本早该报废回炉的伊里奇轮不但起死回生，而且华丽转身，犹如海市蜃楼傲立江中，宴会厅、歌舞厅、电影院、咖啡馆、医院等豪华设施一应俱全。9 月 24 日是伊里奇轮出海试航的日子,试航非常成功。

从抢修大队成立到签字交船历时一年半,江南造船人向党和人民交上了一份合格的答卷,用工人阶级的坚强和智慧战胜困难,迎来了送走伊里奇轮"瘟神"的全胜。

只有退休的职工　没有退休的党员

"只有退休的职工,没有退休的党员。"这是郭幼栋退休回到社区对党组织的心声直言。

郭幼栋 1986 年 61 岁退休,2000 年按退休党员组织关系转社区的规定,他开始参加社区党组织活动,依然没有好好休息的想法,更没有安享清福外出旅游放松放松的打算,做的第一件事就是到居家的江南新村党总支书记张秋月的办公室,以一个老共产党员的名义说着自己的心里话:"只有退休的职工,没有退休的党员,只要身体力所能及,希望能多参加社区活动。"他是这么说的,也是这样实干真做的。江南居委党总支有个好传统,每年都要开设四次全体党员参加的党课大宣讲,郭幼栋主动请缨负责一次大宣讲。他讲得很有特色,总是紧紧围绕党的中心工作讲形势,把自己摆进去说责任和担当,由浅入深,小中见大,结合实际,激励党员作表率做标杆,永葆先进性。郭幼栋是江南小区夕阳红摄影书画班的组织者和积极分子,他以身作则带动了大家老有所学的热情,摄影书画班成为离退休老同志知识不老的"充电间"和思想不老的"金钥匙"。郭幼栋还是江南居委会议事组的积极分子,为居委会工作挑刺提建议,实话实说,心里怎么想嘴上就怎么说,他把议政当作参政的大事,从不马虎敷衍。郭幼栋说得好:"尽义务没有不应该的,志愿服务不论分内分外。”被居民称赞为社区工作的好参谋好帮手。他还主动积极参加地区的台属联合会活动，为统战工作进言献策。2006年他被评为2003年—2005年度徐汇区斜土街道“优秀共产党员”。

2010年，已经86岁的郭幼栋因在台联会工作表现突出，被授予2005年—2010年“先进个人”。一位94岁的老人，退休32年，却一直活跃在百老德育讲师团和社区志愿者的队伍中。郭幼栋牢记江南造船人的情怀，精神不老，续写老有所为新篇。

作者：长　短

老少结对
关爱成长
优势互补
共同提高
郭志宏

郭志宏

1931 年 9 月生于河南省洛阳县。17 岁参加革命，18 岁入团，19 岁加入共产党。历任上海造纸机厂党委副书记、上海五一电机厂副厂长，1992 年离休。曾任闸北区关工委副主任、临汾社区关工委副主任、临汾社区老干部读书会会长、单位离休职工党支部书记。郭志宏同志为上海百老德育讲师团成员，临汾街道分团团长。

郭志宏:保卫战线献忠诚

在上海彭浦新村临汾社区里,人们经常看到一位身体健朗、容光焕发的老人身影,活跃在小区读书会,领着一群离退休老干部为青少年讲故事、谈理想,关心着下一代的健康成长。他就是曾保卫过毛主席的警卫战士郭志宏老人,有关他的故事一直在社区中流传。

孤身涉险的侦察员

郭志宏老人出生在河南洛阳邙山脚下,由于家境贫寒,姐姐和弟弟患病无钱医治,不幸先后夭折,郭志宏成了家里的独子。17 岁时,正在河南省立沁阳中学读书的郭志宏,在中共地下党员王燕民老师的引导下,来到了解放区干校——洛阳公学,开始学习革命理论,逐步走上了革命道路。在革命的大熔炉里,郭志宏很快磨炼成为一名优秀的侦察员,多次孤身涉险,侦察匪情,传递情报。

1950 年,新中国刚刚成立,部分地区特务活动猖獗,一些反革命会道门组织也蠢蠢欲动,企图破坏新生的革命政权。九宫道是豫西地区最大的反革命会道门组织,在国民党特务的煽动组织下,纠合 5 000 匪徒,叫嚣配合蒋介石反攻大陆,企图在豫西各地同时进行反革命大暴动,一些县乡已经出现了暗杀事件,形势非常危急。我党也派出许多侦察员侦查案情,年仅 20 岁的郭志宏就是其中的一名。

有一次，郭志宏独自到黄河北面的一个镇子上去取一份秘密情报。因为情况紧急，他不顾危险，取捷径从匪患丛生的邙山穿越。当时正是天黑时分，穿越邙山必须经过一条被称为“八里胡同”的狭长山谷，那是群匪出没的地方，孤身一人是很难对付的。胆大心细、机智灵活的郭志宏化了装，揣着一把手枪悄悄地潜入山谷。接近谷底的时候，一群全副武装的匪徒正在前面吆五喝六地把打劫来的物品往山里搬，有几个还带着自行车。看着他们掠夺来的财物，不知哪个村子的百姓又遭了殃，郭志宏将子弹顶上膛，真想一下子撂倒几个。可是，黄河那边的重要情报正等着他去取。他强压怒火，眉头一皱，计上心来。他悄悄朝后面宽阔处退了200米，用手枪冲脚下放了一个闷枪，既能让匪徒听见，又显得很遥远，不能确定方位。果然，匪徒们听到响动，紧张起来，端着枪哆哆嗦嗦地向谷中搜索过来，谷底就让开了一个口子，郭志宏觅准机会悄悄从他们的旁边穿了过去。谷底出口处扔满了匪徒们抢来的东西，自行车也东倒西歪地躺了一地。郭志宏灵机一动，这玩意儿早见过，跨上它比驴子跑得还快，要是有了它，去取情报不是更快了吗？他二话没说，扛起一辆自行车猫着腰一溜烟跑远了。确信甩开了后面的匪徒，他才放下自行车，跨上去就骑。谁知这自行车不听使唤，啪地摔了他一跤。他来了牛脾气：咱就不信整不了你！跨上再骑，再摔，爬起来，再骑……居然摇摇晃晃地把车骑跑了。月光底下，山路崎岖不平，他也顾不上许多，只管朝着目的地猛踩，不知摔了多少个跟头。黎明前，他比预定时间提前了一个小时赶到了黄河渡口，前来接应的接头人还没到呢。他这才隐蔽起来，安心地等待着……等他取回情报，回到驻地时，首长十分惊讶，说你怎么这么快，会飞啊？看到郭志宏骑回的自行车，更加奇怪了：从来也没听说过你会骑车啊？

难忘的 120 天

新中国成立初期，新生的革命政权面临着国内外复杂的政治局面，美蒋特务时常进行暗杀、爆破、策反等各种破坏活动，保卫工作十分重要。由于郭志宏政治素质好，思想觉悟高，侦察经验丰富，他被层层选拔，调进北京公安部警卫局工作。

1954 年，为答谢中国人民抗美援朝的伟大贡献，朝鲜组织代表团访华。代表团中有各民主党派和社会团体的负责人；有在卫国战争中建立过卓越功勋的战斗英雄；有生产战线上的先进人物——劳动英雄、模范工人、模范农民；还有著名作家、艺术家、功勋演员以及科学、教育工作者。代表中还有被中国人民志愿军特等功臣、不朽的国际主义战士罗盛教从冰窟中救出的朝鲜少年崔莹。随代表团前来我国访问的还有朝鲜人民军协奏团、朝鲜国立艺术剧院、朝鲜国立古典艺术剧场等艺术团体。

青年时代的郭志宏

中央主管部门高度重视朝鲜访华代表团的接待和保卫工作，选派了一批优秀的警卫战士全程陪同朝鲜代表团巡回演出。郭志宏就是关键岗位上的一位警卫干部，担任随团来华访问的朝鲜人民军协奏团接待组政治秘书，全程陪同朝鲜代表团访华。朝鲜代表团先后访问了丹东、北京、沈阳、抚顺、旅顺、大连、天津、石家庄、武汉、重庆、成都、万县、郑州、济南、开封、南京、上海、杭州、南昌、长沙、湘潭、广州等地，途经黑龙江、辽宁、河北、河南、湖南、湖北、四川、江苏、浙江、江西、广东省,巡回演出4个多月,没出现过半点安全问题。

表面上看,陪同外宾十分轻松舒服。与外宾同吃同住,享受着最好的物质待遇。实际上,郭志宏和战友们的神经时刻处在高度紧张的状态中。代表团在台上演出,他们坐在台下,看上去好像是在笑眯眯地欣赏节目,其实在全神贯注地关注着周围的一举一动。每天晚上外宾休息后,郭志宏除了认真检查各处安全保卫工作没有疏漏外,还要把所有的翻译人员集中起来,听取他们的汇报,连夜把了解到的各种情况,外宾的要求、建议等汇总写出工作日报,报送中央主管外事工作的廖承志办公室。第二天一早,又要赶在外宾起床之前,做好各种准备工作。整整4个月中,郭志宏没有睡过一个囫囵觉,没有吃过一顿定心饭。

郭志宏和战友们的保卫工作受到中央领导的高度肯定,也受到外宾们由衷的敬佩和感谢。在丹东的送别宴会上,一直近身保护他们的郭志宏成为代表们的中心,代表团的成员这个和他握握手,那个过来和他拥抱,最后洒泪而别。至今,郭志宏还珍藏着朝鲜人民访华代表团赠送给他的"千里马"纪念章。

贴身保卫毛主席

在中央警卫局工作期间,郭志宏凭借军人的警惕和机智,眼观六路耳听八方,和其他警卫战士一起,多次出色地完成重大保卫任务。1954年9月15日,北京召开第一次全国人民代表大会,郭志宏和公安部的另一位同志负责接送各国驻华使节列席人大会议开幕式的安全保卫工作。这是中华人民共和国成立后召开的第一次全国人代会,集中接送驻华使节尚属首次,没有成功的经验可以借鉴。郭志宏和战友接到任务后，克服人手少、任务重等困难，他们首先对车辆经过的沿途社情、人情进行仔细摸排；对主要路段和复杂地形制订安全通行的措施；就可能发生的情况制订周密的处置方案，做到保卫第一、安全第一，顺利完成安全接送驻华使节的警卫任务，受到驻华使节的称赞和上级领导的表扬。

上海电机厂隶属中央第一机械部，党和国家领导人经常前来视察，保卫工作显得极其重要。由于郭志宏多年从事保卫工作，谨慎细致，经验丰富，1955 年，他被特地从公安部调到这里担任保卫干部。先后多次参加保卫刘少奇、周恩来、朱德、宋庆龄、邓小平等党和国家领导人的工作，每次都圆满地完成任务。使他最难忘怀的是曾经两次贴身保卫毛主席。

在一幅毛主席视察上海的照片中，仍可以清晰地看到身穿中山装，走在毛主席身后，那个看上去很普通，眼睛里却满是机警的青年人。他就是郭志宏。

国家领导人的安全关系到整个国家的前途和稳定，当时国际上频繁出现的国家元首被刺案，给整个社会带来动荡。所以保卫国家领袖的工作是一项极其艰巨的任务。要确保党和国家领导人的绝对安全，关键在于事前大量的复杂细致的准备工作。细小到每一个可能存在隐患的角落，一点点可疑的蛛丝马迹都不能放过。每次任务下达后，郭志宏都在绝对保密的情况下，彻夜不眠，精心安排各项工作。

有一次，毛主席要到上海电机厂参加庆祝活动，郭志宏接到通知后，立即秘密地展开安全保卫的各项准备工作。他带领保卫干部在公安局侦察员的配合下，连夜用警犬和扫雷器对整个电机厂的各个角落进行全面彻底的检查。当检查到大礼堂北门外的阴沟时，扫雷器突然发出怪叫声，按理扫雷器只有遇到铁器才会发出警报声，阴沟下是否藏有定时炸弹呢？郭志宏马上疏散一般工作人员，组织有经验的保卫人员挖掘阴沟，他们一寸一寸地往下挖，再仔细检查挖出的烂泥，结果发现一段烂铁丝。虚惊一场的他们继续用扫雷器检查，没发现任何可疑之处，这才解除了警报。

当毛主席微笑着走进电机厂大礼堂、走进群众中间挥手致意时，身穿中山装的郭志宏紧跟在毛主席的身后，不露声色地扫视着周围的一切。很少有人知道，这些激动人心的幕后，有多少像郭志宏一样的无名英雄为国家的和谐稳定默默地奉献着自己的青春。

作者:孙　群

用心掌舵、精心引领、弘扬法育、与人为善
亲近君子、远离小人、和而不同、为人之道
陈靳

陈靳

1936年6月生于上海，祖籍江苏淮安。1950年参加工作，1952年入团，1956年参加上海青年文学创作组学习，开始在《解放日报》《劳动报》《萌芽》等报刊上发表诗歌、散文，同年参加复旦大学文科自习班学习，1981年加入中国民主同盟盟员，同年至1983年任刊授大学教务处长，参加筹建希望大厦，筹建刊授大学上海办事处主任；曾任《山西青年》《刊授大学》记者、编辑，《三月风》杂志社上海记者站站长、新华社中国名牌杂志社上海办事处主任；中华炎黄文化研究会理事、中国市场学会信用工作委员会委员、上海炎黄文化研究会理事、中华炎黄九鼎工程委员会委员、上海百老德育讲师团副秘书长。

陈靳：植根心灵的忠诚

一个 83 岁的老人依然有着做不完的事情，生命不息，奉献不止成了他的人生座右铭。在 20 世纪 50 年代，热爱党、热爱新中国的陈靳却被关进监狱整整 7 年，人生最可宝贵的青春年华就这样被耗费了。顶着人言可畏的帽子回到社会，不被理解，更多的是冷眼和歧视。男儿有泪不轻弹，他只能默默忍受内心的凄苦。他没有怨言，而且说的还是忠于党的话，并对亲戚朋友说："哪有孩子没被父母打过，除了忤逆不孝的子孙，还能记恨父母？"简朴的话语虽沉重得有些酸苦，但忠诚无不使人深受感动。

忠 诚 的 错 读

陈靳是一位资深文化人、老报人，专注爬格子（写文章），写了很多脍炙人口的好作品。当编辑恪守职业道德，为他人作嫁衣，热心扶持新作，热情培养新人，是颇受文学爱好者敬仰的老师。2006 年，已是 70 岁的他还在坚持原创，相继创作了《命运之舟》《命运之舵》等大部头长篇纪实作品。文如其人，坦言诚恳，笔触更是感人至深："作为热爱社会主义祖国，弘扬人道主义精神的作者，我将以社会责任感身体力行。"行文朴实无华，赤子之心跃然纸上。

生活是考量，岁月更是历练，那是 20 世纪 50 年代，陈靳因为讲真话，不公正向他猛扑过来，灾难难逃。虽然身陷囹圄，但他没有趴下，坚信举头三尺是青天，人在做天在看。他坚信公道自在人间，非但没有趴下，相反更有一种坚韧执著的孜孜追求。以善为本，善行天下，人道主义者的人生轨迹更多的是坚定人文精神。走近陈靳，总被他侃侃而谈的热情和真诚话语感染。

人世间，讲真话说来容易，几乎谁都表示要说真话，不说假话，其实不然，行为不端的人虽然说惯了假话，但满嘴却总是喊着讲真话。在特定历史时期，人们不敢讲真话，惹不起躲得了，沉默往往是明哲保身者最多采取的自我保护方式，即使被迫表态，也是哼哼哈哈随大流。人是多元的，现实生活中不乏风向人物，他们往往见风使舵，昧着良心说话办事常是首选，学得闭着眼睛说瞎话的拿手好戏。陈靳做不到，他做人有原则，从人品悟出讲真话的特别内涵，认准一个“理”字，坚持一个“德”字，行之一个“真”字，重真情、明真义、讲真话这是陈靳坚守的做人底线。他非但不置身局外，相反仗义执言，为人民作家章靳以被诬陷大鸣不平，公开发表文章鼓与呼。为了坚持正义，他实名揭露个别公安人员包庇子女的不法行为，在稿子被报社总编无端扣压时，陈靳又找到公安厅长，据理力争，直到文章发表，使被包庇的不法分子得到应有的惩罚。虽然坏人受惩，但报复却接踵而至，陈靳大难临头。好在历史是人民写的，历史是公正的，十多年后雨过天晴，党和人民为他彻底平反，他为政治上翻身激动得热泪盈眶。苦尽甘来，他自我调整心态往前看，总是把国家的利益看得高于一切，更是认真践行忠诚的诺言。爱国的情怀总有一种压不垮的力量，坚忍顽强，理性的思维守望人格底线，赤子之心弥坚。热爱祖国，一往情深是涌动在他心中的热流，更是支撑他永远向前的力量。陈靳初心不改，怀善心、办善事、做善良的人是他一生的箴言。善良不只是一种本性和愿望，它更应是一种修养和德行。它不仅能改变别人的命运,也能滋润自己的心灵。陈靳在他《命运之舵》一书中写道:弘扬人道主义,曾经改变了我的生活和命运。生活也能够改变我们人民大众的命运。生活是一部公正无私的教科书,它教我们如何选择做人的道路。好人与坏人,原本只是一念之差,却始于自己的足下,足下之路看你如何走。善良与邪恶,可以让你的命运悬殊,恍若海角天涯……对真、善、美大声疾呼是陈靳笔下的特色。他在《命运之舵》结尾的时候写得好:“每个人都会碰到转变命运的关键时刻:这时候最需要拉一把,而不是推一把。这一拉一推会产生截然不同的结果。我的一生尽我所能,在拉别人一把当中感悟人道主义的精神:帮助别人,使自己感到无上的快乐和幸福!这便是一个人道主义志愿者永远的人生追求!”陈靳的言和行是一种榜样、一面镜子,很值得比对、思考、践行。大家一起追求真、追求善、追求美,我们的民族就会和谐,国家就会富强,人民就会幸福,社会就会进步。陈靳用忠诚驾驭命运,以人文精神点燃心灵的火种,用真情真话大写忠诚。

续写忠诚

陈靳人老思想不老,爱学习勤思考使他总是热情不减,政治敏感依然如初,以负责任的精神说负责任的话、做负责任的事,把心中有党倾注在血液里,践行在行动中,落实在实干上。

陈靳生活在社会底层,对百姓的变迁感同身受。大家的口袋一天比一天鼓,安定感与日俱增,幸福指数不断攀升……大家发自内心的微笑挂在脸上,陈靳同样感动不已。陈靳总是在反问自己,莫道桑榆晚,我还应该做点什么?亿万人民群众争相购买、阅读、学习习近平著作,已经成为新时代的新氛围,特别是以人为本、以人民为中心、以人民为

德育演讲

主体地位和构建人类命运共同体的理念，越来越被中国人民和世界人民所认同和拥护。《习近平谈治国理政》语言朴实深刻，受到世界各国领导人、学者、专家和人民群众的争相阅读和研究。法国参议院外事委员会主席拉法兰说：“我建议大家都读一下这本书，从中可以了解中国领导人的治国理念和中国的战略思维。”巴西智库瓦加斯基金会学者林斯说：“习近平主席提出的中国梦，让我特别有共鸣，人类需要梦想，中国梦和其他国家、其他民族渴望发展繁荣的梦想是相通的，巴西也需要巴西梦。”“外国人尚且如此，我们更应该认真学习。”陈靳如是说。在陈靳的积极倡导下，学习习近平著作的小组组织起来，平均年龄 71 岁的 10 位百老成员开始定期集体学习。百老成员大多从旧社会走过来，对祖辈当牛作马的苦难记忆犹新，走过艰难困苦的人最懂得珍惜幸福，知恩感恩的人更晓得真心报恩。以习近平同志为核心的党中央率领全国各族人民走进新时代，中国正在从站起来、富起来走向强起来，我们欢庆的同时，更应该为实现中华民族伟大复兴的中国梦老有所为。理论是立命的基石，思想是前行的指南，只有高扬习近平治国理政的大政方针，中国才能永葆青春，中国才能为人类命运共同体作出大国应有的负责任的贡献。老当益壮不应该只是口号，而要真心实意付出。做自觉学习的一分子，做大力宣传的一分子，做认真践行的一分子。百老习近平思想学习小组成立 5 年多来，一以贯之抓住三个坚持，着力三大提高，即坚持读原著，着力提高认识；坚持学懂弄通，着力领会精神；坚持联系实际，着力学以致用。大家说得认真，做得更加扎实，现在，百老习近平思想学习小组已有 30 多人参加，把学习好、宣传好、贯彻好习近平思想作为老有所为的责任和担当，续写人生精彩。

忠诚用奉献铺写，忠诚绝不是说说那样的轻松潇洒，植根心灵，毕其一生，历经风雨见彩虹，用奉献执著铺写对信仰的忠诚。陈靳无怨无悔，有着忠诚的情怀，传递忠诚的力量，坚守着忠诚的精神高地。

作者：戚科夫

第二篇：人民将星耀山河

金灿灿的将星闪耀着美丽的光彩，这是光荣的标志。共和国的丰碑上刻凿着人民将星铁骨铮铮的戎马生涯，是他们用热血和生命换来了新中国开天辟地的新纪元，是他们在沙场海疆捍卫着祖国和人民的安全。他们誓守对党和人民的无限忠诚，见证了祖国的光辉历程。

着眼未来，愿世界永远和平！

韩德彩

韩德彩

1933 年生于安徽凤阳县。1949 年参加革命，1950 年进入济南五航校学习训练，是我人民空军第一代作战飞行员。抗美援朝战争中，曾击落 5 架美国敌机、击伤一架敌机，打败了美国“空中王牌”飞行员哈罗德·爱德华·费席尔。历任我航空兵部队的团长、师长、军长，南京军区空军副司令员，被授予中将军衔。2000 年离休。现为上海百老德育讲师团名誉团长。

韩德彩:空中雄鹰

韩德彩是新中国的第一代作战飞行员。在抗美援朝战争中,他驾驶着性能并不优良的战斗机,机智勇敢地击落了5架美国当时最先进的敌机,击伤1架敌机,打败了美军双料王牌飞行员哈罗德·爱德华·费席尔,成为著名的空中战斗英雄。数十年来,他的英雄故事被写入书中、画成连环画、拍成动画片广为流传,鼓舞了一代又一代的中国人,尤其为广大青少年朋友所喜爱。

从放牛娃到飞行员

韩德彩童年的生活是在苦难中度过的。家境贫困的他只读过一年私塾,逃过荒,放过牛,小小年纪就跟随父母在农田干活。1949年2月,16岁不到的韩德彩参加了解放军,当年就加入了中国新民主主义青年团。

1950年7月,17岁的韩德彩从皖北军区警卫团调到东北长春空军预科总队学文化,当年11月又调到济南五航校学习飞行技术。与韩德彩一起学飞行的学员,都是从陆军调来的,大多文化程度低,学习航空理论难度很大。但他们牢记党的教导:“要尽快学出来,驾着飞机参加抗美援朝的行列。”他们上课认真听讲,下课专心复习;走路、吃饭时聚在一起讨论,晚上熄灯后跑到走廊里继续看笔记,躺在床上默记当天学习的内容,甚至在睡梦中都在想定理,背诵公式。大家互相帮助,你追我赶,每天学习 18 小时以上。结果只用了 1 个月的时间,就学完了飞行原理、飞机构造、发动机构造、领航学、地形学等课程。考试测验时,韩德彩的成绩都在 4 分以上(当时考试测评采用的是 5 分制)。

韩德彩与战友在机舱中

韩德彩他们打下了扎实的理论基础后,学飞行训练就比想象中快得多了,飞行训练由他们前一批的飞行员和苏联教官担任。韩德彩他们在战场上驾驶的是米格-15,但当时没有米格-15 的教练机,教官只能用雅克-17 做教练机训练他们。雅克-17 是苏联的喷气教练机,性能比米格-15 差得多,很难操纵。可就这样的飞行,韩德彩他们每人在战斗机上也只飞行训练了几十个小时。

韩德彩与战友们钻研飞行战术

1952 年初,韩德彩和他的战友们驾着银鹰飞到前线机场。在战争中,他们了解到美国飞行员是世界上最好的飞行员,他们驾驶的 F-86 飞机,可能是当时最好的战斗机,飞行员战斗经验都非常丰富,有的已经飞了 2 000 多个小时。没有实战经验的韩德彩他们非常清楚即将面临的挑战。“美国是一个纸老虎,只要你有勇气就可以征服它。”毛主席的话给了他们战胜敌人的信心。当时韩德彩只有一个信念:多打敌机,当英雄,去北京见伟大领袖毛主席!

从飞行员到空中英雄

怀着正义必胜的信念，中国人民空军第一代作战飞行员就这样勇敢地飞上了硝烟弥漫的空中战场。他们在战争中学习战争，一步步战胜了貌似强大的敌人。从驾驶米格-15 飞上蓝天去和威胁中国领土安全的侵略者战斗那一刻起，19 岁的韩德彩第一次参加抗美援朝的空战，就击落敌机 F-80 两架，后来又击落敌机 F-86 3 架、击伤 1 架，最为精彩的一次击落了美国双料“空中王牌”飞行员哈罗德·爱德华·费席尔驾驶的战机。

空军英雄韩德彩

那是 1953 年 4 月 7 日下午，韩德彩所在的部队升空和敌机在鸭绿江上空进行激战。编队返航时，他和长(zhǎng)机（编队飞行中的带队飞机）张牛科殿后。这时美国“双料王牌”飞行员爱德华驾着一架长机企图从低空偷袭我返航着陆的飞机。长机张牛科正准备着陆时，突然被尾追偷袭的美机开炮击伤。这时韩德彩驾驶的飞机排在最后，正在三转弯中也准备着陆。当他看到自己的长机被美机击伤，顿时怒火中烧，肺都气炸了，他边喊：“看我怎么收拾你！一定要把你打下来。为长机报仇！”边迅速拉起机头，一个右转尾追敌机飞去。当时飞行的高度只有 700 多米，而山高 400 多米。敌机见我机咬尾跟来，便想来个金蝉脱壳计。只见它先往右边一个大坡度转弯虚晃一下,然后马上一个左上转弯,企图引诱我机在快速跟进时措手不及撞到山上去。然而,机智的韩德彩一眼就识破了敌机的伎俩,他没有推杆跟进,而是轻轻拉起飞机向右一转,算好了提前量,来了个守株待兔。果然不出所料,敌机因高度太低怕撞山,只得被迫拉起向左升,紧接着又右转,正好被韩德彩迎头逮个正着。当时两机相距只有 300 米,正是最好的射击位置。说时迟,那时快,韩德彩瞬间将敌机套进光环,沉着地按下发炮按钮,三炮齐发,80 颗炮弹带着仇恨的火焰喷射到敌机的身上,敌机顿时冒烟起火,飞行员只好迅速跳伞逃命。韩德彩马上向地面指挥塔报告:“敌机飞行员跳伞了,快来抓俘虏。”敌机飞行员很快落入我地面军民的天罗地网之中。在这半分多钟的激烈空战中,韩德彩的体力和精力都消耗得厉害,他驾着燃料耗尽的战机艰难地着陆,见到张牛科,两人紧紧地拥抱在一起……

当时韩德彩和战友们并不知道被击落飞机的飞行员是谁。当天夜里,敌人广播说 51 联队 48 大队上尉小队长哈罗德·爱德华·费席尔在朝鲜失踪。中国人民志愿军和朝鲜人民军联合司令部值班人员听到这一情况,要连夜把费席尔送去。4 月 8 日,我国政府发表声明:抗议美帝国主义入侵我东北领空,偷袭我起飞落地的长机,哈罗德·爱德华·费席尔所驾飞机被我方击落,其本人跳伞后被我方生俘。第二天,吕威堂师长告诉韩德彩这一情况,这时他才知道哈罗德·爱德华·费席尔是美国空军双料“空中王牌”,他参加过第二次世界大战,有 2 000 多小时飞行经验,击落过 10 多架飞机。当爱德华·费席尔见到击落他的飞行员韩德彩是个一脸稚气、不满 20 岁的小伙子时,显得十分惊讶,再了解到这个小伙子在战斗机上只飞行了 100 多个小时,惊得目瞪口呆,感到不可思议,怎么也不敢相信,连声说:“No,No!”

从对手到朋友

朝鲜停战协定签订后的第二年，费席尔获释回国。而韩德彩也实现了“多打敌机，去北京见毛主席”的愿望。

1953年的4月，领导通知韩德彩参加志愿军归国观光团，到北京参加“五一”观礼。他高兴得不知说什么好，连夜里睡觉都在笑。回国途中，火车飞快地奔驰在祖国的大地上，可归心似箭的韩德彩觉得还是太慢。5月1日，作为志愿军归国观光团的成员，韩德彩在天安门观礼台上，幸福地见到了日盼夜想的毛主席。他用尽全身的力量喊道：“敬爱的毛主席！我终于见到您啦！”

回部队不久，领导又通知韩德彩去北京参加共青团第二次全国代表大会。尽管北京是祖国的首都，但韩德彩认为他的岗位在前线，想请领导换人。领导说：“那可不行，你是青年团员，又是共产党员，上级指定你参加会议。”大会期间，韩德彩作为空军代表发了言。6月30日，毛主席接见共青团代表大会全体代表，韩德彩又一次见到伟大领袖毛主席……

在40多年的戎马生涯中，韩德彩曾荣立一等功两次，被中央军委授予二级战争英雄称号；荣获朝鲜民主主义人民共和国一级国旗勋章、二级自由独立勋章、二级战士荣誉勋章各一枚；是第一、第二届共青团中央委员；全国青联委员。他先后担任我航空兵部队的团长、师长、军长，直至南京军区空军副司令员，被授予中将军衔。热爱飞行事业、爱好体育运动的韩将军，喜欢舞文弄墨。

1995年春天，在第二次世界大战中为中国人民抗日战争立下不朽功勋的美国飞虎队老飞行员访华，受到中国人民的盛情款待。韩将军作为航空联谊会会长与老战士们亲切会面。当美国随团电视记者杰弗瑞·格林得知将军曾是叱咤风云的空战英雄时，情不自禁地把镜头对准了将军。那天晚上，将军失眠了。他翻出了当年机械师孙雄用被击落的飞机残骸制成的飞机模型，轻轻地托在手中，浮想联翩：如果世界永远和平，也许他和费席尔就不会是对手了。那位美国电视记者与将军闲谈中，知道韩将军还牵挂着空战对手，非常感动，主动提出回去帮他寻找费席尔。热情的美国记者回国后，几经周折，终于寻访到年逾古稀的费席尔先生。当费席尔得知在遥远的东方中国，韩德彩将军向他致意时，连连说："想不到他还记着我，谢谢韩将军的关心。"说起当年的往事，费席尔对寻访他的美国记者说："朝鲜战争是美国打的一场错误战争，中美之间不应该对抗！"

1997 年 10 月，美国飞虎队旅游团的老战士们又一次踏上了中国的土地。费席尔作为特殊代表随团来华，了却多年的夙愿。一路上老人家抱着礼物不让人碰。有人问道："你抱的是什么贵重物品，这么珍贵？"费席尔说："这是送给我最尊敬朋友的礼物，我要抱着它，亲自交到韩将军手中。"10 月 18 日晚，韩将军一家与费席尔在上海天益宾馆会面。44 年前，他们作为你死我活的对手在空中相遇。如今，消除敌意的双方重逢，"相逢一笑泯恩仇"。费席尔拿出放在自己书桌上 40 多年、父亲亲手制作的 F－86 飞机模型，送给当年的胜利者。韩将军收到这份礼物后，非常感动。他拿出珍藏 40 多年的珍贵历史照片送给费席尔。那是费席尔被俘后在志愿军营地拍摄的，照片上的费席尔是那样年轻。还有一张是韩将军当年在战鹰上英姿勃发的照片。历史的照片把费席尔的思绪拉回到了当年的战场上。谈起当年的那场空战，费席尔说："将军胜利了，我很敬佩。此行的最大心愿，就是见一见你这位最优秀的战斗机飞行员。今天我如愿了，我将永远记住这一时刻。"

韩将军送给费席尔的礼物是他题写的4个大字——“着眼未来”的书法作品。他对费席尔说:“我们两个人今天能成为朋友,这只有在和平时期才能实现。”费席尔十分喜欢这份珍贵的礼物,表示要永远地把它留在身边。

“着眼未来”——寄托着将军对中美关系真诚的祝愿!

作者:王仁华

相守荣

1933年生于山东日照。原上海警备区参谋长，副司令员，1988年9月被授予少将军衔。主持编写了有史以来第一部《上海军事志》和《上海军事编年》。离休后，被华东理工大学聘为荣誉教授，被上海《上海滩》杂志社聘为顾问。现为上海百老德育讲师团名誉团长。

相守荣:峥嵘岁月磨炼人

相守荣将军14岁参加解放军,成为一名通信战士。在这支天天向上的队伍里,他如饥似渴地学文化、学技术,再加上战火的磨炼,相守荣很快成长为一名名副其实的“顺风耳”。

第一次战火中的磨炼

相守荣刚参加部队,就碰到国民党军队对山东解放区的重点进攻。为了绕过敌人进攻方向,部队只得不断地向安全地域急行军。那是一个漆黑的夜晚,大雨不停地下着,道路十分泥泞,路上行军的部队很多,还有支前的民工挑着担子,推着独轮小车都拥挤在一条道上,雨声、车轮声和踩在泥地上的脚步声,不时地传来上级的命令和战友间的招呼声……汇成了一首场面十分壮观的交响乐,任何艺术大师,用任何手段,也不可能再现这种战争场面。

在嘈杂声中,他听到一个熟悉的乡音:“车子歪到泥里啦! 快扶一扶。”他一听就认准是同街坊参加支前的邻居尹世洪的声音,他比守荣大七八岁。“是世洪吗?”他大声地喊道。熟悉的声音也很快地传了过来:“是守荣吗?”“是的,是的!”他们相互应声着,但车子很快在众人的帮助下从泥坑里拉了出来,他还想再说说什么已经来不及,人已随着人流车流消失在茫茫的黑夜之中了。他多想让世洪带个信给孤身在家的老母亲呀！如果在现今,有手机一打就通。当时,离开家乡几百里,哪有条件向母亲通个信,报个平安呀！当然,与战争中首长通过电话指挥作战比起来,个人的事毕竟是小事,所以他分到通信连以后,就一门心思学架线设线,装置通话设备。在壕沟里,在炮火中,在枪林弹雨下,哪里有断线的地方,他都要冒着生命去把它接上。

在参加过抗日战争的通信战士的教导下,他学会了装置电话设备的技术。在淮海战役发起前,他们接受了为前线部队装置电台的任务。当时相守荣还不满 15 岁,一边坚持学习无线电技术,一边一丝不苟地赶装电台。当时条件简陋,焊接电路用的是炭火炉里烧的火烙铁,焊接一个线头,因为温度不够高,要烧几次烙铁,焊几次才能成功。但大家非常重视装机质量,决不让一个虚焊点出现。特别在调试发报机时,在频率刻度的调整上,做到一丝不苟,才能确保前线报务员在作战联络上的畅通无阻,为战斗胜利提供良好的保障。

装置过程中,新老同志通力协作,按时保质保量地完成任务,几十台电台按时送到前线淮海战役备战部队。从 1948 年 11 月 6 日到 1949 年 1 月战斗持续了 56 天,共歼灭国民党精锐部队 55 万人,赢得了战略决战的伟大胜利。想到前线的战友们使用自己制作的电台保障畅通的联络,取得了这次战役的胜利,相守荣和战友们感到分外自豪。

走上领导岗位以后的磨炼

1984 年,相守荣担任了南京军区的通信部部长,正好遇到百年罕见的暴风雪,飞机停飞,铁路停运,公路交通阻断。1 月 23 日我国又要发射通信卫星,某基地负责监测的线路亦全部中断。鉴于此种情况,他立即带领参谋人员到现场指挥组织抢修。在茫茫暴风雪中,他不顾个人安危，咽喉严重充血，发烧数日不退，直到抢修任务完成，才被送进医院治疗。

调任上海警备区以后，相守荣更是整天下基层作调研工作，发现问题及时处理，把为基层服务放在首位。有一次他发现司令部农场的一些老战士，因工作需要改为农场职工，现今已五六十岁了，还常年住在河边非常简陋的棚子内，生活十分困难。相守荣回到办公室立即召开会议，决定给他们移点建房。经过一年努力，建成了40套住房，解决了这些老职工包括其子女的住房困难。分房后，他们都十分激动，要来拜年送礼，都给相将军谢绝了。

在担任通信部部长不久，相守荣收到原军区研究所一位工程师的平反申诉。这位同志大学本科毕业参军后，因被怀疑隐瞒家庭成分，1965年已任上尉军衔和连级干部的他被作为“阶级异己分子”开除党籍、军籍，送回老家劳动改造，靠拉板车度日。相守荣仔细听了申诉，并向有关方面作调查，结果证明这位工程师入伍时已填写过家庭成分，不存在隐瞒问题。相守荣彻底为他平了反，恢复党籍、军籍，适当地安排了工作。

军民鱼水情　越老情越深

离休以后，相守荣人离心不离，仍一心一意扑在为党的事业和为群众服务的工作中。他热心参加社区的公益活动，看到有一些老人生活困难，就提议设立助老帮困基金会，并带头捐款1万元，使首批基金达到3万元，成为静安区第一个成立居委帮困助老基金会的单位，现基金数已达到9万元之多。社区专门向他颁发了“永葆军人本色，革命传统长存”的奖状。他的家庭也被静安区评为“五好文明家庭”。2003年过春节时他把小区里两位百岁老人请到家里来举办“百岁寿喜宴”，送上红包，书写了“寿山福海”的大字送给他们。两位老人激动地说：“头一回进将军家吃饭，这样亲切热情的招待，如此丰盛的百岁寿宴，好像我们有一个当将军的儿子了！”

在纪念上海解放50周年的日子里，相将军也忙得不亦乐乎，刚在华东理工大学为大学生介绍了上海战役的情况，上海电视台又邀请他去参加全台人员的纪念活动，带领新党员举行了入党宣誓仪式。社区党委刚请他给青年讲“讲传统、树理想，高举红旗向未来”，上海百老德育讲师团又要举行纪念建军80周年活动的报告会……他参加这些社会活动，一点也不觉得累和苦，反而高兴地说：“在革命战争年代，老母亲用一双小脚把自己送进革命队伍，老乡们用独轮推车和机帆船支援革命战争取得伟大胜利，上海才能有今天这样的高度发展和繁荣，我们能过上幸福生活是永远不能忘记他们的！”

军人的人格魅力，是磨炼出来的，是峥嵘的革命岁月磨炼出来的！

作者：贝自强

我是参加过抗日战争、解放战争、抗美援朝的老兵，经历了九死一生。希望同学们加倍珍惜今天的来之不易的和平生活，认真学习，刻苦锻炼。长大后建设好、保卫好我们的祖国。同学们，为实现中华民族伟大复兴的中国梦，努力奋斗吧！

2018年3月1日

蘇榮（94岁）

苏荣

1925年2月生于江苏省东台县。1940年10月由新四军介绍参加革命。1942年打入敌军进行谍报工作。1944年2月成为粟裕司令兼校长的新四军苏中公学第一期学员，同年12月加入中国共产党。1961年毕业于中国人民解放军海军学院指挥系。历任师、军级司令部战时侦察、作战参谋，军部机要秘书，志愿军第九兵团代司令兼政委、海军副司令兼东海舰队司令陶勇的专职秘书，海军东海舰队、海军司令部办公室主任，海军上海基地副司令（期间曾任纪委专职书记两年）。参加过抗日战争、解放战争、抗美援朝战争等。1988年9月离休。

获得中央军委颁发的“独立功勋荣誉章”（抗日战争）、“中华人民共和国三级解放勋章”（解放战争）；朝鲜民主主义人民共和国颁发的“三级国旗勋章”（抗美援朝战争）。曾为上海市第八届人大代表，第七届政协委员，上海国际战略问题研究会、上海市国际关系学会、上海市新四军历史研究会顾问，上海交大国家战略研究中心特约研究员等。现为上海百老德育讲师团名誉团长。

苏荣：少年抗日　戎马一生

1940年9月上旬的一天，日本侵略军在江苏东台进行大扫荡，百姓四处逃难。时年15岁的苏荣和两个小伙伴走到一条小河边准备躲起来。突然，3个手持步枪的日本鬼子追了上来，发现3个少年后立即开枪。

"子弹从我耳边穿过，前面的小伙伴中枪后，倒地身亡。"耄耋之年的苏荣回忆起当时的场景，声音有些颤抖："他就躺在我边上，鲜血直流。这些刽子手竟丧心病狂地用枪托捶捣尸体，还用脚去踩……然后，鬼子又抓住我和另外一个小伙伴的头发，强迫我们睁开眼睛看死去的同伴，最后哈哈大笑，狠狠地踢了我们几脚，扬长而去。"

日军视平民如蚂蚁、草菅人命的一幕，深深地印刻在苏荣的脑中，永生难忘。苏荣说，从那一刻起，他下定决心，要投身革命，为死难的同胞报仇，将日本鬼子赶出中国。

好学上进，少年投身革命

角斜镇位于海安、如东、东台三县（市）交界处，濒临黄海，辖区内多是寸草不生的盐碱地。当时角斜镇尚属江苏东台（今归海安），苏荣就出生在那里。

清末实业家张謇曾在江苏推行沿海垦殖，即将荒地、盐碱地变成熟地，并免费租给当地农民种植。等收获时，再派人来“估租”，看一亩地能长多少粮食。“熟地种不出来玉米，但棉花还是可以的。”苏荣说，他家那两三亩地收的棉花很少，交租后大概能维持3个月左右的生活。

早年的苏家，父亲在大赉垦殖有限公司当总务，收入尚可。幼时的苏荣还上过一年私塾，可惜，好景不长，父亲被坏人诬告而失业。自8岁起，苏荣就跟着母亲到地主家打短工。为了生活，苏家不得不将苏荣的两个妹妹卖给别家做童养媳。“1945年以后，我曾经想办法找两个妹妹，但一问都不在了。她们那时那么小，年纪轻轻就死了。”提起旧事，苏荣依然伤怀。

1937年，父母同时生病，没钱医治，10天之内，双亲相继去世，苏荣成了一无所有的孤儿。言及于此，他双唇紧闭，静默了好一会儿。

“父亲在大赉公司有个下属兼好朋友，叫王茂才，山东人，他收养了我。”苏荣说，王茂才很讲义气，做服务工作，还想方设法让他读书，说至少要读到小学毕业，“他对我恩重如山，像父亲一样待我”。

时值年初，王家儿子即将就读初小二年级的下学期。苏荣便和他一起读初小二年级。

“我知道王家也不宽裕，能让我读书非常不容易，所以特别努力。学期末，所有功课都是满分，成了全校第一名。”苏荣说到自己的求学经历时，神采奕奕。二年级结束后，老师告诉他，三年级不要读了，直接上四年级。结果，四年级功课也全是满分，又是全校第一。

当地没有五年级，为了让苏荣继续读书，王茂才委托一个吴姓的保安队长帮忙，带苏荣到新丰集小学读高小。1940年上半年，苏荣读完高小五年级，再次拿了全校第一。热心的校长发现苏荣是个孤儿，就专门找他谈话。“根据你的成绩，可以跳过六年级，直接考新四军办的东台县中学。”

苏荣听了喜出望外，整个暑假都很努力地补习功课。不料，8 月中旬，日本侵略军占领了东台县，他失学了。再后来，他考上了一个初中学习班。上课时，日本鬼子天天来监学，士兵拿枪站在那儿，按照日本教育的一套，讲大东亚共荣圈。有一次，苏荣实在听不进去，态度有点不好。日本人发现后，一把揪住他，要他认真听讲。苏荣的头发都被抓下来一大把，特别痛。从那以后，他动员同学罢课，直至初中学习班解散为止。

这一期间，苏荣结识了大丰公司的职员、进步青年蒋健。“他是我革命的引路人和启蒙老师。当时，我就猜他是个地下党员，因为他有许多进步书籍，高尔基的、鲁迅的都有。”苏荣严肃地说道。

蒋健教给他许多革命的道理，讲中国共产党是为劳动人民求解放的党；讲新四军、八路军是穷人的队伍，是共产党领导的坚持抗日的人民军队等。亲眼看见小伙伴被日军开枪打死的那一刻，苏荣就下定决心以后要从军，杀日寇。

1940 年 10 月，蒋健领着苏荣去新四军某部报到。新四军的领导见到苏荣以后，说：“根据蒋键同志的介绍，我们本来已经决定接受你参军，但今天看到你，身材这么瘦小，个头还没步枪高，马上到战斗部队，恐怕很难适应。我们先将你介绍到苏中根据地下属的盐务管理总场工作，过渡两年再回部队。”

苏老认真强调了一遍：“说好了，过渡两年回部队。等长高了就可以参军上战场了。”

后来苏荣回到大赉公司，公开身份是练习生，实为我抗日民主政府盐务管理总场驻大赉公司的代表，直接归盐务管理总场主任顾国靖领导。职责是学当会计，按照顾国靖的指示，及时提供大赉在盐务方面的情况。那段时间，苏荣与顾国靖常常睡在一张大床上，彻夜深谈。“他帮我树立了正确的人生观和价值观,使我懂得了为什么要参加革命的道理,坚定了我为革命奋斗到底的决心。”

足智多谋,初战即获大捷

1942年2月,春节前3天,蒋健约苏荣会面。蒋健告诉苏荣:“新四军本已决定调你回部队,但苏中区二分区敌工部要派人打入大中集(今江苏大丰)伪军旅部搞军事情报。我向组织推荐了你,如能完成任务,比直接回部队杀几个鬼子贡献要大得多。”

和情报站的负责人孙玲玲接头后,苏荣获知详情:带他到新丰集小学读高小的吴队长父亲,现任大中集谷振之伪军旅部的参谋长,对聪明好学、成绩突出的苏荣一直十分赏识。苏荣需通过吴某在旅部谋得个差事,与同学(伪旅长谷振之的儿子)搞好关系,借机出入谷家,争取半年内获取有价值的情报。

第一次接到秘密任务,苏荣很兴奋。他先到吴家打听消息,得知吴某因战事需要不回家过年。苏荣灵机一动,决定到大中集去看他,并请他找工作,理由是家乡被日军频繁扫荡,无法安定生活。

第二天早上,苏荣赶到大中集敌伪军旅部吴某的办公室。吴某很诧异:“你今天这么早就来啦?”苏荣巧答道:“家里讲你不回家过年,我就提前来给你拜年了。”吴某说:“你今天来得不巧,我要去检查加固防御工事,需要一整天。”苏荣说:“没关系,我先到街上转转,等你回来。”吴参谋长想了一下说:“要不你干脆跟我一起去吧!”

苏荣心中暗喜,跟着吴某进入军事要地。每到一处,防御部队的军官都向参谋长汇报情况,包括该部人数、武器弹药装备、防御工事存在的问题及改造要求等。

和孩子们在一起

“我虽然认识步枪、机枪等武器，但毕竟不懂军事，对防御工事更是一无所知。为了不引起怀疑，我就用好奇和惊讶的口气，公开问他的警卫。”苏荣描绘当时的情景说，吴某听到问这问那，便警告说，问那么多干什么？“我装作若无其事地回答，在这儿没事，我不懂就问问嘛。”

联想到苏荣向来刻苦求学，吴某松了一口气说：“你还是那样好学呀！”后来，碰到核心工事，警卫也说不清楚，苏荣就大着胆子直接问吴某本人。趁他得意，苏荣又问：这样坚固的工事，新四军攻不进来吧？吴某马上讲解道：“工事还有许多薄弱环节，有的要重新建造，不是加固就能解决的。前面有个地方对我们不利，很难加固，现在主要依靠巧妙伪装和加强兵力防守。”

对于这些情报，苏荣默默铭记于心，并将这些内容口述给蒋健，最后汇总成一份完整的大中集敌伪军防御体系加固后的作战能力和兵力部署报告。孙玲玲看后，表扬苏荣说："过去，从没搞到过这么详细的重要情报。原本打算耗时半年的任务，你在一天之内就完成了，简直是个奇迹！"

1944年2月，苏荣被送入抗大九分校改建而来的新四军苏中公学，成为第一期学员。学习结束后，选调到苏浙军区司令部下属、战将陶勇为司令的第三纵队司令部，在作战科、侦察科学习参谋工作。

以前在二分区，苏荣就听说过陶勇的名号——作战勇敢、机智灵活，善于以少胜多、以弱胜强，连日本鬼子都闻风丧胆。能到陶勇身边当参谋，苏荣特别激动。三天后，第一次见面，陶勇说："三纵队欢迎你。今后，这里就是你的家了。"听到这话，苏荣感动得热泪盈眶，他又有家了，而且是革命大家庭。

战时司令员口述命令，往往不在地图上交代，因为作战方案是在地图上制定的，首长很熟悉。"那个张庄，这个李庄，还有王庄，首长知道在哪儿，可我们这些传达命令的参谋不可能完全记住。光讲两三个庄，还容易记，可讲多了就记不住了，而且容易弄错。那时，为了绝对保密，不准记录。如果传达错了，战斗失利甚至影响战役的全局，那是大事。"苏荣娓娓道来，于是，他和其他参谋一起研究出来一个有效办法——将战斗区域五万分之一的地图复制在油印的蜡纸上打印出来，参谋人手一份。一旦司令下传达任务时，就请他在地图上交代，这样便不会出错。为此，苏荣还受到司令部首长表扬。

作为参谋，在前线执行任务，遇到敌人封锁和敌机轰炸扫射，可以说是家常便饭。但在苏荣眼里，无数次上前线传达作战命令，与上战场直接杀敌还是不一样。他一直有个愿望：为惨死的小伙伴报仇。

后来，苏荣被派到特务团团部当书记，作战科长顾柏到该团当参谋长，帮助该团改造国民党起义的部队。

在这个团对日作战前夕，苏荣执行任务到战斗班跟班，想上阵杀敌。班长说，打仗不是闹着玩的，搞不好要死人的。后经顾柏同意，苏荣总算拿着步枪，跟鬼子真刀真枪大干了一场。“枪声一响，我就拼命向前冲，冲到了最前面。那时，脑子里只有一个想法，好不容易上战场，一定要多杀几个鬼子。”

“我冲在最前面，在冲锋过程中，听见空中有鸽子飞过的声响。当时还纳闷呢，兵戎相见，哪里来的鸽子。”说时迟，那时快，“咣”的一声巨响，日军的掷弹筒在身旁爆炸，一股热浪将苏荣掀倒在地。

爆炸后，他控制不住紧张的心情，继续往前冲，先后撂倒了 3 个日本兵。

戎马一生，为国舍生忘死

1945 年 12 月，对日寇的最后一役——高邮战役爆发。身为华中野战军司令部参谋的苏荣，奉命向前线两个主力团，传达纵队司令的总攻作战命令。他带领两个侦察员，冲过了日寇多道封锁线，但是在快要到目的地时，却被日本鬼子两挺机枪封锁了去路。

“当时我想，如果我牺牲了，作战命令传达不到总攻部队，必定延误战机。于是，我把作战命令的内容交代给两个侦察员。我对他们说，我先冲过去，万一牺牲了，你们必须继续完成这个任务。”言毕，苏荣仔细观察，利用敌人两挺机枪扫射的两三秒钟间隙，迅速卧倒一滚。“就在我脸部朝上时，子弹把军帽突出的帽舌打穿了一个洞。”

之后，他快速赶到主力团，及时传达了作战命令。最终，整个战役歼灭日、伪军 7 000 余人，缴获了大量武器装备。

高邮战役结束的当天下午，华中野战军第八纵队(即原苏浙军区三纵队)副司令员彭德清带苏荣到淮安执行任务。当时,他们共乘一辆缴获而来的大卡车,朝北沿着大运河旁的公路向淮安行驶。就在驶离高邮约 1 500 米处,突然出现了两架战斗机,疯狂地向卡车扫射。见状后,苏荣立即叫司机停车,让警卫员掩护彭副司令赶快下车离开公路,向东北方向沿着壕沟隐蔽起来。而他自己则沿着壕沟迅速往东南方向奔跑,有意把敌机引开。

孰料,苏荣抬头观察,竟发现其中一架敌机上还挂着两枚炸弹。为了掩护副司令员,他干脆跳出壕沟,将自己完全暴露给敌机。周边是一垄又一垄的山芋地,苏荣干脆躺倒。随即,两架敌机机首和机尾共四门机关炮,轮番扫射,子弹从苏荣的身边射进泥土中,山芋都被打得粉碎。大约 8 分钟以后,敌机抛下两枚炸弹,在附近爆炸,苏荣全身被泥土覆盖。方圆两三亩的山芋地,被枪弹翻了个底朝天。

敌机飞走后,苏荣拨开身上的泥土,毫发无伤地站起来。苏荣说:"彭副司令也立即出来找我,他估计我可能已经牺牲了。当彭副司令看到我朝他奔跑过去时,非常惊喜,立即迎上来和我热烈拥抱。"

回首岁月,苏荣说,落后必然挨打。以前,中国的武器装备很差,但中国最终赢得了抗日战争的胜利。关键是依靠中国共产党领导下的抗日民族统一战线,团结全国各族人民不屈不挠地与日本帝国主义抗争。"只有不断弘扬不畏强暴、顽强拼搏的抗战精神,时刻不忘自身肩负的历史使命,方能实现富国强军。"

调入海军,继续报效祖国

抗日战争结束后,苏荣还参加了解放战争和抗美援朝战争。从朝鲜战场回来后,陶勇调到华东军区海军任司令。那时,苏荣因病正在南京住院。陶勇通过解放军总高级步兵学校校长宋时轮(原九兵团司令),来做苏荣的思想工作,动员他去海军,继续给陶勇司令当秘书。

宋时轮说:“海军是个综合性军种,海军业务非常复杂。陶勇司令现在很需要你。”其实,苏荣原本的计划,是痊愈后到坦克学校学习两年。

正式调到海军以后,苏荣一面工作,一面学习海军业务。一年中大约有半年深入部队各个兵种,实地了解兵种战术。苏荣介绍,不论是演练,还是实战,必须经过周密的计算。比如,水面舰艇在水上作战时,需要考虑水流。逆流会拖慢航速,顺流则会加快航速。同时,还要考虑风向、风力等。

“影响水面舰艇航程的各种因素都必须计算精准,然后才知道哪种舰艇在何时到达指定位置。多兵种协同作战过程中,还需考虑各兵种之间的配合和默契程度,如水面舰艇与海军飞机、潜水艇的配合等。”苏荣说,大约一年左右时间,他就基本掌握了海军业务。

后来,陶勇又将他送到海军最高学府——位于南京的海军指挥学院基本系(即指挥系)六期学习了 3 年,在海军建设方面也算科班出身,弥补了没能到坦克学校学习的遗憾。

在海军工作期间,军事外交是苏荣的重要任务之一。他说:“军事外交是国家大外交的重要组成部分,并以其独特的作用,有力地配合了国家的总体外交,架设了与世界各国军队加强交流、深化合作、共同发展的桥梁。而且,军事外交是我军现代化的重要组成部分,也是改善国家的国际环境,维护国家利益和安全,促进国防和军队现代化建设的重要手段。在近 30 年军事外交活动中,我参与接待过国家元首、军政首脑，政府、军事、教育、文化、科技等各种代表团和多国访华舰队，大约有数千人次。”

1978年，法国一艘先进的导弹驱逐舰访问上海。当时，苏荣提出，法国在西方大国中，首先带头承认中华人民共和国。这次又突破西方的军事封锁，首先派海军现代化军舰来华访问。这是一次破冰之旅，我们应高规格、热情友好地做好接待工作，使法国海军有一次难忘的经历，让世界各国的海军在羡慕法舰访华的同时，都能向往访问中国。同时，在为上级代拟法舰接待方案时，苏荣特别提出：“应抓住这一难得的机遇，学习西方国家的先进经验，组织我国造船专家对法舰进行‘专业参观’。”

苏荣的提议得到国务院和中央军委批准后，300多位造船专家登上法国导弹驱逐舰，开展“专业参观”。这次参观改变了我国造船专家落后世界近30年的海军舰船设计理念，对加速我海军现代化的建设起到了重要的作用。

同年下半年，中国海军代表团回访法国，苏荣任代表团副团长。在参观巴黎“法国海军装备展览会”时，刚走进展览大厅，他就被十多个国家的参观代表热情地围住。苏荣笑着说：“他们都是我在国内接待过的老朋友。这些朋友都抢着对我说，你们中国接待法舰访华很成功，我们非常羡慕。我们国家也都想派军舰访华，希望中国政府能发出邀请。结果，展览会我一点都没有看成……”

随后，许多国家相继派军舰访华，先后有英国、澳大利亚、意大利、瑞典、葡萄牙、美国、加拿大、哥伦比亚、荷兰、巴基斯坦等，掀起了外国军舰访问中国的高潮。

从事海军工作近30载，苏老说，要做好军事外交工作、取得更大成效，最重要的是要有忠于党、忠于祖国的爱国之心。既要坚决贯彻我国的外交方针和政策，又要有创新思维。“视国家的利益高于一切，尽自己最大的努力，为国家利益和军队的现代化建设服务。”

作者：付鑫鑫

做一个自信的中国人

齐路通

齐路通

1946年生于河北蠡县。1960年参加工作，1964年入党，在职研究生学历。1961年入伍，空军少将军衔，是素有“四大摇篮”(飞行员、英雄模范、将军、宇航员)之称的空军长春飞行学院的老院长。1976年以前任航校团参谋长；1983年任空军政治学院院务部长(正师职)；1989年任副院长(副军职)；1992年任空军长春飞行学院院长；1999年任南京军区空军副参谋长。2004年退休后致力于上海东北经济文化促进工作，现任上海东北经济文化发展促进会主要领导，上海百老德育讲师团名誉团长。

齐路通:军魂永驻的赞歌

72 岁的齐路通将军精神抖擞,有着与年龄不符的朝气和活力。退休不忘奉献,家国情怀依旧,他还在忙着大事业,结合自己 50 多年的党龄与人生作讲演、做报告,与大家分享人生的正确认知和真情感悟。

齐路通走到哪里都精神抖擞,哪怕身穿便衣,不佩戴金光闪闪的将军肩章,同样神采飞扬。铁打的营盘流水的兵,曾是空军长春飞行学院院长、共和国将军的齐路通,虽然解甲走出军营,却始终保持军人的靓丽风采。

为祖国航空事业培养人才

原空军长春飞行学院院长齐路通将军是杨利伟、刘洋、王亚平等航天员母校的老校长。他说起刘洋总是赞不绝口:“刘洋成为中国首位女航天员,我为有她这样的学生感到骄傲!”这位曾和刘洋一起学习、训练的老院长说起刘洋、王亚平,总是非常激动和兴奋。

虽然刘洋她们已毕业 10 多年了,但提及刘洋、王亚平,齐路通将军的印象仍非常深刻。刘洋、王亚平 1997 年入学时,在校学员几千人,但包括刘洋、王亚平在内的女飞行员仅几十人,她们是我国空军第七批女飞行员。因此,身为院长的他也格外重视:“我常和她们一块学习、训练,有时去听她们的课,对这些女学员都熟悉,她们跟我也很熟。”

在空军长春飞行学院，除学习大学课程外，刘洋等学员还得进行悬梯、滚轮、吊环、引体向上等军体训练，以及拉练、游泳、跳伞等特殊的训练。这种高强度的训练，每周少则三天，多则六天，每天至少训练 4 个小时。

齐路通将军印象最深的一件事是，一次在野外长跑拉练，强度非常大，刘洋的脚上磨满了大大的水泡，大家劝她停下来歇歇，可说什么她也不肯停下来，坚持跑完训练的全部路程。

“这个女孩各方面的表现都很优秀，不服输，展示出了河南人的吃苦精神。”另外，她的外语很好，休息时间她坚持学英语，并热心帮助其他学员学习，被同学们称为“小教员”。齐路通将军透露：“在刘洋那批几十名女学员中，真正飞行起来的学员不少，她们的成功率比较高。”

刘洋、王亚平从学院毕业后，领导、教官和同学对她们的关心从未中断。而现在，齐路通将军等都为刘洋成为我国首位“女太空人”而感到由衷的骄傲。“当年，我还专门安排她的队长去北京看望她呢。前几天又和刘洋通了电话，为她加油！”这是他首次和刘洋通电话，之前自己没给刘洋打电话，就是不想太多打扰她，想让她安心训练，积极投入备战飞天任务。等她飞天归来，再打电话祝福。至今，齐路通将军一直和刘洋、王亚平保持联系，特别是在节假日都坚持互通信息致以祝贺。

一场特殊的“电影党课”

一场特殊的“电影党课”吸引 12 万人次参与是首次，“电影党课”接地气又入心，“向先辈烈士致敬，我们年轻人也要时刻保持赤诚之心！”一天上午，一场特殊的“电影党课”在上海影城千人大厅举行，有着“神枪手班班长”殊荣的空军少将齐路通为现场党员上了一堂生动的党课。随后放映的电影《建军大业》,带领大家“穿越”到那个战火纷飞的峥嵘岁月。

齐路通将军在作报告

党课既深刻又生动,齐路通为来自市级机关工作党委、中远海运(上海)公司、上海新华发行集团、中国人民解放军某部队等一千余名学员作了“铸牢强军之魂,永葆人民军队本色”的主题党课。之后,全场党员观摩了影片《建军大业》。党课之后,许多党员干部表示:紧跟时代的步伐,通过电影这种更生动、更形象的党课形式,让党员干部加深对党的认识,这样的党课形式既接地气又入人心。

就在同一天,齐路通将军的“电影党课”承办方联合院线另设党课分会场于院线旗下的三沙银龙电影院。这是中国最南端的城市影院,也是三沙市辖区内兴建并投入使用的第一家电影院。影院当日同步上映了《建军大业》。

齐路通将军自退休后，曾为上海市的小学、中学、大学及企事业单位讲过数场政治课，宣传党的路线方针政策、社会主义核心价值观、党和军队的革命传统，受到广泛欢迎和称赞。

齐路通将军用自己丰富的人生经历和满腔的爱国情怀宣传着党的伟大奋斗历程，鼓舞了无数的有志青年投身社会主义现代化建设。

作者：刘佳宓

青少年是我们伟大祖国的未来！

鲍奇

1924年出生，祖籍江苏无锡。抗战爆发后，在上海地下党的安排下于1941年参加新四军，1942年入党，参加了抗日战争、解放战争、抗美援朝战争和解放东南沿海等战斗，多次立功，曾任海军上海基地副参谋长，是1952年中国人民志愿军归国代表团代表，2015年抗日战争胜利70周年北京大阅兵抗战老兵代表。现为上海百老德育讲师团名誉团长。

鲍奇：抗战老兵讲述峥嵘往事

1937 年，我在上海读中学。我的老师是中共地下党，在他的带领下，我做了一些抗日救亡的工作。1941 年，抗战进入最艰苦的阶段，在老师的动员下，我决定北上参军，保家卫国。

我从吴淞口出发，被人带上了一艘乌篷船，下船之后又有接应的同志将我领到下一个接应地点。到了一看，发现我的好几个同学都在那边，"你也参加了抗日！"几个热血青年相视一笑。就这样，我们参加了当时的东南警卫团。

1940 年 10 月，根据党中央指示，新四军东进开辟苏中通（通州）如（如皋）海（海门）启（启东）抗日民主根据地，同时创建我党第一支海上抗日武装，由新四军主要领导人陈毅、粟裕、陶勇等领导。东南警卫团就是其中一支武装力量。

因为我在部队中的文化程度比较高，因此被安排做了书记员，后来又调到文工团，再后来到了机要处从事机要工作。电报传译工作分为对上和对下两个体系，担任部门领导之后，我专门负责对上的工作，就是在团部接发与陈毅、粟裕等领导同志往来的电报。

1944 年 12 月，为夺取抗日反"清乡"斗争的胜利，东南警卫团团长王澄和政委鲍志椿准备率部突围，结果不幸被冷枪击中，子弹射穿胸膛，两人同时牺牲。那一刻，前线传来消息，团长、政委双双牺牲，我万箭穿心、悲痛不已，但只能强忍着伤心，向司令部发去了两人牺牲的电报。

从翻译电报的机要员到组长、科长、处长，从抗日战争到解放战争，我与机要工作结下了不解之缘，曾被授予中国人民解放军全军机要“先进工作者”的荣誉称号。那段岁月，虽然艰苦、残酷，却也点缀着一些快乐的片段，现在回想，确实是革命的乐观主义精神了。

有一次，我差点搅黄了陶勇司令员的新婚之夜，现在想想都好笑不已。

结婚可是大事情，可就在司令员洞房花烛夜的当晚，政委姬鹏飞把我叫到他面前，让我去给司令员送电报。我觉得，这封电报一定非常重要，所以丝毫不敢怠慢。

哪知道敲开司令员的房门，他看完电报，把电报扔回给我，让我还给政委。不明情况的我只好回到政委办公室，将电报交还给他。政委见状，又让我把电报给司令员送去，并且嘱咐我“非常重要”。于是我又带着电报敲开了司令员的新房大门，司令员依然不收。一头雾水的我就这么来来回回折腾了 3 次，最后司令员终于发了怒，让我“滚出去”，政委这才作罢。

第二天一早，司令员看见我，过来拧住我的耳朵，哭笑不得地说：“小鲍啊小鲍，你怎么都不看看电报，那是一封假电报。政委开我玩笑，故意要搅黄我的洞房花烛夜啊！”

1950 年，抗美援朝战争爆发，我跟随中国人民志愿军第九兵团奔赴朝鲜战场。在朝鲜，我们的生活相当艰苦。这个“苦”一是气候极寒，二是装备简陋。

我是南方人，上海的冬天气温到零摄氏度就已经很冷了，我们到朝鲜时已经入冬，零下 20 摄氏度的气温，再加上部队出发时没有装备冬装，十分难挨。汽车的轮子都挂上了铁链，车一开动，地上的冰就被刬起飞得老高；有的战士没有戴棉帽，耳朵冻得用手一扒拉就掉了；我们都躲在山洞里，许多负伤的战士明明能够医好，也因为天气寒冷被活活冻死了……另一方面，我们的装备相当简陋。部队几乎没有现代化的装备，“小米加步枪”就是我们的真实写照。

可为什么朝鲜战争我们还是胜利了呢？首先，是人心，当时许多当地的老百姓冒着严寒，顶着枪林弹雨来给我们送饭、送生活物资，我至今难忘。另外，正是因为我们的装备轻便，战士们带着一支步枪就能翻山越岭、占领有利地形，居高临下便于攻击；而敌人的重型装备只能走公路，转移起来相当不便。在这一点上，他们吃了亏。

我们在朝鲜顽强战斗了两年。1952 年，抗美援朝战争将要进入尾声，陶勇被任命为华东军区海军司令员。作为他的秘书，我随陶勇一起回到国内，住在上海徐家汇的陶勇家中。

“小鲍，小程呢?”回国后的某天，陶勇突然问我。我答：“还在朝鲜战场，在第九兵团。”陶勇特别关心的“小程”就是我日后的夫人程世萍。

1944 年，我和我爱人因同在东南警备团机要处工作相识，我们从战争年代走来，风风雨雨多年也没顾得上自己的婚事。我从朝鲜战场回国后，与留在朝鲜继续战斗的她天各一方，两个人更不敢多想个人问题。哪知道，作为司令员的陶勇还惦念着。

过了半个多月，程世萍辗转到了上海，一下火车陶勇就派人把她接了过来。几天后，陶勇指着我们两个说：“你们俩今天结婚。”一头雾水的我们还搞不清楚状况，陶勇又重复了一遍：“我说，你们两个今天晚上结婚!”并且吩咐夫人打扫房间作为我们的新房，安排人接来了我的父母和弟弟，还让炊事员为晚饭多加了几个菜。

就这样，陶勇夫妇、我和我爱人、我的家人，加上陶勇的警卫员、驾驶员和炊事员，10 个人围桌吃了一顿简单的晚饭。在他们的见证下我和我爱人结婚了。

“十八条规矩”不能忘

1955年1月，为解放浙江一江山岛，我军历史上首次海、陆、空三军联合作战的一江山岛战役打响，由解放军高级将领张爱萍指挥。这次作战，我们一举攻占了一江山岛，而后又有了大陈列岛的不战而克，最终，我们解放了浙东沿海的全部敌占岛屿，给国民党反攻大陆的图谋以沉重打击。一天，张爱萍将军问我：“小程生了没有？”我说生了，生了个男孩。

“好！以后就叫一江，鲍一江。”张爱萍高兴地说。

20世纪六七十年代，我在福建平潭岛工作，排除一切干扰狠抓部队的教育和训练工作。1977年，我重新调回东海舰队，继续为海军事业贡献力量。

不久之后，十一届三中全会召开，邓小平同志高瞻远瞩地提出“现在军队沿用过去的经验是不行的”，因此，军队建设的指导思想也要下决心实行战略性的“重要的转变”。

改革开放，军队建设迎来了大发展，我开始分管东海舰队和海军上海基地的经营工作。从端枪拿炮、指挥作战到和平年代的部队建设、经营开发，这对我们这些从硝烟弥漫的战场走来的老同志是一个不小的挑战。从那时开始，我就给自己定下了做人的“十八条规矩”，时刻警醒自己：“余生之年办事切忌留下后遗症，以免留下臭名，情愿在世之年被人骂；几十年的革命，廉洁奉公，不要被钱攻破，莫伸手；以真理团结同志，坚持公道，切忌‘我’字当头；同志之间一起工作有了风险，要挺身而出，不能缩着脑袋、推诿责任；坐冷板凳、困难重重时，要想到自己创业的美好前景去努力……”

1985年，我从海军上海基地副参谋长的职位光荣离休。因为我分管经济工作，正式退下来之前组织要求我将自己的私章、财务章、银行章这三枚财政大印“完璧归赵”。我向组织报告，在没有清清楚楚地完成交接工作之前，我不能把印章交出去。

于是，海军上海基地、东海舰队、海军三家的纪委部门来“查账”，对这些年我经手的款项一一核实。在确认没有问题之后，部队党委召开干部大会，在会上宣读了三家纪委部门的调查结果。宣读完毕，台下200多名干部热烈鼓掌，在大家的掌声中我将三枚财政大印交还组织，为40余载的革命征途画上了句号。

时隔一甲子，在天安门接受检阅

在我的一生中，有两次在天安门的经历令我终生难忘。一次是1952年，我作为志愿军代表参加了归国报告团，到北京上天安门观礼。那一次，我们受到了毛主席、朱总司令、刘副主席和周总理的接见并合影留念。这张珍贵的合影在“文化大革命”十年浩劫中幸运地保存了下来，至今还悬挂在我家中最显眼的位置，被我当作一生中最高的荣誉。

没有想到的是，时隔63年，我还能够作为抗战老兵，在全世界的瞩目下再一次经过天安门，接受祖国和人民的检阅。

2015年9月3日，中国人民抗日战争暨世界反法西斯战争胜利70周年大阅兵中，由抗战老同志组成的车队方阵第一个通过天安门。车上是遴选的、目前健在的国共两党抗战老兵、抗日英烈后代，以及抗战支前模范代表。我们这些抗战老兵平均年龄90岁，英烈子女平均年龄78岁，抗战支前模范平均年龄88岁。

参加“9·3”大阅兵的抗战老兵中共有6人来自海军，分别来自东海舰队、南海舰队、北海舰队、海军装备部、海军后勤部和海军政治部。

阅兵前20天左右，我在儿子的陪同下，由专人护送乘高铁到了北京。经过严格的安检和行李检查，入住京西宾馆。

有人问我，9月3号才举行阅兵仪式，提前那么多天去北京干吗呢？最开始我也疑惑，几天下来我们这些“老家伙”总算弄明白了情况。

首先是体格检查，因为我们年龄太大，怕出现意外情况，每天早中晚3次，专门配备的医生都会为我们进行常规的身体检查。他们“宝贝”我们到什么程度？就连吃饭也有医生站在旁边看着，生怕谁噎住会有意外，并且记录下谁什么时候吃了什么。有老同志提出想吃虾，工作人员怕虾壳卡了喉咙，于是后来的菜色中出现了去壳的虾仁。

其次是熟悉环境和排练阅兵流程。一般情况下，我们不能外出，外面的人也不能进来看望，出门下电梯要登记，下了电梯走到门口也有专人护送，院子里还有固定和流动的岗哨，安保相当严格。正式阅兵前的几次排练，每次都差不多要6个小时左右，考虑到许多老同志身体吃不消，就由子女代替进行排练。

9月2日，北京下起了阵雨。大家心里都紧张了起来，有人直念叨：“完了完了，明天的阅兵怎么办？”谁想到，第二天北京晴空万里，大阅兵顺利开始。然而可惜的是，临到要上车的时候有几位老同志身体情况不大好，只好不参加车队方阵了，非常遗憾。阅兵中还有个小插曲，讲起来大家恐怕都要笑话。去往阅兵现场的路上，我们的车队跟着一辆流动厕所车，为大家提供“方便”。

经过天安门时，我感慨万千、心潮翻涌。如今，当时的情景历历在目，令我永生难忘。我知道，我代表的不仅仅是我个人，更代表了无数为国捐躯的战友，是他们浴血沙场、舍生忘死，捍卫了中华民族的独立和自由，也留下了激励后世子孙不断前行的宝贵财富。

参加抗日战争胜利 70 周年大阅兵

选自《解放日报》

作者：雷册渊

青年是世界的未来
祖国的希望

倪豪梅

倪豪梅

1944年5月生于上海，祖籍浙江绍兴。大学文化程度，研究员职称。1963年10月参加工作，1965年，加入中国共产党。历任上海市街道共青团专职副书记，新疆军区生产建设兵团团组织干事、连队指导员，共青团团委书记、妇联主任，团副政治委员、党委副书记，师政治部主任、党委常委，1987年任新疆生产建设兵团副政治委员、党委常委，1995年任中华全国总工会副主席、书记处书记，全国政协提案委员会副主任。2010年至今任中国延安精神研究会常务副会长。中共十三大代表。全国政协九届、十届政协委员。全国妇联六届、七届、八届、九届执委委员、执委常委。曾经先后得到习近平等四位中共中央总书记亲切接见。现为上海百老德育讲师团名誉团长。

曾荣获三等功、先进工作者、五好干部、优秀党员、全国政协优秀提案奖。

在《人民日报》《求是》《工人日报》《农民日报》《理论前沿》《中直党建》《中国工运》《中华魂》《思想政治工作研究》等报刊发表50余篇文章。其中在《人民日报》发表8篇。

倪豪梅:永远的红色情结

金秋十月爽,九九重阳到。2016 年 9 月 30 日,主题为“百老话重阳,共筑中国梦”的老将军、老劳模恳谈会在上海市徐汇区斜土街道文化中心热烈举行。上海百老德育讲师团的老将军、老劳模们激情满怀地向年轻的干部群众和莘莘学子讲授人生信念、播种文明知识。

2016 年 6 月,为纪念建党 95 周年,百老德育讲师团百名将军英模来到上海龙华烈士陵园,重温了入党时的誓言。8 月 25 日,他们又举行恳谈会,纪念中国工农红军长征胜利 80 周年,倡导长征精神代代相传。

从 2003 年 10 月不再担任中华全国总工会副主席、全总书记处书记的职务,到 2008 年 3 月正式卸任全国政协提案委员会副主任,2010 年 5 月至今担任中国延安精神研究会常务副会长。按常人的眼光看,为党和国家事业奋斗了一辈子的倪豪梅,该好好享享清福了。可是,倪豪梅依然“每天都安排得满满当当,总有许多事情需要去做”。身为百老德育讲师团名誉团长的她与其他团友一道,不拿分文报酬,执著地传播着源于革命传统的正能量。“白发与青丝的交融”,“夕阳与朝阳的传承”,演绎着百老们如晚霞般灿烂的生命之歌。而这,也正是倪豪梅退休生活的生动写照。

退休了的倪豪梅,从来没有也不会躺在过去的功劳簿上,而是再度出发、再度奋斗,依然用辛勤和奉献书写着对这片土地的深情。因为在她心中,有着不变的红色情结:“当干部是要退休的,但做党员是无止境的!”

延 安 情 结

巍巍宝塔山，清清延河水。伟大的延安精神，是我们立党建国、艰苦创业的力量源泉。在中华民族进入决胜全面小康、实现中国梦的关键时期，让延安精神这面红旗永不褪色，成为人们心中永不熄灭的灯火，显得尤为重要而紧迫。

身为中国延安精神研究会常务副会长，倪豪梅时时感到使命在肩、责任重大。在她看来，延安精神的精髓就是：坚持正确的政治方向，实事求是的思想路线，全心全意为人民服务的宗旨，自力更生、艰苦奋斗的创业精神，坚持真理、修正错误、发扬批评和自我批评的作风！"延安精神是我们党的优良传统和宝贵财富，过去是、今天仍然是我们战胜困难、取得胜利的法宝。"基于这样的认识，倪豪梅把延安精神研究会这个平台看得很重很重。

自 2005 年任中国延安精神研究会副会长以来，她一方面尽快了解熟悉研究会方方面面的工作，一方面从历史渊源中寻找中国延安精神研究会和全国总工会之间的必然联系，从而在日常的弘扬延安精神工作中，认清位置、找准角度，为服务"三工"即工会工作、工人阶级、工人运动鼓与呼。

2010 年，工作出色的倪豪梅又被推选为中国延安精神研究会常务副会长。从此，倪豪梅更加全情投入传承弘扬延安精神的事业中去。

她也自我加压，笔耕不辍，每年至少确定一个调研主题，完成一项研究成果。据初步统计，任延安精神研究会常务副会长 8 年来，倪豪梅提交会议的发言和报刊发表的调研报告、理论文章就达 20 多篇，其中仅在《人民日报》发表的就有 5 篇。值得一提的是，在这些调研成果中，年年都有引发广泛关注、得到高度评价的重头文章。

2011 年是建党 90 周年，在 2010 年上半年，倪豪梅就专程前往上海调研关于上海市延安精神研究会学习、研究、宣传和践行延安精神的工作情况。她认为上海市延安精神研究会(以下简称上研会)工作成绩显著，很有特色，值得借鉴。于是她撰写了赴上研会工作的调研报告，并向中研会常务理事会建议翌年中国共产党成立 90 周年理论研讨会在上海召开，得到中研会会长、全国人大常委会原副委员长李铁映同志批准和上海市委领导的认可。另外，她在掌握大量第一手资料后，精心撰写了题为《延安时期党的工会工作方针》一文。在这篇文章里，倪豪梅系统梳理了抗战初期抗日根据地工会的发展、延安整风运动与工会工作方针的调整等，进而总结了延安时期工会工作方针探索过程中积累的经验与教训。她指出，“深入总结延安时期党的工会工作方针，我们可以得到许多重要启示。一是必须正确处理自觉接受党的领导与创造性地开展工会工作的关系。工会必须从自身作为工人阶级群众组织的性质和特点出发，通过富有特色的创造性工作，把党的主张变成广大职工的自觉行动。二是必须正确处理促进企业发展与维护职工权益的关系。工会要遵循促进企业发展、维护职工权益的工作原则，着力调动企业和职工两个积极性。三是必须正确处理工会组织与职工群众的关系。密切联系职工是工会的最大优势，脱离职工是工会的最大危险”。视角独特、启示深刻，注定了这篇文章非同凡响。在同年 6 月由中国延安精神研究会主办、上海市延安精神研究会承办的纪念建党 90 周年理论研讨会上，倪豪梅这篇调研报告引发热烈反响，之后又于 2011 年 6 月 27 日的《人民日报》上刊发。李铁映同志就此作出批示，予以充分肯定。

受此启发，倪豪梅再接再厉，对延安时期的史料进行进一步挖掘，

2012 年又撰写了《延安整风运动经验对党的干部教育的启示》一文，围绕“培养什么样的人”“如何培养人”“为什么培养人”等历史性课题进行了与时俱进的阐述和解答，提交延安整风运动与加强党的建设理论研讨会作大会发言后，再次得到好评。2012 年分别在《中直党建》《中华魂》《工运研究》上发表。

2013 年，是毛泽东同志诞生 120 周年，也正值实现中华民族伟大复兴中国梦的伟大号召叫响神州大地。这一年的 4 月 28 日，习近平总书记来到中华全国总工会机关与劳模代表座谈，在广大职工和工会干部中引起强烈反响。面对这样一个特殊的时间节点，倪豪梅一直在琢磨，在提交纪念毛泽东同志诞生 120 周年理论研讨会的论文中，如何将弘扬革命光荣传统与积极响应当下党中央的号召结合起来？反复斟酌、深入思考后，她决定还是从“三工”视角切入，尤其是从毛泽东同志提出的全心全意依靠工人阶级根本方针切入，撰写了《深入学习贯彻习近平总书记重要讲话精神，充分发挥工人阶级的主力军作用》的论文。

在这篇文章中，倪豪梅鲜明提出，全心全意依靠工人阶级是实现中国梦的根本指导方针；弘扬工人阶级伟大品格和劳模精神是实现中国梦的强大精神动力；充分发挥工会组织作用是实现中国梦的重要社会基础。她说：在发展中国特色社会主义、实现中国梦的伟大进程中，工人阶级作为改革开放和社会主义现代化建设主力军的作用不能削弱，我们党一贯坚持的全心全意依靠工人阶级的根本指导方针不能改变。这篇文章发表在《中直党建》2013 年第 12 期杂志上，得到普遍好评。

2014 年是邓小平同志诞生 110 周年。众所周知，小平同志的企业民主管理思想，奠定了我国民主管理工作的基础，一直是搞好企业民主管理工作的根本指针。而倪豪梅任全国总工会副主席期间，曾经分管过企业民主管理工作 4 年，对此十分熟悉，即便后来退休了，也一直关注这项工作。在全国政协十届四次会议的大会发言中,她就发表过题为《职工代表大会制度是具有中国特色社会主义特色的企业民主管理制度》的大会发言,明确提出“职工代表大会的作用只能加强不能削弱,这是健全完善现代企业制度的客观要求”。

2014 年党的十八届三中全会,习近平总书记提出了全面深化改革的新思想、新理想、新举措。倪豪梅结合最新思考撰写了题为《加强企业民主管理　推进全面深化改革》的署名文章,在 2014 年 9 月 17 日的《人民日报》发表,以此贯彻党中央全面深化改革精神和纪念邓小平同志诞生 110 周年。她在文章中疾呼:加强企业民主管理是工会组织的重要职责。企业民主管理与工会工作密不可分。要丰富和创新企业民主管理形式,完善源头参与和诉求表达机制,着力提高工会组织和工会干部素质,以职工满意不满意、工会作用发挥充分不充分为标尺,扎扎实实为职工做好事、办实事、解难事。

2015 年,对工人阶级和工会工作来说,是一个有着特殊纪念意义的年份。这一年,既迎来抗日战争胜利 70 周年,又是中华全国总工会成立 90 周年。为此,倪豪梅深思熟虑,翻阅许多资料,几易其稿,精心写作了《中国工会和工人阶级在抗日战争中建立了不朽历史功勋》一文。从工会和工人阶级的角度观照抗日战争、纪念抗日战争,在所有提交纪念抗日战争胜利 70 周年理论研讨会的文章中,《人民日报》于 7 月 12 日独此一篇全文刊发。在这篇文章中,倪豪梅用大量的史实回顾了中国工会大力开展抗日工人运动,一切为了支援前线,放手发动工人群众,全力抗日救亡的丰功伟绩。文章见报后,引起中共中央政治局委员、中华全国总工会主席李建国的高度重视,他专门电话指示中华全国总工会副主席、书记处第一书记李玉赋:“此文很值得全总机关的同志一读。”

一步一个脚印，一年一个成果，在延安精神研究会领导工作的日子里，倪豪梅从未虚度一天光阴。正如50年前，她打起背包义无反顾地追随359旅的闪光足迹，奔向地处祖国西北边陲新疆。新疆军区生产建设兵团农一师成了她拓展自己的人生舞台。如今，已逾古稀的她，以另一种方式，续写着延安精神和359旅精神的新篇！

“三 工”情 结

“当好‘娘家人’，最根本的就是要贯彻好党的群众路线，对职工有真感情，对职工状况有真了解，掌握做职工工作的真学问和为职工服务的真本领；注重调查研究，眼睛向下，脚步向下，真正走到职工群众中去，与职工群众交朋友……”

这是倪豪梅在一篇文章中总结的工会工作心得。其实，这也正是她作为一名工会工作者的心路历程。

从1995年12月她“突然”奉命走马上任中华全国总工会副主席、书记处书记，到2003年10月因年龄关系离开工会领导岗位，八年的工会工作经历，给她的职业生涯烙下深深的“三工”印记，在她的心中留下深深的“三工”情结。倪豪梅常对身边的人说：“我虽已退休，但退休不退责！”虽然离开工会工作岗位多年，但从基层摸爬滚打上来的她，始终对职工、工会怀揣着浓浓的深情，在为职工发声这件事上，一刻也没有缺席过！

她充分利用全国政协和延安精神研究会这两个平台，千方百计为工会工作、工人阶级、工人运动奔走疾呼。在第九届、十届全国政协大会和第十届全国政协常委会上，仅就维护职工合法权益，她就发表了多篇大会发言材料，提交了数十份政协提案。

令人感佩的是，倪豪梅每每提交大会发言和提案，都有一股“咬定青山不放松”的狠劲儿、韧劲儿。

作为女性，又曾担任全总女职工委员会主任的她对女职工工作有着天然的特殊感情，因此，维护女职工合法权益和特殊利益，自然成为她参政议政的重点。她在深入调研的基础上，把重点锁定推进修改《女职工劳动保护规定》上。为此，她连续 7 年就修改《女职工劳动保护规定》递交提案，并明确提出修改重点要落在“着力完善涉及女职工劳动保护的合法权益和特殊利益落到实处的举措和办法”上的观点。

为了啃下这块“硬骨头”，倪豪梅可谓磨破嘴跑断腿，她利用政协会议休会间歇，到各个界别的政协委员尤其是女委员中去宣传动员，恳请大家联名签字。最终，这一提案得到大家的认可。她联名 3 位委员在政协第十届全国委员会第一次会议上提出的关于建议加快修订《女职工劳动保护规定》进程的提案，在 2007 年还被全国政协评为优秀提案。更重要的是，在工会界的历届政协委员及倪豪梅的积极推动下，《女职工劳动保护规定》最终得以修订，广大女职工的权益维护有了更有力的保障。

在关注女职工权益维护的问题上，倪豪梅并没有止步。她又把目光投向女职工的特殊利益保护及退休问题的思考上。2006 年，在全国政协十届四次会议上，她作了关于《当前非公有制企业女职工特殊权益保障问题及对策建议》的发言；2011 年，又在《工人日报》发表了《关于女职工退休年龄问题的调查与思考》，对我国现行退休制度中女职工退休年龄的相关问题进行了重新审视。

长期以来，农民工问题一直是社会各界关注的焦点，也是工会开展维权工作的重点，这自然也是倪豪梅参政议政的题中应有之义。早在 2006 年，倪豪梅以全国政协委员调研组副组长的身份，赴湖南、广东两省就维护农民工合法权益问题进行专题调研，对农民工队伍状况尤其是权益状况有了比较全面的了解。2007 年 11 月,倪豪梅在任职副主任的全国政协提案委员会提交了《关于维护农民工合法权益的调查报告》,引发社会各界的广泛关注。随后,在全国政协十届五次会议大会发言中,倪豪梅提出《农民工社会保险中存在的问题及建议》,就农民工参保情况和存在的问题建言献策,引起了有关部门对农民工社保权益的关注和解决。

除了为女职工、农民工的权益积极奔走,倪豪梅的关注视角几乎覆盖了工会工作的各个方面。她是较早关注出租车司机群体的高级领导干部,早在 2007 年,就在《中华魂》杂志上撰文《怎样维护出租车司机合法权益》。

2006 年 7 月,她就人民法院设立劳动审判庭提交提案,呼吁完善人民法院处理劳动争议案件的组织制度,设立劳动审判庭,专司劳动争议案件的审理。这一建议对于保障劳动者的合法权益,建立和维护稳定和谐的劳动关系,保障社会稳定和促进社会主义市场经济的健康发展,构建社会主义和谐社会,具有积极的意义。最高人民法院对此问题进行深入广泛的调查研究,积极总结部分地方人民法院的有益工作经验,如今已在劳动争议案件较多的人民法院进行试点工作。

“为什么我的眼里常含着泪水?因为我对这片土地爱得深沉。”作为从基层走来、从沙漠走来的共和国高级领导干部,倪豪梅始终对自己更敏锐地感知百姓疾苦、推进社会发展赋予更强烈的责任感、使命感。除了为“三工”鼓与呼,她为一切弘扬正能量、促进社会公平正义的人和事建言献策。

在新疆生产建设兵团工作的 32 年,农垦问题一直是倪豪梅关注的重点。从 1999 年起,她连续数年联合其他委员递交提案,最终促成了农垦职工户口“农转非”问题的落实。在政协第十届全国委员会常委会第十四次会议的大会发言中，她又再次呼吁“发挥农垦在建设社会主义新农村中的示范带动作用”，提出要注重运用农业高新技术、推进农业产业化经营并建设创新型农垦职工队伍。

下瓜田调研

“企业是自主创新的主体，职工是自主创新的主力军。要注重组织职工广泛开展‘小革新、小发明、小改造、小设计、小建议’活动，展示技术创新成果，推动创建创新型企业。”2006 年，在政协第十届全国委员会常委会第十四次会议的发言中，倪豪梅为改善企业自主创新开出了一剂良方：以市场为导向，确实把企业真正放在主体地位，做到科技发展和产业发展相互支撑；重在全方位投入；建立健全国家技术创新，尤其是完善企业自主创新的法律和政策体系；高等教育和产业联动，增强自主创新能力；从观念、体制、管理的创新上增加企业创新发展的内在动力。

倪豪梅还较早关注到了环境问题对于可持续发展的重要性。党的十六届五中全会明确指出，要加快建设资源节约型环境友好型社会。“十一五”规划纲要提出到 2010 年万元 GDP 能耗降低 20%，主要污染物排放减少 10%的目标。但在规划执行的第一年，全国没有实现年初确定的目标。那时，“上海当年前 4 个月 GDP 综合能耗呈下降趋势，其中工业能源的消费增长低于全市平均水平，工业能耗增长低于工业增加值增长近一半，全市重要工业行业的单位产值能耗全部实现同比下降”。倪豪梅注意到上海在这方面有很多创新的先行探索。于是，她亲赴上海等地方调研，并在全国政协十届五次会议上作了《积极争当节能减排的实践者、推动者》的大会发言,介绍了上海市委市政府组织广大职工响应党中央决定,勇做改革开放的排头兵、创新发展的先行者,大力开展节能减排工作的做法和经验,引起了较大反响,并得到时任上海市委书记习近平和上海市市长韩正的充分肯定。他们还专门致信,对倪豪梅关注家乡上海的发展表示谢意。

之后,此篇文章在《人民日报》发表,题为《节能减排须多措并举》,文中明确提出,“不断完善和调整产业结构,把经济增长方式具体化;抓资源循环利用,加快发展循环经济;建立企业节能减排的社会责任机制、政府节能减排工作责任和问责机制;抓统一认识,提高全民综合素质。并依靠主力军,注重组织职工广泛开展节能降耗为主题的‘小革新、小发明、小改造、小设计、小建设’活动……”时至今日,这些观点仍然发人深省。

“政协委员要发挥提案作用,关键是做到以下几点:一是选题准确,突出当前包括广大职工在内的群众关注的热点、难点问题;二是深入调查研究,反映真实情况,集思广益,充分论证;三是突出针对性,注重可操作性,把重点放在‘如何解决问题’上。只有这样,才能做到‘参’得更有水平,‘议’得更有实效。”这是倪豪梅作为十届全国政协优秀提案获得者,在经验交流会上介绍自己的提案心得时说的一段话。

其实,不只是提案,做任何工作,如能做到这三点,都能更有水平、更有实效,关键在于是否有这份专注认真的劲儿。

倪豪梅对10年的政协委员的工作进行了深情的总结,专门撰写了《通过政协渠道,履行工会职责》一文。这篇文章在2009年8月11日《人民日报》上发表后,时任全总党组书记、副主席的孙春兰同志专门作了批示:“豪梅同志文章扩大了工会的社会影响”,这对她是很大的激励。每当说起10年全国政协委员的参政议政经历,倪豪梅多次提及全国政协十届五次会议的那次提名十一届委员的小组讨论——在确知自己下一届不再任全国政协委员后，她在发言中这样说："我不当政协委员了，这不是终点站，而是加油站。今后要继续当好不是政协委员的政协委员。"

她是这么说的，更是这么做的。

边疆情结

"将军谈笑指天山，便引春风度玉关。"在王震同志诞生 100 周年之际，倪豪梅满怀深情地回忆了王震对她的六次接见。

"他对我一次次的教诲、一次次的帮助，不管以前、现在，还是将来，我一辈子也忘不掉，永远鼓舞和激励我前进。我深知自己是从戈壁沙滩中、从基层中、从艰苦环境中来的，只有继承发扬在兵团战斗、生活中铸就的踏实勤勉、务实开拓的工作作风，心中时刻装着广大群众和职工的冷暖，才能在新的岗位上更好地履行职责。"

斯人长已矣，风范驻人间。如今也步入离退休老干部行列的倪豪梅，同样用自己的风范传承着红色基因，诉说着永远不变的边疆情结、兵团情结。

"生在井冈山，长在南泥湾，转战千万里，屯垦在天山。"20 世纪 60 年代，正是受到 359 旅事迹的感召，上海姑娘倪豪梅加入了屯垦戍边的大军，把自己最美好的青春献给了边疆。

在塔里木、在准格尔、在阿勒泰、在昆仑山下……兵团锤炼意志，磨炼成就事业，兵团见证了她的成长。赴疆以后，倪豪梅在兵团的大熔炉中百炼成钢，从农场机关组织干事干起，先后担任连队副指导员、农场团委书记、政委、师政治部主任，直至兵团副政委。

忆往昔，峥嵘岁月稠。"总会想起热火朝天的兵团生活，朝夕相处的农场战友，初夏时绽放的沙枣花，金秋时辉煌的胡杨树；简陋的地窝子，烧荒的篝火……年轻时，我们曾为它流汗付出，年老了也依然对它牵肠挂肚；年轻时，我们曾为它筹划建设，年老了依然深情地为它遥遥祝福。”1964 年 5 月，倪豪梅和滕亚东两人响应党的号召，放弃上海工作岗位，积极参加塔里木建设，为了共同的志向、共同的理想，他俩走到一起，收获了爱情。结婚后，他俩生活上同甘共苦、相濡以沫；事业上互帮互助、相互鼓励。丈夫全力支持她的工作，倪豪梅所有成长和业绩都离不开老滕的理解和支持，她对老滕也相知情深，无微不至地照顾着老滕和两个年幼的孩子。1980 年倪豪梅的母亲与老滕父亲在上海双双退休，但为了事业需要，他俩不改初衷，毫不犹豫地再一次选择了塔里木。当一个人的爱情和青春与一个地方、一种事业紧紧相连时，那才是永远不可忘怀的。

和丈夫滕亚东

退休以后，倪豪梅曾经多次回新疆学习、调研、看望。让她欣慰的是，这 10 多年间，兵团坚持稳中求进、进中求快，实现了又好又快的发展，兵团百万职工搬进了新居，教育、医疗、养老等民生保障实现全覆盖，职工群众生活水平和生活质量显著改善。艰苦奋斗几十年的兵团人过上了梦想中的现代城镇生活。

2014 年，正值新疆建设兵团成立 60 周年，也是倪豪梅和爱人滕亚东参加边疆建设 50 周年，她和爱人回到了曾工作生活 32 年的新疆维吾尔自治区和建设兵团进行了学习、参观、调研和走访活动，看望老前辈、老领导、老战友、劳动模范和困难职工，并重返了生活工作 18 载的塔里木。他们在塔里木实地了解职工生产生活情况、考察城市建设规划方案……在紧凑的行程中,她欣喜地感受着日新月异的变化。“虽远隔千山万水,但心里一直牵挂着这里,关注发展,故地重游,看到大家收入大幅提高,生活水平提高、住房条件改善,心里格外欣慰。”

“艰苦卓绝兵团人,辈辈传承兵团魂。”倪豪梅为在新疆当过兵团战士而感到光荣、骄傲和自豪。

“维护社会稳定和长治久安是新疆工作和兵团工作的着眼点。”2014 年 10 月 7 日,倪豪梅应邀参加了新疆乌鲁木齐市人民大会堂举行的兵团成立 60 周年庆祝大会,坐在主席台上的她,亲自聆听了中央领导的重要讲话,使她进一步明确了以习近平为核心的党中央“在新疆组建承担屯垦戍边使命的兵团,是党中央治国安邦的战略布局,是强化边疆治理的重要方略”,“使兵团真正成为稳定器、大熔炉、示范区”。2015 年又迎来新疆维吾尔自治区成立 60 周年,新疆维吾尔自治区党委、政府及各族人民没有忘记曾在新疆工作了大半辈子的倪豪梅,专程派有关领导赴上海家中看望慰问倪豪梅,她顿时热泪盈眶,激动的心情难以言表,彻夜难眠。

倪豪梅对上海知青组织的各项活动,更是亲力亲为,继续为社会发光发热。在纪念毛主席“广阔天地大有作为”批示 60 周年暨老知青建设新农村新春联欢会上,她看到来到会场的黑龙江逊克县山河村农民演出队,就是由上海电影集团徐桔桔、北京知青贾爱春重返山河村,组织了农民成立专业合作社,带领群众共同致富后组织起来的。倪豪梅代表中国延安精神研究会参加了会议,她感慨万千:“一批当年的老知青,年过花甲,赤心不改,在退休离开工作岗位后,无私奉献,敢于担当,勇于创新,重返当年下乡的农村,在改革发展的大潮中,为建设社会主义新农村,和农民一起创业,推进了农业现代化建设。”

2014 年 6 月 29 日，上海团校同学 50 年再聚首，身为 1964 年上海团校学员的带队中队长倪豪梅专程从外地赶赴上海参加盛会。她在聚会上发表了热情的讲话，表示自己的心永远与上海广大知青连在一起。

2015 年 8 月 15 日，在纪念中国人民抗日战争暨世界反法西斯战争胜利 70 周年之际，倪豪梅参加了上海举行的老将军、老劳模、老知青 5 000人歌咏大会。

2015 年 9 月 3 日上午，倪豪梅参加了中华人民共和国庆祝抗战胜利 70 周年天安门阅兵仪式，当站起来唱国歌的时候，热泪盈眶的她暗暗发誓：要铭记历史，缅怀先烈，珍惜和平，开创未来！

思想不老，精神不老！从支边新疆的上海知青，到屯垦戍边的新疆生产建设兵团的副政委，再到为职工利益鼓与呼的中华全国总工会副主席、全国政协提案委员会副主任，直至退休以后任中国延安精神研究会常务副会长、上海百老德育讲师团名誉团长，一路走来，倪豪梅从来都令人瞩目，但在耀眼的光环之下，却是一颗永不褪色的赤子之心。或许，这正是她走得更远更久的秘诀所在。2016 年 11 月 5 日，是倪豪梅难忘的日子，她迎来了母校上海市第十中学建校 110 周年，并被邀请参加校庆庆典活动。倪豪梅的精彩发言让众多的校友和教师很受鼓舞，作为校庆的一份有意义和有价值的学习材料，“使大家仿佛重拾过往的记忆，引起了校友们的共鸣，来激发更多的学生”。

看着泛黄的毕业证书，这位在黄浦江畔长大，深入到边疆沙漠，又远赴首都北京，跑遍全国 31 个省市为职工群众鞠躬尽瘁的老人感慨万千。是理想信念之光，支撑着她一路走来！而她将继续带着初心去远航……

作者：王娇萍

不待扬鞭自奋蹄

田仕明

1932年11月生于四川省岳池县。1950年12月考入西南军政大学并入伍，1953年10月入党，曾任第二军医大学政治部主任，长期从事军事院校教学和思想政治工作，1988年授于少将军衔，1993年退休。现任上海百老德育讲师团名誉团长，是中国硬笔书法协会会员、中国书画研究院院士。

田仕明:老将军的文化情怀

田仕明,86 岁的共和国将军,戎马一生,倍受人民爱戴。他还写得一手令人叫绝的硬笔字,更增添了儒将风雅。从爱好书法至习成硬笔字的名人大家,田仕明将军演绎出不待扬鞭自奋蹄的人生风采。

硬笔书法内承华夏书画之法统,外蓄西方艺术之精髓,中西合璧,兼容并蓄,交相辉映,推陈出新,绚丽多彩,演绎了层出不穷的精品佳作,可谓名家辈出。田仕明将军的硬笔字正是根植于中国书法的肥土沃壤,所以有着得天独厚的文化优势与人文滋养。

田将军祖籍四川岳池,早在小学、中学读书时就钟情文化,深受熏陶,喜欢练习书法。1950 年投笔从戎。因为工作紧张繁忙,工作和爱好不能两全,练字也只能像挤海绵一样,挤出点滴时间练上两笔。随军征战没有定数,而习钢笔字携带方便,书写快捷,这是他爱上硬笔字的原因之一。直到 1993 年退休后,他真正算得上重拾墨笔,继续少儿时的书法梦,以丰富自己的退休生活。退休后,他每天上午 9 时到 11 时、下午 3 时到 5 时的时间里,都在书房里练习基本功,学颜真卿多宝塔碑、王羲之兰亭帖、胡问遂的行书等。书写的内容多以歌颂党、祖国和人民的词句为主,还有展示中华传统文化以及富有思想教育意义的诗词句等。他擅长写楷、行书体。他兴致来时,有时写开来就是半天甚至一天,几乎一发不可收拾。不仅如此,他还经常到著名书法家张森、孙信德等人家中拜师学书法,勤学苦练,受到这些艺术大师们热情的指教，为今后的发展打下了良好的基础。

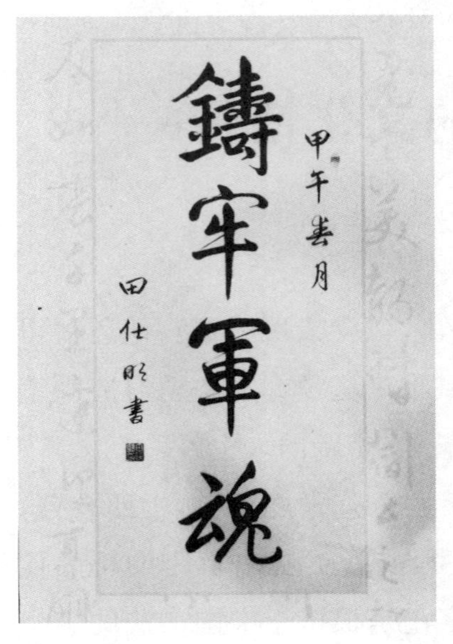

田将军书法作品

功夫不负有心人，田将军潜心钻研硬笔字的要义，苦练硬笔字的要领，坚持不懈，铸就下笔如有神的技艺，循变软笔粗壮点画之“面”为纤细点画之“线”，去其肉筋，存其骨质之底蕴。练字是水磨的功夫，要静得下心，耐得住寂寞，忙中偷闲。学书法跟干其他事一样，一是认真，二是吃得了苦，下得了功夫，苦尽甘来。田仕明将军在为青少年讲故事的时候，经常说：喜欢什么只是爱好，真正要达到目的，光有梦想不行，要有追梦的拼搏精神，更要有圆梦的毅力和决心，锲而不舍，这才是最难能可贵的。老将军为人谦和大度，但做事认真得有些苛刻，从笔姿到握笔的一招一式，都有极为严格的要求，一板一眼，变局不出局，讲规则，不越雷池半步，准确地把握方式方法，不怕练得腰酸背痛手麻。临摹是学而习之的起步，就是要一丝不苟。万事开头难，要想写一手好字，必须要有笔不离手的恒心。在练字充满动力的同时，千万不要被急于求成绑架，把握住欲速则不达的规律。田仕明将军的硬笔字之所以达到炉火纯青，探其奥秘，认真细嚼他“不待扬鞭自奋蹄”的座右铭，是会大有裨益的。

田仕明将军硬笔字的系列作品有着中华文化的风骨和神韵，坚守表达中华民族文化的博大精深，同时融入社会，紧扣时代的主旋律，彰显老有所为的人生价值。

天道酬勤。这些年来，田将军的书法作品在国内外多次参展并获奖,积累了厚厚的一叠奖状和证书:在参加全国书法大赛中多次获奖,其中金奖14次、银奖12次、一等奖3次、二等奖12次;多次被授予荣誉称号,其中有“海峡两岸书法交流大使”“国际书画名人”“人民功勋艺术家”等;许多优秀作品入编《中国书画家大典》《中国书画名家名作收藏大典》等辞书。中国书法家协会原主席张海、中国美术家协会主席刘大为等行家观看了他的作品后给予高度评价:“功底深厚,传统创新,文武之姿,雄风依旧。”2012年12月,田将军参加全国离退休老干部书画作品邀请展,他的一幅歌颂邓小平的七律“抒怀”获收藏证书。撰写毛主席的一首诗词《采桑子·重阳》荣获金奖。2013年11月,北京翰艺阁书画院等单位为纪念毛主席诞生120周年,举办书法竞赛。田将军书写的作品《红日·毛泽东诗词》在大赛中荣获金奖,他被授予“中华红色书画名家”荣誉称号……一张张奖状和一本本证书见证着田将军的努力。

这些年来,要田将军书法作品的人越来越多,他都慷慨赠送,已达几百幅之多。田将军说得好,书法是文化传承,弘扬文化才是要旨和本义。他将悉心写作的硬笔字赠送他人,从来分文不取,其中有捐送给宋庆龄基金会的,有送给上海工业技术学校、泥城中学以及江南新村小学等社会各界的。

一位点兵沙场的将军成了中国硬笔书法协会会员、中国书画研究院院士,真是功到自然成。田将军老有所学,老有所为,不忘初心,共筑中国梦,永远跟党走,走出新的“长征路”。

作者:季　斌　浦锡根

第三篇：铁骨铮铮照汗青

每个时代都有自己的英雄，共和国的人民英雄用满腔热血浇铸出一不怕苦，二不怕死的铁骨忠魂。“生当作人杰，死亦为鬼雄”，这是英雄们不可动摇的信念。他们有泪不轻弹，没有哀叹和悲伤，以血肉之躯捍卫民族尊严，视死如归，保卫国家和人民神圣不可侵犯。

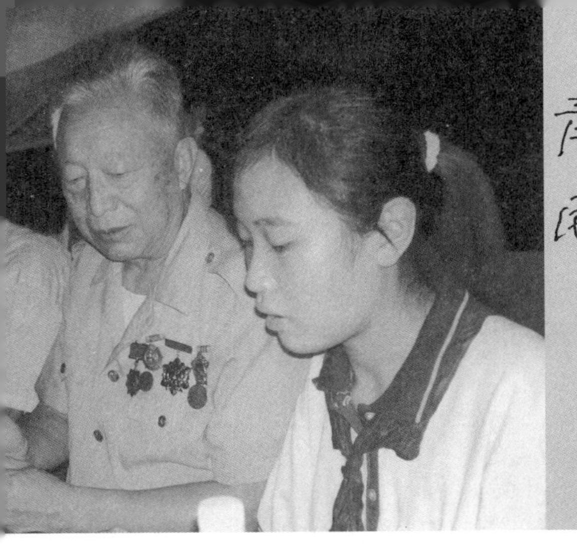

青少年是祖国的未来，
民族的希望。

潘其槐

潘其槐

1927年2月生于江苏省滨海县。1943年3月入党，1943年11月任滨海县潘岗村党支部副书记、民兵连指导员，1945年7月参加新四军。1946年6月参加苏中战役七战七捷，1946年10月参加江苏涟水保卫战，1946年11月参加江苏盐城南伍佑保卫战，1946年11月参加江苏盐城北草堰口阻击战，1947年2月参加江苏盐城南洋岸战斗，1947年4月参加江苏洋河攻坚战，1947年6月参加江苏盐城攻坚战。1948年参加安徽铜城、古城、十里长山、竹镇等战斗，1948年参加淮南38天反扫荡战役，还经历了1948年的淮海战役和渡江战役。曾任武警上海总队政委、总队长。荣立大功1次，三等功4次。上海市第五次党代会代表，第六届全国人民代表大会代表。潘其槐同志为上海百老德育讲师团名誉团长。

潘其槐:为人民而战斗是幸福的

离休后,潘其槐并没有闲着,每当新兵入伍季节,大概是每年的三四月,是他最忙的时候。他总是到浦东、浦西去讲课,给部队官兵讲难忘的战斗故事。

江苏涟水保卫战

抗战胜利后日本鬼子投降了,苏北老解放区的老百姓本想过一过太平日子,但国民党在1946年7月16日,用装备精良的5个整编师(军)15个旅约12万军队进攻以盐城为中心的苏中解放区。我新四军只有3万多人,而且装备非常简陋。但在一个半月里,新四军却七战七捷,歼敌5万多。蒋介石恼羞成怒,下令从苏北淮阴向涟水城进攻,妄想切断华中野战军通向安徽和山东的后方通路。

潘其槐(中)与老同志在一起

刚参加过七战七捷战斗的潘其槐所部正驻防在扬州东面的金家港。中秋节后一个雨天的下午,上级命令急行军,由运河堤北上。雨下得很大,雨水、汗水湿透了全身,道路也非常泥泞,天黑得伸手不见五指,有的战士滑倒滚到河中。有的战士枪都掉进河里,只好下水摸枪。

第二天拂晓到达淮阴以东、苏家嘴以北地区待命。天亮后,敌机就在上空盘旋,不时有机枪子弹扫射下来。尽管衣服湿得冒热气,大家在玉米和黄豆地里伏着一动也不动,潘其槐对同志们说:“这次是打阵地战,只有保存自己,才能取得胜利!”

太阳快落山时又接到急行军命令,到了满天星斗时,部队慢慢进入不高的城门,迎面陆陆续续碰上兄弟部队抬着伤员,这就是涟水城,兄弟部队已在这里坚守三天了。潘其槐所部出了涟水西门,挖工事待命。第二天天刚亮,战斗就开始了。敌机沿着阵地往返俯冲扫射,七班副班长头部中弹,光荣牺牲。敌机火力很猛,各班观察敌情的同志很多一露头就被击中。指导员周卓同志见敌人开始发起进攻了,从机枪班同志手中接过机枪,可一抬头就中弹身亡了。同志们怀着对敌人的无比愤恨,舍生忘死、奋力杀敌,敌人在我军猛烈的火力的攻击下败下阵去。

敌人进攻失败后,就采用火炮滥炸滥轰来报复,先是冲锋枪、轻重机枪,再就是六零炮、迫击炮、榴弹炮,甚至飞机一批几架连续轰炸,幸亏潘其槐他们工事挖得深,挖得宽,避开了一阵阵枪林弹雨。他们从沙土中爬起来时,满头、满耳、全身都是沙土。敌人新一轮攻击又开始了,潘其槐他们利用阵地后方的一座千年古塔架设重机枪,发发子弹像长了眼睛一样射向敌人。敌人一下子东窜西跑,就是不敢前进。

敌步兵两次进攻失败后,变本加厉地集中大口径火炮轰击,飞机投弹轰炸,护河城的淤泥被炸弹抛上了天空,又如雨点似的落到身上,一股臭气味。太阳西斜,敌人大规模的进攻开始了,当敌人进到距潘其槐他们约百把米远的紧要关头,古塔上的重机枪又响了,同志们大叫:“打得好！打得好！”敌人不断地倒下去。接着，一排排手榴弹在敌群中开花，敌伤亡惨重。兄弟部队及时赶到了，他们立即对敌进行反击。这个号称国民党五大主力之一的“王牌”七十四师逃跑时就像脚底装了轮子那么快。结果“王牌”军损兵折将，终究未攻下涟水。阵地民兵和支前民工从河里捞了大批武器和金银财宝。

草堰口阻击战

1946年底，国民党反动派发动内战，他们南从东台、北从淮阴进攻涟水，南北夹击，妄图消灭我华中新四军，占领华中大片解放区。我军十纵队三十旅和皮定均旅等兄弟部队，进入到刘庄、大丰一线，在高出人头的杂草丛中，意图消灭这一带敌人，攻打东台。当时北线国民党“王牌”军七十四师第二次进攻，占领了涟水。东台敌军摩托化部队，沿通榆路北上。潘其槐所在八十四团奉命沿通榆路东侧急行军，争取在盐城堵住来犯敌人。战士们跑得满身大汗，但两条腿毕竟比不上摩托，赶到盐城时，盐城已被敌占领，部队接着急行军，到了草堰口终于将敌人堵住，在东西向一条不宽的河两岸展开阵势。战士们背包还未放下便边战边挖工事、边搭船桥。

潘其槐奉命带一个班共13人，配一挺轻机关枪，到河南岸支援正孤军作战的三连。可过河刚占领阵地就伤亡2个同志。经过激烈战斗，只剩下5个同志，潘其槐等人只好边打边往河北岸撤退，这时其他同志冲了上来，我军随后占领了草堰口北岸阵地。上级命令八十四团在草堰口继续阻止敌人向北推进。草堰口到沟墩仅十多里路，要阻击到第二天中午12点。营长在黑洞洞的战壕里，分别逐个地作动员，根据现有兵力，进行战斗编班。第二天天亮，激战又开始了。为了避免阵地固定目标遭敌炮火轰炸，潘其槐他们打一枪换一个地方，充分利用一切可利用的条件消灭杀伤敌人，在房顶上打，房屋两边墙角打，每一处住房和独立房屋都是战斗堡垒，战士们越打越勇，圆满完成了阻击任务。潘其槐在这次战斗中身负重伤。

潘其槐(右)与老同志畅谈

由于草堰口阻击及时，确保华中局领导和机关安全转移，纵队刘培善政委表扬了潘其槐所在的八十四团不怕苦，不怕死，英勇顽强，圆满地完成阻击并大量消灭敌人的任务。

洋河举杯饮大曲

潘其槐不善饮酒，但常在饭前喝一小杯，活活血。尤其是闻名中外的洋河酒，香、洌、甜、醇，他喝着喝着还别有一番滋味在心头……

1948 年初春，潘其槐所在纵队三十四旅奉命配合刘邓大军作战，由苏北挺进淮南地区，连续作战几个月，打了几个胜仗后转战淮北。苏北运河线上的洋河镇，当时还是个不起眼的小镇，人口不多，全是土墙茅屋，风吹沙土起，一片破旧景象。镇上有个不大的酒厂，简陋的厂房外摆着数口大缸，盛满了酒。根据情报，国民党孙良诚兵团步兵二十六团驻守洋河镇。在一个星斗满天的夜里，潘其槐所部接上级指令实施对洋河镇之敌奔袭包围，预备歼灭该敌。他们行动神速，拂晓前已包围了洋河镇。奇怪的是敌人竟一点也没有察觉，难道早就溜走了？果然，狡猾的敌人在得知我军行动后一枪不发跑了。团部通知抓紧时间休息待命。

天亮了，太阳露出地面，突然有了敌情，镇东南方向一个土围子里有敌人。旅首长察看地形觉得土围子不过一人多高，扛着机枪也可以一跃而过，敌人为何放弃洋河镇而跑到这里来等死？遵照战术上重视敌人的原则，旅首长决定先用炮火轰击半小时再进攻，颗颗炮弹在土围子里开花，硝烟尘土笼罩整个阵地。刚轰炸了 10 分钟，为了节省弹药，担任主攻的八连要求立即出击。冲锋号下，八连像猛虎般冲进去，不料真的中了敌计，战士都掉进几十米深的壕沟中了，伤亡惨重。

潘其槐当时任九连副指导员，主动请战，带头报名参加了配备冲锋枪、手榴弹加上登高器材的突击队。冲锋号刚响，突击队的同志们冲向土围子，跳下壕沟，架起梯子，勇猛攀登。冲在最前头的三班长谷长富，刚上围顶，就被敌人的刺刀刺中头部。看到战友惨遭杀害，突击队员们眼睛都红了，潘其槐在梯子中间高喊："为战友报仇，冲上去消灭敌人！""冲啊！杀啊！……"在密集的火力掩护下，突击队员杀声震天，一下子就突入敌阵。队员们利用敌人暗堡间的射击死角，充分发挥手榴弹的威力，一个接一个掷入敌堡，浓烟和弹药味从暗堡向外喷出。七连班长童中趁机一跃而起，勇敢地单身冲入碉堡。7 个尚未炸死却被硝烟呛糊涂了的敌人，见到不怕死的童中手持汤姆枪冲了进来，吓得魂不附体，连忙缴枪投降。在突击队冲入敌阵的同时，担任攻围子的指战员也从四面八方进到围子，很快结束了战斗。这次战役击毙了敌上校刁队长在内的 100 多人，其余全部生俘，还活捉了伪洋河区队长。

半个多世纪过去了，如今的洋河镇已新楼幢幢，一派欣欣向荣的景象。洋河名酒更是名扬中外。潘其槐端起洋河名酒时怎能不想起当年解放洋河镇的激烈战斗，又怎能不怀念血战沙场，长眠在那里的战友！

冒着轰炸修机场

上海解放后,潘其槐所在部奉命担负起艰巨、复杂的保卫大上海的重任。刚被解放的上海人民,兴高采烈,扬眉吐气当家作主,可是,被赶出大陆的蒋介石并不甘心他们的失败,千方百计对上海进行破坏和封锁。他们还频频出动飞机,窜入上海领空,进行威吓骚扰,疯狂轰炸,破坏重要的工厂和生活设施。保卫上海,争夺制空权就显得十分紧迫!

1950 年 2 月,潘其槐所部二九九团奉命抢修上海龙华机场。抢修机场的任务异常艰巨。旧龙华机场杂草丛生,高过人头,跑道上坑坑洼洼,停机坪上废旧汽油桶成堆。施工中没有机械设备,只有铁锤加上简陋的农具,全靠手提、肩扛,但是战士们丝毫没有怨言,不计班次,不论钟点,不知疲劳地干活,晴天一身土,雨天一身泥。机场刚开始修,敌人千方百计破坏龙华机场的抢修工程。一个晴朗的日子,敌机空袭来了,顷刻间浓烟滚滚,泥土石块飞上了天,又像暴雨似的散落下来。两辆装运工程物资的汽车,为了躲避炸弹,加大了油门往机场外行驶,不幸的是一颗炸弹正好投中了汽车,一声巨响,年轻的驾驶员和装卸工人壮烈牺牲了。潘其槐他们很快就摸清了敌机空袭轰炸的规律,采取机动灵活的方法,利用敌机轰炸的间隙抢修机场,便出现了刚修好,又遭到敌机轰炸的局面。同志们并不气馁,气愤地说:“敌机前面炸我们后面修,他们白天炸,我们早晚修。”

不久便传来好消息,我军的高炮部队来了。敌机一来,高炮部队立即向敌机开炮,炮弹在敌机底下开了花,敌机慌忙拼命爬高逃跑。自从来了高炮部队后,敌机的空袭受到遏制,机场抢修进度加快了。机场修成了,我们取得了制空权,上海安宁了。

作者:贝自强

发扬继承延安精

贺永

贺永昌

1921年2月23日生于陕西延水关东村。13岁当儿童团长，带领小伙伴站岗、放哨、查路条。14岁参加刘志丹红军部队领导的游击队，不久成了红军部队的小勤务兵。17岁加入中国共产党，担任延安保卫处的警卫战士、警卫班班长、机要班班长。后任中国人民解放军营参谋长、营长等职。贺永昌同志为上海百老德育讲师团名誉团长。

贺永昌:从长征走来

游击队的小队员

贺永昌出生在黄土高坡的延水关东村，小名应火。贺家世代种田。延水关东村一带，是红军游击队活跃地区。应火的爸爸是村长，哥哥是互助会会长，都是共产党员。小应火是儿童团长，常常带着小伙伴到村头站岗、放哨、查路条，还给邻村送鸡毛信。

应火10岁那年，延水一带先大旱后大涝，田里粟子颗粒无收，村里人都靠烂枣加糠皮磨粉煮稀糊充饥。国民党兵又来逼着交钱粮，交不出就抓人。应火的爸爸被抓去，打得皮开肉绽，花了钱才放回家。应火爸爸的伤养好不久，下地收花生，被黄河对岸的国民党兵开枪打死了。

小应火决心报这杀父之仇。1935年，他14岁，就瞒过妈妈和哥哥，跑到冯家崖参加了刘志丹红军领导下的游击队。第三天，几支游击队联合起来攻打清涧县，游击队长对应火说:“你人小个儿小，不会打仗，也没枪发给你。到了前方，你别上火线!”应火心想，能上前方就好。他抓起一把木刀当武器，做了替补队员，随大伙步行200里去参加战斗。

在战斗中受奖

应火跟着游击队，走村穿寨打土豪、分田地，队长叫他干啥就干啥，可机灵呢！几个月后就被调到红军八十一师，当了小勤务兵。虽然15

岁了，但个子小，发军服时尽着他挑，件件都是又长又宽的“特大号”。

1936年开春，为了迎接红军大部队到陕北，八十一师奉命参加攻打“三边”的战斗。一交火，国民党兵节节败退，应火随着红军队伍冲进县城。他和另一个红小鬼一起搜查，机灵地钻进定边一家老财的土窖，意外地发现几个大斗里满满地堆放着银圆，立即报告首长。文年生师长和李忠国政委高兴地夸赞两个小鬼立了功。

当年7月，八十一师派三团攻打陕甘交界处的峪王堡，这里是黄土垒成的土围墙，不难打。可敌军人多，武器又新，有机枪小炮，还有飞机配合。而我们兵力有限，一开仗，不得不把通信兵、司号员和勤务兵都拉上去。一块炮弹皮击中了应火的肚子，也许是又厚又硬的老羊皮背心护了他，才没伤到更深处。他被送到十八兵站治伤，心里急着归队。两个月后，应火当了三团团长罗应信的勤务兵。想不到罗团长交给应火的特殊任务是：每天冒着毒太阳，趴在黄泥土墙上翻弄馒头。原来，陕北七月的阳光可猛呢！蒸熟的馒头放到墙头上可以烤成褐色的干粮。这是在为急行军到几百里外迎接红军大部队作准备。

“红军会师，中国安宁！”

10月的一天，天还没亮，应火摸黑穿上了新发的白毛羊皮背心，这是部队为跟红军三大主力会师特地发的。为避开国民党飞机轰炸、扫射，八十一师分成几路，利用夜晚，连着几天向会宁急行军，走的又是山路，参军才一年多的应火实在挺不住了，政委就拉他上马骑一段路。

第三天下半夜，应火发现队伍已经进入一条大山沟，四面山坡上篝火一堆堆，满山头的红军战士举着蓖麻油浸制的火把，映照得漫山满沟火红一片。到达前应火他们接到过命令：原地欢迎，不可随意走动。可在这红军三大主力大会师的伟大时刻，谁都抑制不住心头的激动。亲历其中的应火，和大家一起情不自禁地扯下自己的帽子、鞋子、衣服，直往天空中抛。欢呼声、《胜利歌》声，此起彼伏，阵阵震荡在大山沟中。

毛主席当场高兴地说："会宁会宁，好地名。红军会师，中国安宁！"

给毛主席当警卫员

1938 年 4 月，17 岁的应火入党了。他被调到延安保卫处工作，担任了警卫排二班班长。

当时，延安正清查出一批特务，那是国民党在西安培训后派遣来的，已潜伏进不少重要部门，所以保卫首长安全的任务特别重。

一天，二班接到护送毛主席外出的任务。应火立即行动，仔细安排，从延安北门到十里铺，这几里地都有身背大刀的战士设岗放哨。应火随身佩上手枪，带了两名身背大刀的战士，把毛主席护送到设在十里铺窑洞中的边区政府所在地。回来时，毛主席刚走出窑洞，看到应火他们认真地守候在各自岗位上，就问应火哪里人，饭吃过没有。一听说警卫战士还没吃饭，毛主席立即返身进去。不一会儿，有人送馒头来了，还有清蒸鸭呢！大家急匆匆进了食，又陪护着毛主席平安地回到了北门。向中央警卫团交接好任务后，应火向毛主席敬了个礼："报告主席，我们任务完成了！"毛主席慈祥地向大家招招手说："好呀，谢谢你们！"

"有了文化，才能把事情办好！"

林伯渠同志，是辛亥革命以来一直站在革命最前线的老战士，是延安时期毛主席尊称为"五老"中的一位。1943 年，应火被调到当时任陕甘宁边区政府主席的林老身边当警卫员。一见面，林老就问应火："你为什么当红军?""为报杀父之仇!"林老又问:"你为什么叫应火?"原来延水当地米汤煮沸后,不小心溢了出来叫"应火"。林老听应火这么一说,就告诉他:"你这是小名。我给起个大名,好吗?"应火当然高兴。林老知道应火的哥哥叫贺其昌,就说:"你的大名就叫永昌吧!"永昌!贺永昌!应火知道,林老是在祝愿应火和革命事业一样,永远昌盛美好!

在林老身边的一年时间里,贺永昌不断接受着林老的谆谆教导:"你参加革命,为报杀父之仇,行!可吃人的老虎多着呢,国民党是老虎,帝国主义是老虎,本性都难改,早晚还要吃人!""要学会做真正的人,要做对革命、对人民、对党有贡献的人,一定要有真本领!""有了文化,有了知识,才能把事情干好!"于是,从没进过学校的贺永昌,恭敬地遵照林老的教导:每天把林老写下的两个字,又读、又写、又默,牢记在心。有时白天林老没空,贺永昌就在夜晚到林老窑洞里,在油灯下跟林老学认字。他很快能认读街头墙上写着的大小标语了。

贺永昌的头、手、腿、腹部在革命战争年代里都负过伤。他喜欢和青少年共同回顾革命历程。他动情地说:"参加红军,锻炼了我克服困难、战胜困难的勇气;参加革命,让我明白了革命的真谛;学习文化,让我懂得了人生的意义!"

作者:章大鸿

春花秋实

（春花秋实）闫成贵 年九二岁

闫成贵

1927 年生于江苏邳县。1940 年参加革命，1942 年 7 月参加中国共产党，1984 年离休。2000 年参加上海百老德育讲师团，任名誉团长。

闫成贵:传奇人生多风采

闫成贵,年届 92 岁的共和国老兵,离休前,一直在部队担任政工领导,离休后军人风采依旧,继续为祖国为人民贡献着光和热。

投笔从戎 壮志豪情

闫成贵的少年时,日寇犯我山河,侵略者惨无人道的杀戮,导致中华大地无村不戴孝,处处是狼烟。14 岁的闫成贵血气方刚,义愤填膺,不愿做亡国奴,一心想着参加新四军,打敌杀鬼子。于是,闫成贵决心去找新四军报名参军,到抗日前线去。母亲为他烙了不少煎饼作为路上的口粮,面对即将远去出征的儿子,母亲泪流满面,依依不舍,紧紧拉住儿子的手不放,反反复复地说着:“你还小啊,你参军去了,娘可怎么办?”闫成贵那时还小,说不出多少大道理劝解宽慰母亲,只是说:“娘,日本鬼子杀了我们那么多人! 我是去为死难的乡亲们报仇啊!”闫成贵的话勾起了母亲的回忆,她深情地看了儿子一眼,抽泣着说:“去吧,娘老了,也代娘多杀几个鬼子。”

忠孝不能两全,闫成贵和小伙伴一行五人上路找新四军报名参军。行走赶急,饿了就拿出母亲准备的煎饼啃上几口。夜间走累了就在农舍的屋檐下打个盹。风餐露宿整整四天四夜,脚上都磨出了水泡,可没一个人喊苦叫累。到了新四军驻地,闫成贵被编入华东野战军一纵队,成了一名战士,开始了自己的军旅生涯。戎装一身的40多年里,闫成贵有着太多的动人故事。

闫成贵记住母亲“代她多杀几个鬼子”的嘱托,虽然年少人小,却参战心切,一再找首长要求上前线,说话态度坚决:“我参加新四军就是为了上战场杀鬼子。”说起车桥一战,闫成贵更是永难忘却。当时,他身处距离战地两三百米远树林的临时工事里,采取“围点打援”的战术。围住一部分敌军,以之为诱饵,吸引敌人的增援,在他们来的路上设好埋伏,待增援的鬼子出现。新四军的伏击部队如天兵神将下凡,打得日军晕头转向,到处逃窜,纷纷跳到水里的芦苇荡中,全身埋在水里,只露出两只鼻孔换气,当被发现时就慌忙逃命。但芦苇荡河泥松软,还没挪动几步,鬼子的靴子就深陷泥沼,怎么也拔不出来,在我军“缴械不杀”的吆喝声中只得乖乖举枪投降。一天一夜的战斗大获全胜,歼灭日军一个中队。大家都很振奋,新四军不是“游而不击”,而是能打大仗,打胜仗。

1949年,兵败如山倒的国民党反动派惶惶不可终日,妄图借助长江天然屏障负隅顽抗。闫成贵所在的部队华野二十军五十八师炮兵连待命进军上海。这是一场特殊的战斗,为了把一个完好无损的上海交还给人民大众,大炮派不上用场,只能用枪、炸药和手榴弹歼灭顽敌。这是“瓷器店里打老鼠”,既要消灭老鼠,又不能打坏瓷器,困难很大,但难不住正义之师。闫成贵从炮连转到其他连队,他们用炸药包炸碉堡,子弹上膛,刺刀闪亮,和敌人展开巷战,势如破竹,所向披靡。在胜利的欢呼声中,大上海解放了,大上海回到了人民的手中。

新中国刚刚诞生不久,在中国北大门的鸭绿江彼岸,美帝国主义发动了侵朝战争,这是第二次世界大战之后冷战中更加腥风血雨的“热战”。闫成贵随志愿军跨过鸭绿江,奔赴朝鲜前线,他亲历一场场恶战,踏冰卧雪。闫成贵和杨根思同在一个部队，他仍然记得杨根思的英雄事迹。在1950年11月29日的第二次战役中，身为连长的杨根思奉命率领一个排的战士坚守长津湖地区下碣隅外围制高点的小高岭。志愿军必须坚守这一咽喉要道，因为它是美军南逃的唯一通道，只有守住才能堵死美军的退路。在打退美军3次冲锋后，阵地上只剩杨根思和6名战士，大家坚决表示人在阵地在。在准备迎战美军第9次反扑突围时，只剩下杨根思和重机枪排长两人还活着。“武器不能落入敌人手里。”杨根思命令机枪排长立即带着重机枪撤下，他自己爬上小高岭之巅，把可用的枪支收集到身边，脱下军帽，拍去尘土后再端正地戴到头上，随即抱起仅有的一包炸药，作好与敌人同归于尽的准备。在敌人蜂拥而上的时候，杨根思冲向敌群，随手拉响炸药包，随着一声巨响，反扑上来的敌人被炸得血肉横飞，40多个敌人全部丧命。小高岭守住了，杨根思却献出了宝贵的生命，英勇牺牲。

闫成贵铭记战争岁月的艰难，深深怀念为抗美援朝捐躯的战友，总是不忘警示大家：“今天的幸福生活来之不易，不能忘记先烈，不能忘记历史，铭记历史是我们义不容辞的责任。”

老骥伏枥　永在路上

闫成贵离休前是二十军的政委，他牢记党的教诲，把加强思想教育的优良作风带到地方。老有所为，用革命传统教育支撑青少年茁壮成长。

闫老有着军人的刚毅和质朴。参加百老德育讲师团不言年高，以一个老兵的责任和担当积极参加德育活动。他从武习文，写得一手好字。字言心声，在他的书房里，那挂满的一幅幅翰墨彰显着一位老共产党员忠诚坦荡,两袖清风。他讲参军时因为身材瘦小,在担任勤务员时,部队发给他两颗手榴弹的往事。手榴弹必须随身携带,一颗用作对付敌人时自卫,一颗万一被俘用作自毙。他不害怕、不恐惧,而且向首长坚决表示:“军人哪能怕苦怕死。”他回顾往事,感慨万千:自己这代人对于战争真是太熟悉了,那炮火连天的岁月仿佛就在眼前。今天的年轻人生长在和平环境,都是在糖水里泡大的,只有甜的幸福,没有苦的经历。他感到趁自己还健在 ,作为历史的见证人,有责任和义务向青年人唠唠心里话。他和学生们说得最多的就是忆峥嵘岁月,话传统美德,聊人生智慧。情真意切,真实感人。他的报告精彩生动,学生们不由得热烈鼓掌。闫老是一位老政工干部,有着丰富的政治工作经验。他作报告时,有时还拿出一幅书画,甚至唱上一段老歌或一曲京戏选段,形式多样,不拘一格,活跃氛围,常常引起大家的共鸣,齐声高唱革命歌曲。

为孩子们演唱京剧《包公》选段

2011 年是中国共产党诞生 90 周年，为了办好百老德育讲师团“传统美德教育展”，89 岁高龄的闫老倾注了太多的心血和智慧。他为展览定调：饮水思源，没有共产党就没有新中国；亲历亲为筹备展品；一次次为观展的青少年做讲解。上海西南的奉贤已建起了一座由百老德育讲师团和永福陵园共同创建的中国人民志愿军纪念馆。展馆陈列满满当当，立体再现抗美援朝的惨烈、中朝两国人民的深厚情谊，彰显中国人民志愿军的革命英雄主义。今天，志愿军纪念馆已成了人们学习先烈崇高品德，弘扬民族精神的又一大课堂。闫老为筹建纪念馆不辞辛劳，跑上跑下，为搜集实物和珍藏品更是废寝忘食。看着参观的人流络绎不绝，他甚感慰藉：“居安思危”是我们的民族精神，和平年代我们更要加强居安思危的教育，使伟大祖国永远立于不败之地。

2014 年 5 月 12 日，浦东模范中学百老爱国主义教育基地揭牌，闫老以“开展爱国主义教育，共襄以德治校、以德树人”为题，畅叙党的十八大伟大意义，希望同学们响应习近平总书记的号召，坚定理想信念，为实现中华民族伟大复兴的中国梦好好学习，天天向上。2015 年 6 月 20 日，闫老刚刚走出病房，就和韩德彩、王继英等近百名将军出席百老德育讲师团举办的“纪念中国人民抗日战争暨世界反法西斯胜利 70 周年”的活动，闫老在台上为广大群众唱了一曲京剧《沙家浜》选段，用正能量激励大家时不我待，努力作为。

闫老为祖国无私奉献、为人民全心全意服务，教育无数的青年学子心怀中国梦，立志永向前。

作者：弓作实

永远追求正义、真理，
为美好的明天做一点事！
陈奇

陈奇

1929年9月生于河北唐山，祖籍江苏盐城。国家一级演员。主要作品有：《刘胡兰》饰刘胡兰、《蜻蜓》饰蜻蜓姑娘、《于无声处》饰梅林、《上海一家人》饰李老太……《结婚一年间》荣获首届全国电影电视剧评奖表演特别奖。现为上海百老德育讲师团成员。

陈奇：从蜻蜓姑娘到千面老太

现在的年轻人，常常在电视剧里看到陈奇扮演的缺牙瘪嘴的老太太形象，可不知道，在20世纪五六十年代，陈奇在上海话剧舞台上饰演过不少年轻漂亮、活泼可爱的少女形象。

那时，上海的话剧处于繁荣时期，舞台上不断有新戏上演。不少话剧是自己创作的，如《思想问题》《刘胡兰》《妇女代表》《枯木逢春》等；也有不少话剧是从苏联、保加利亚等国翻译过来的，如《曙光照在莫斯科》《蜻蜓》《复活》《人间乐园》等。陈奇是新中国成立后的第一批话剧演员，她在这些话剧中扮演的都是年轻活泼、美丽向上的少女形象。她那双明亮而灵动的大眼，高挺的鼻梁，轮廓鲜明的嘴唇，苗条的身材，在舞台上特别靓丽。

她在《曙光照在莫斯科》一剧中饰演的女主角桑妮亚，得到名导演黄佐临老师严格要求，精心点拨，挖掘出她潜在素质和塑造能力，演出非常成功。接着，陈奇又在《蜻蜓》一剧中扮演蜻蜓姑娘，让她达到了艺术的顶峰。

《蜻蜓》叙述的是发生在苏联一个集体农庄两个同名同姓年轻姑娘身上的故事，其中一个是生产能手、农庄出色的工作队长，另一个则是贪玩不爱劳动，成天满处乱跑，被人称作蜻蜓姑娘的农庄主的独生女。作者通过多种误会，幽默又生动地描写了蜻蜓姑娘的成长过程，陈奇饰演的，就是这个淘气的蜻蜓姑娘。她在舞台上弹琴唱歌、跳舞爬树，时不时还要撒撒娇，她把这个活泼可爱女孩子的心理矛盾演绎得那么可爱逼真，给观众留下深刻印象。每天日夜两场，连演500场，场场爆满。

在上海观众心目中的陈奇,就是年轻可爱的桑妮亚和蜻蜓姑娘。她走在大街上,常被观众拦住索求签名,她成了20世纪五六十年代上海话剧舞台上的一颗耀眼的新星。

陈奇在学习中

岁月更移,世事难料,话剧的繁荣期很快过去。由于连年不断的各种“运动”,话剧舞台沉寂了。

无戏可演,这是演员最痛苦的事。不少演员消沉了,陈奇却没有。北方人的豪爽热情,坦诚豁达的个性,让陈奇很快转变了角色,平心静气地走上教学讲台,把自己对话剧艺术的热爱转移到青年人身上,她在上海戏剧学院担任台词教师,在市青年宫创办朗诵班培养业余演员,在市工人文化宫教木偶班……她仍是风风火火忙进忙出。在教学中兢兢业业,一丝不苟,为培养青少年成为话剧艺术的新人,充满激情。

就是由于陈奇这种无私献身艺术的精神,当艺术的春天再次到来时,她在影视剧中再现了艺术活力。而此时,她已走过自己的盛年,青春不再;她已从靓丽的少女成了命运多舛的母亲、外婆了。年岁的增加,外形的变化,表演艺术的积累,更闪现了她的艺术魅力。

陈奇认为,一个演员美不美,不取决于她所塑造的艺术形象外表的美丑,而在于所塑造的艺术形象是否有艺术魅力。她对自己所饰演角色的年龄、美丑,毫不在意。

陈奇第一次饰演老太太,是1980年。长春电影制片厂准备把鲁迅小说《药》搬上银幕,导演请陈奇在夏四奶奶和华大妈两个角色中挑选一个。陈奇看了剧本,剧中主线人物华大妈的戏很重,而夏四奶奶是副线人物,戏少。陈奇没有选华大妈而选了夏四奶奶。她对这位多难的

中年陈奇

母亲极为同情，认为自己演这个人物更适合。果然，在戏中，陈奇把夏四奶奶连滚带爬为儿子送饭的一场戏演到了极致，非常动情，赢得了观众的泪水。

陈奇的成功演出，为她开拓了新戏路，她在影视界赢得声誉和口碑。从此，片约不断，延长了陈奇的艺术生命。

1992 年，她在《上海一家人》中饰演李奶奶，这是个又老又丑的倔老太。陈奇在戏中从李奶奶心胸窄，脾气倔，自私饶舌，封建思想重的复杂性中挖掘出心地善良的一面，让观众大为感动。

接着，陈奇又在《太湖人家》中饰演退休老教师的老伴吴奶奶，一位能接受新思想的老太太，只是由于几十年封建传统的束缚，有些旧观念。陈奇把她身上所具有的儿女、婆媳、夫妻、邻里间的多重矛盾，在戏里演绎得淋漓尽致，人物塑造得非常成功。

在电视剧《承诺》中，陈奇又扮演了一个睁眼瞎老太，在《香堂往事》中饰演瞎眼老太，《官场现形记》中还饰演一个翻白眼的瞎老太。她把三个瞎眼老太的不同特点演得泾渭分明，活灵活现，让她获得了“千面老太”的昵称。

她在《裤裆巷风流记》一剧中饰演的吴老太，把一个怀旧而饶舌的老太太塑造得栩栩如生，非常鲜活，获得中国电视艺术家协会颁发的荣誉证书。在《结婚一年间》饰演的外婆还获得最佳演员奖，让她一度成为上海多家报刊采访的对象，名声大噪。

陈奇没有陶醉在这些成就中。在荧屏上，她甘当配角；走出荧屏，

陈奇在舞台发言

她是那么活跃，那么平易近人。一袭自己设计搭配的典雅服饰，挺拔的腰板，轻盈的脚步，满脸开朗的笑容，甜美的声音，处处透出青春活力和平常人的心态。她仍那么漂亮，一点看不出年近八十了。她说，人老是自然规律，无法抗拒，但心不能老。保持心不老的方法就是要有爱心，有活力，有追求，生活充实，心态平和，永远不要封闭自己。不拍戏的日子，她在老干部大学“充电”，她和中学同学聚会，她和女儿、外孙一起外出旅游，享受天伦之乐。2006 年春天，她还以 77 岁高龄到云南旅游，像年轻人一般在石林穿上阿诗玛服饰，过了一把“阿诗玛”的瘾。

陈奇还常常参加社会活动，为青年戏剧爱好者讲课。她诚挚地告诉想当演员的年轻人，切不可忽视生活积累、文化修养以及勤奋好学的习惯，更要注意具有高尚的人品，这比戏品更重要。

这也是陈奇一生孜孜以求的。

名利是过眼云烟，革命的经历，生活的锻炼，艺术的成就，这都属于过去。当前，她虽进入老年，可是她愿意为培养青少年健康成长作点贡献，她参加百老德育讲师团，用自己甜美的声音传播真善美，让青少年从小就得到艺术熏陶，成长为品格高尚的人，她也经常参加少年儿童的节日活动，已然成为儿童大众的好奶奶了！

作者：彭新琪

目标愈高．志向就愈可贵。
人不可有傲气．但不可无傲骨
与青少年朋友共勉之．

马人俊

马人俊

1935 年生于浙江杭州。1955 年出席了上海市青年社会主义建设积极分子大会，并被上海市公安局授予治安模范光荣称号，同时他作为上海代表参加了全国青年社会主义建设积极分子代表大会。1956 年，被公安部授予全国民警一级模范称号。以他为主人公原型，并融合了其他优秀民警事迹的电影《今天我休息》公映后，马人俊被全国千千万万的观众亲切地称作“马天民”。现为上海百老德育讲师团成员。

马人俊:今天我休息

尽管马人俊一个劲地摇头又摆手:“大家千万不要叫我‘马天民’!爱民为民的好警察马天民是一代人民警察的缩影,集中了许多人的闪光点,我马人俊仅仅是其中的一分子而已!”然而,20 世纪 50 年代的好民警马人俊的光辉事迹硬是让群众真实生动地感受到,马人俊就是生活在自己身边的好民警马天民!

让我们把历史画册翻到马人俊那最自豪最灿烂的一页,看看如今已 70 多岁的马人俊当年是如何爱民为民,关心群众疾苦,勇斗犯罪分子,成为马天民式的好警察吧。

服务群众　成为群众的贴心人

1952 年,上海闸北区马路上走着一个十七八岁的公安人员,瘦瘦的身材,他就是马人俊,在芷江西路派出所当户籍警察,负责的地段叫谭家湾。那里棚户密集,贫民众多,成分复杂,潜伏着许多 1946 年苏北土地改革时逃亡出来的双手沾满农民鲜血的地主恶霸,所谓的里弄“干部”也多是流氓、土匪,真正的善良居民敢怒不敢言。马人俊工作了两个多月,一点真实的情况也摸不到,更不要说抓反革命分子、坏分子了!他敲着自己的脑袋,向所长诉苦:一条线索也没发现,咋办呢?在大别山打过游击,当过民主政府的区长,对群众工作有一套的所长,热诚地

青年时代的马人俊

对他说："你怎么联系群众的呢？你要从关心群众的疾苦着手啊，这样，他们才会信任你，才会告诉你情况。"马人俊听了若有所思地点头。他认真地学习了人民警察张国富为了抢救群众孩子而英勇牺牲的事迹后，觉得心里亮堂了，一个人乐了半天，决心照所长说的做，从解决老百姓的实际困难入手工作。

谭家湾这个棚户区里全是低矮的草房，狭窄的小路。其中有条弄堂，晴天，水沟里蒸腾着污水臭味，大批绿头苍蝇嗡嗡乱飞；雨天，遍地是混合着煤粉和垃圾的污泥，人们从上面走过，谁见了都摇头！马人俊想，居民们这样进进出出太不方便了，一定得想办法改善！于是，他独自到四川路的一家玻璃厂里推来了一车又一车的煤渣屑，铺在路上。过往的居民看着满头大汗的马人俊和整齐的小路，被感动了，有的还主动上去帮他拉车。

一天晚上，台风呼啸。马人俊想，棚户区肯定遭殃了，我怎么能躺在床上不管呢？他一骨碌从床上蹦跳起来，朝谭家湾奔去。果然，这里大人叫，小孩哭。马人俊大声喊："不要慌，跟我来！"他把老人、妇女和孩子安排到房子比较牢固的人家。又组织年轻小伙子用绳子和石头把草房拴牢。第二天，雨过天晴，居民们看着忙碌了一夜的马人俊，眼睛都熬红了，禁不住热诚地称赞："马同志真是人民的公安员噢！"

一位叫王文仁的老爷爷病了，牙齿也咬紧了，只剩下悠悠的一口气，家里人啼哭着，要预备后事。马人俊知道后，赶忙叫来救护车，陪他到医院治疗，硬是把老爷爷的命从死神手里夺了回来。普选时，这位王老爷爷打头炮发言:“我已半截身子埋进土里,全亏马同志把我救了出来,我选他当人民代表。这样的好人不当,谁当!”

还有个叫金鉴清的居民,太穷了,没衣服穿,躲在屋子里,冷飕飕的过堂风差点没把他冻死!马人俊见了,摸出口袋里发的津贴,塞进他冰凉的手里,热情地说:“我是供给制的,每月发六块钱零用。现在只剩下三块半了,你要不嫌少,拿去买套棉衣过冬吧!”

那个金鉴清听得热泪滚滚,连说“不好意思”。

就这样,马人俊逐渐走进了谭家湾居民的心里,获得了他们的信任与尊敬,更重要的是确立了人民政府——人民警察为人民的正义形象,大家越来越喜欢、信任他了,心里有话也就乐意对他讲。马人俊从他们口中得到许多线索,经侦查后,一些暗藏的反革命分子、流氓、恶霸地主就原形毕露了。从1953年4月至1955年8月,前后拘捕41个反革命分子,10个刑事犯罪分子。马人俊立大功了,他才19岁,就成为一名出色的公安人员。

智斗罪犯　成为群众的保护神

一天,一个叫顾乐的居民悄悄地对马人俊咬耳朵:“今天有两个人寻我,说弄到一辆脚踏车,30块钱卖给我,约我下午在荒地上碰头,一手交钱,一手交货。我想,这辆脚踏车肯定来路不明,所以来向你报告。”

马人俊心里咯噔一下:一定是偷来的!于是关照顾乐不要声张,由他来设法对付。

下午,天气闷热得很,西半片天空红红的霞光一闪一闪。这时,荒地上走来两个流里流气的人,一个又高又大,一个精干瘦小,东张西望,吹着口哨。不一会儿,在他们对面有两个人推着一辆旧脚踏车过来了。小个子冲着推脚踏车的两人说:"顾乐没有钱,把你们卖给他的车子转让给我们了!"说完又补上一句:"顾乐这个人靠不住,他要是报告了公安局,你们吃不了兜着走!"

"你们是哪里的? 做啥生活?"那两个人目不转睛地上下打量着他俩。

"我犯了案,关了大半年,前些天刚从教养所放出来。"小个子说着朝大个子招招手,大个子摸出30块钱给他们。两个人觉得他俩和自己是一路的,遂放下心来。

小个子还把自己腕上的手表一亮,说:"看,这手表,17钻的,至少值100元钱! 我俩今天刚从一个店家搞来。"大个子也凑上去说:"人多手脚快,买卖做得大。哥儿们不吹,我们有靠山哩,犯了案准有人保我们出来。怎么样,跟我们一起干吧!"

那两个人你望我,我望你,犹豫不决。小个子见状,热情地说:"要愿意,我们哥儿们去喝一杯,好好商量商量——这里说话不方便!"

这两个人正感到干这买卖孤单,没有帮手难做手脚,也有合伙的意思。于是七搭八搭地又盘问了好些事情,终于答应一起上馆子去"从长计议"了。谁知,走过公安局门口时,小个子突然冷笑一声:"进去! 到这里面去喝老酒吧!"

那两个人吓得脸色刷地发白,回头想溜。说时迟,那时快,小个子已掏出手枪,大个子拿出手铐,一前一后堵住了。

原来小个子就是马人俊化装的,大个子是他的战友装扮的。

在与犯罪分子的斗争中,机智勇敢的人民警察马人俊越来越受到群众的支持与爱戴,不但多次被评为上海市"治安模范",还被评为公安部一级英模。大作家巴金写文章称赞马人俊为青年英杰,上海人民美

马人俊和扮演《今天我休息》的演员合影

术出版社特地编绘出版了宣传马人俊光荣事迹的连环画《复杂的地段》，尤其是以他为主要原型的电影《今天我休息》上映后，好民警马人俊更成为大家的学习榜样了。

虽然过去了半个多世纪，但是马人俊爷爷这段灿烂的人生依然闪光，仍旧在鼓舞着人们去创造美好的明天。

作者：王成荣

知我中华，爱我中华，你们是祖国的未来和希望。

徐道明

徐道明

1923 年生于上海浦东。参加过抗日战争、解放战争、抗美援朝，1982 年从徐汇区体委离休。徐道明同志为上海百老德育讲师团副团长。

徐道明：血染的红旗永不倒

上海百老德育讲师团有位副团长叫徐道明，矮小的身形、清瘦的脸，机灵的眼睛炯炯有神，军装上挂满了奖章，闪闪发光。他给青少年讲起戎马战斗故事来，滔滔不绝，有声有色，讲得娓娓动听……两位小朋友听完故事，激动地奔上讲台，一定要给徐道明爷爷亲亲脸。两颗纯洁的童心犹如两朵盛开的春花，让徐道明爷爷心中乐得开了花。

徐道明，1923 年生于上海浦东一个地主家庭。少年就立志从戎抗日，他叛离家庭，参加二十军十师，成为浦东子弟兵的一员。这支队伍成立之初，原是我党在浦东组建的一支抗日武装队，也就是浦东有名的第五支队。当地老百姓称赞第五支队，是一支骁勇善战的支队。浙东沦陷后，徐道明告别家乡，随着部队辗转作战，在浙东建立抗日根据地。

1943 年 4 月，日伪军调集 2 000 余兵力，企图在浙东北区进行大规模“清乡”。筑碉堡、建据点、修篱笆，使我方抗日游击活动范围越来越小。首战任务就落到沙家浜 36 名伤员之一、老红军张世才大队长率领的支队身上。日军有一个小队 40 余人，在万岙埋伏。大队长张世才获悉后当机立断，随手端起身旁徐道明的步枪，瞄准了日军官。只听见“砰”的一声，日军官应声倒下。瞬间复仇的子弹像暴风骤雨般地射向日军，敌人慌忙还击。指导员凌汉琪带头高喊：“同志们，快冲呀！”党员

青年时代的徐道明

史铁山端起机枪冲在前面狂扫。大队长张世才、中队长张文基也连声高喊："让皇军变亡军！"一场决战不到一刻钟，40余个皇军全都变成亡军，我支队无一伤亡。这次战斗如此之快，战果如此之大，促使徐道明懂得：除指挥得当，战士配合迅速，其核心是党员战士冲在前的模范作用。徐道明所属的支队，巩固了三北根据地，发展了浦东原有阵地，还开辟了四明、会稽等新根据地。至此，以四明山为中心的浙东抗日根据地逐步形成。据档案资料统计，新四军浙东纵队，从建立到抗战胜利，经历大小战斗643次，攻克大小据点110个，毙伤俘虏日、伪军官兵达9 000余人。

当初徐道明入伍的动机很单纯：不愿在日寇刺刀下做亡国奴，要做一个堂堂正正的中国人。由于部队战斗频繁，生活极端艰苦，部队生活和家庭条件反差很大。徐道明在家中穿皮鞋，军中穿草鞋，身背枪支弹药、米袋、背包。加上战斗环境的恶劣，徐道明身上长满蚤子，脚底板起了水泡。老战士很关心他，帮他打草鞋。还把新草鞋自己先穿，穿软了再给徐道明穿。革命友情激起他的革命勇气，徐道明在三个月中，参加了六次战斗。经过磨炼，他学会了利用地形、地貌射击、投弹、刺杀。有了一定的战斗经历，徐道明的脚板也硬了，会爬山、走夜路。胃口也大了，什么东西都能吃。尤其通过听政治课，学军事，写标语，宣传群众等活动,徐道明认识到新四军是共产党领导的人民军队,国民党反动派是代表剥削阶级的腐朽军队,徐道明的思想有了新的飞跃。同年,徐道明由战士、副班长提升为班长。徐道明在革命熔炉中锻炼成长,一心跟共产党干革命。他以老兵的标准来严格要求自己,心中认为参加新四军,就是加入了共产党。后来徐道明还发生过一次误会。有次支队开党的会议,九个班长有八个班长都参加,连他的副班长也去了。徐道明看在眼里,急在心里。他就向排长周洪耀发牢骚。周排长一听忙解释:“道明,你不要发火,你不是党员,所以党的会议没通知你参加。”此事指导员获悉后,也找徐道明谈心,讲明道理。因浙东斗争环境特别严峻复杂,敌、伪、顽三角斗争,因此,党组织暂时不公开,再说入党要提出书面申请。徐道明这才醒悟,气也消了一半。他又问:“为什么不叫我申请?”排长周洪耀忙说:“我是支部组织委员,找你谈了不知多少次。你只讲共产党好,没提出要申请入党呀!”指导员在一旁说:“且不怪徐道明,你现在怎么样?”没等话音落,徐道明浑身热血沸腾连忙回答:“我要加入中国共产党!”两行热泪像断了线的珍珠流落下来。此时此景,指导员和排长紧握他的手说:“道明,你够条件了!”并从军皮包中拿出入党申请表,叫徐道明填写。1944 年,他就成为光荣的中国共产党一员。遗憾的是,其入党介绍人周洪耀排长在同年一次战斗中不幸牺牲了,他痛失了一位引路人。

次年 7 月,新四军浙东游击纵队重建第四支队。徐道明调到该支队任通讯排长。抗战胜利后,部队北撤苏北涟水。四支队改编为新四军第一纵队第三旅第九团。

1946 年 1 月,徐道明所属九团沿津浦路两侧向泰安开进。日落之前,发现洪沟庙车站驻有日寇残部,向我方摇摆着红白旗帜。经徐道明观察,原来是未投降的日军残部。部队立即停止前进,作战斗准备。徐道明派会说日语的战士陈思贤，与日军联络。日军接待了他，回来时还带来一个军曹与一个士兵。日军见了我方首长便磕头。林达团长亲自把他们扶起来，递给香烟抽，以缓和气氛。军曹说："中队长已去济南开会，未奉命令，不能投降。"林团长要他转告中队副带队投降，但不见行动。看来是拖延时间。于是林团长果断决定，宿营做饭，天黑后采取行动。一轮明月从地平线上升起，日军已被我军包围，我军开始发炮示警，迫击炮一齐放，日军慌了手脚，大叫："不要打炮，愿意投降！"我军停止炮击，再派陈思贤进日军驻地，宣布命令：放下武器，徒手到沙河边集合。当天夜晚，日军乖乖地整队出来，把武器整齐地放在铁轨边。这时，林达政委指着跪地服罪的日军，深沉地对徐道明说："道明，过去我们老百姓向日军磕头，如今日军向我们磕头。真是三十年河东，三十年河西呀！"

同年 5 月，徐道明所属的部队在歼灭伪军，肃清外围之敌后，就主攻泰安城。徐道明的九团负责主攻西关，指挥所设在离西关 300 米处一幢楼房里，阳台上架设数挺重机枪。此时，只听山炮声、步兵枪声、重机枪声火力轰鸣后，由一支突击连开始架梯登城。可是数次架梯，均被敌军推倒，城头上投下手榴弹，像雨点般飞下来。战斗处在关键时刻，只见黄辉副团长不顾个人安危，从指挥所冲出来到城脚下，与警卫员一起，拿起一把铁锨，像打网球那样，把飞下来的手榴弹打飞出去。通讯排长徐道明，眼看首长有危险，一个箭步夺过副团长手中铁锨，与突击连干部、战士，一起打飞落下的手榴弹。这时，城下烟雾蒙蒙，什么也看不清。黄辉副团长感到"机不可失，时不再来"，又亲自指挥把梯子架上，由突击连高举马刀争爬梯子，战士牟阿飞、丁阿才领先登上，黄辉和徐道明也登上，突击连快速将战旗插上城头。第二梯队也源源登城，黄辉副团长又高喊："同志们，快冲上！"城头两侧尚有敌人枪弹“嘘——嘘——”飞打过来,为保首长的安全,徐道明机智地将站在城头上指挥的黄辉推入城头战壕中。这时,黄辉看看徐道明,才发现他右臂上插着两片弹片。徐道明随手把它拔掉,鲜血直往外流,警卫员迅速拿出急救包,给徐道明包扎上。此时胜利的红旗已在泰安城上高高飘扬,历史名城泰安解放了……

1949 年 5 月,徐道明任中国人民解放军第廿军六十师一八〇团连长。部队奉命从震泽出发,经嘉兴向平湖、金山卫一路打过去。同月 12 日开始进攻上海郊区。廿军先头部队进入浦东,先后解放了南桥、杨思、三林、周家渡、张家楼、庆宁寺等。廿七军则沿沪杭铁路进入松江、七宝、虹桥等地。24 日,徐道明部队由浦东摆渡口进入市区新龙华。在英勇善战的解放大军面前,盘踞防守在龙华水泥厂的千余敌军乖乖地投降。25 日,徐道明的连队进驻林森路(今淮海路)国民党常熟路警察分局。27 日全上海解放后,徐道明的连队又驻守在余庆路余庆里。

1964 年,徐道明从部队转业,其工作单位就在龙华地区的百步桥。“文化大革命”中,徐道明调任漕溪路小学任体育教师。“文化大革命”后,徐道明调徐汇区政府,任区体委主任、党组书记。1982 年,徐道明离休后,他将自己一生戎马生涯,从抗日战争、解放战争,到解放大上海的亲身经历,回忆成一篇篇充满传奇色彩的小故事,传授给下一代。2000 年 4 月,徐道明又参加上海百老德育讲师团任副团长,他进一步利用这个教育基地的平台,进学校,下社

徐道明近照

徐道明与小朋友们

区，去部队，入机关，为青少年进行革命传统教育。至今20年来，他已讲了800多次。每当回忆起那难忘的岁月，徐道明总抑制不住心中的激动，他说："与光荣牺牲的战友相比，我能活着从战火中走出来，真是来之不易啊！"

春去秋来，往事并非如烟。回首戎马生涯，徐道明深深感悟到：自己没有虚度一生，而是将满腔热血奉献给了党，奉献给了祖国，奉献给了人民！他还将"三奉献"概括成"三个一"：

我是一个中国人！

我是一个战士！

我是一个中共党员！

作者：白　鸥

勤奋学习，立志成才，
陪伴祖国，走向未来。
孙佑民

孙佑民

1931年生于山东省荣成市。1941年起历任村、乡、区儿童团长和区青委委员。1947年入党并参军，经历过济南战役、淮海战役、渡江战役及解放上海等战役。1952年从朝鲜战场回国转入空军，飞行30多年，驾驶过13个机种，起降万余架次。两次飞临天安门接受毛主席等领导人检阅。与同为飞行员的老伴共同创造了“安全飞行65年”和个人“空中排险”“飞行强度”三项吉尼斯世界纪录。两次负伤，15次立功受奖，荣获独立勋章和解放奖章，被誉为“五好飞行员”“一级优等飞行员”。现为上海百老德育讲师团成员。

孙佑民:戎马一生　奉献一世

一次挑战机毁人亡的飞行

这是一次真正称得上九死一生、终生难忘的飞行。故事发生在1954年4月3日,孙佑民受命国庆检阅飞行任务前的最后一个带飞日。那天,他带着学员在渤海湾上空飞高空攻击课目。飞行时尽管阴云当头、寒气逼人,但执教的孙佑民脸上仍一如既往地洋溢着笑意和信心。他指点着前舱学员,环顾着座舱仪表……然而,当飞机升到高度6 000米时,意外不幸降临:只听得“膨——”一声巨响,犹如五雷轰顶,但见一道银光掠过眼前,紧接着机身猛烈抖动起来,一股强大如同飞瀑下泻激起的雨雾直冲脸庞,模糊了视线。刹那间,孙佑民的第一意念是:飞机爆炸了！危急中,他下意识地动了动杆舵,发觉飞机仍有反应。于是,他镇定下来。但这时脸已被气流冲击得像刀割般疼痛,双眼更似被针尖穿刺,这些迹象表明前舱的座舱盖已荡然无存,此情此景就像房屋被掀掉了屋顶一样可怕。果然,当他强行睁开眼睛,便瞥见前舱脱胶的座舱密封袋似游蛇般飞舞,氧气面罩、导管和飞行帽都在晃荡,他料定那学员已经昏迷。显然,此时的飞机进入了不明状态。机舱内气流滚滚、寒风呼啸。怎么办?如果弃机跳伞,那只需一揿座椅弹射按钮,便可使自己化为一朵伞花,安然脱险。可学员和价值百万的飞机,就将面临机毁人亡的后果。对,一定要飞回去,哪怕只有万分之一的希望！顿时,

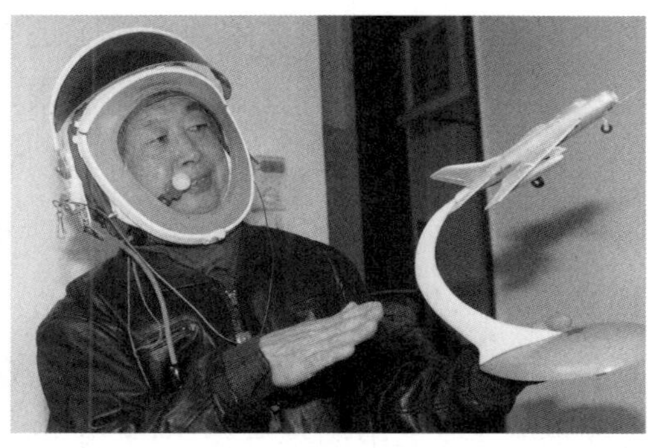

孙佑民在认真进行飞行前演练

一股从心底涌起的毅力和勇气,陪伴着他不断地坚持、坚持……他再次顽强地睁开双眼,左右前后反复地观察着地面,努力寻找可供复航的地标。与此同时,油量警告灯又向他发出了警告:滞空时间只剩 10 分钟左右。面对危急,孙佑民显得更加沉着。飞机在不断地下降:1 200 米、1 000 米、990 米、980 米……突然,他眼前一亮:机翼右下方出现了闪光的线状地标。这不是运河吗! 这下,复航有望了。其时,飞机高度仅 500 米了,但下面仍无可供迫降的地形。孙佑民屏住呼吸,极力探视着大地,寻找每一个可能是机场周边的地标。真是天无绝人之路! 猛然间,孙佑民又惊又喜:一条水泥跑道竟神奇地出现在前方。但依常规航线着陆已不可能,只得迎危而上再闯一关:在飞过导航台、临近机场围堤的关键时刻,毅然放下襟翼,迫降成功。此时,这架捷克制造的高级教练机上的油量表刚好指零。

与希望工程结下深缘

1994 年,当孙佑民获知邓小平同志为希望工程亲笔题词,便像当年在部队听到了司令员发出战斗号令一样,无比振奋。不久,他便主动与江西于都县一名叫刘兴高的失学孩子结成了对子。除按相关规定每年资助 80 元外,他还定期寄去学习用品和书籍,并与刘兴高经常通信,关怀其学习情况。有一次,刘兴高来信反映,妹妹也失学在家。孙佑民看罢信,心情沉甸甸的,以后再寄钱时,便有意多寄一些。通过这件事,孙佑民意识到在全国贫困地区一定还有不少类似刘兴高及其妹妹那样的失学孩子。他想自己虽然能力有限,但如果生活上省一点,那么受援的孩子就能多一个。自此,一年又一年,一岁复一岁,被他资助的失学孩子,像滚雪球似地越来越多。在13年里竟发展到26位!那么,这些钱又是从哪儿来的呢?瞧瞧孙佑民的日常生活我们不难找到答案:他每天的早餐是稀饭加馒头;他穿的衣服有一大半是旧军装;他脚上的鞋是处理品;他手中的小皮包,拎带被磨损得一换再换;他睡的床褥子,已相伴了几十个春秋;他用的铝锅,几经修补……为了节省再节省,连老伴每天喝的牛奶也免了;外孙女学习用的小桌子是捡来的。环顾他家,没有空调,没有微波炉,没有……然而,在这里却有真情、善意、美德,有一片催人泪下的爱心,有一股震撼人们灵魂的崇高精神。

"敬爱的孙爷爷:在我读二年级的时候,因为家里穷,我面临退学,非常伤心……您寄了50元钱给我,使我重新回到充满欢乐的校园。孙爷爷,您的恩情我永远也不会忘记……""亲爱的孙爷爷:告诉你一个好消息,我的学习成绩,语文班级第一名,数学第三名……"这些来自江西、贵州、云南等地孩子们的来信,孙佑民珍藏着将近600封。而每一封来信,都让他无比激动和喜悦。在厚厚几大叠信中,有一封更令他感到欣慰。那是河北西柏坡小学的陈天辉同学,曾在以往的来信中,向他诉说成绩上不去的苦恼。孙佑民当即提笔回信,列举了很多被老师认为"不可救药"、经过发愤学习终于名垂青史的著名人士的故事,以激励陈天辉努力向上。半年以后,喜讯传来,陈天辉进步很快,不仅成绩跃升到全班前五名,还当上了班长。

每个月夫妇俩合起来仅拿3 000多元退休工资,而且还要负担一个生病的女儿和正在求学的外孙女,可孙佑民对希望工程却一再不遗余力地添砖加瓦,这令很多人感到费解,不知他究竟图的啥?其实,孙佑民既非图名又非图利,他图的是让尽可能多的贫困孩子有书读,图的是使穷苦农家也能得到欢乐和谐,图的是社会主义事业后继有人,图的是我伟大中华明天更加繁荣富强。

能映照心灵的小镜子

一跨入孙佑民的小屋,就仿佛走进了镜子王国。一箱叠一箱、一盒挨一盒地堆的尽是闪闪照人的小镜子。可以毫不夸张地说,这里已成了小镜子仓库,其数量逾10万面之多!

这到底是咋回事呢?原来这些小镜子非同寻常,在它们的背后都贴有印着社会主义荣辱观内容的纸片。它们绝不是被拿去销售的小商品,而是用以赠送他人的小礼物。

自从胡锦涛总书记提出涵盖了爱国主义、集体主义和社会主义思想内容的社会主义荣辱观后,孙佑民意识到:社会主义荣辱观,是中国传统美德和时代精神的完美结合,为公民道德建设树起了新的标杆,更是对当代青少年知荣辱、明是非,健康成长,有着不可估量的作用。激动之余,他陷入了沉思:在自己深受教育、以身作则的同时,如何宣传好它,让它影响八方,深入人心呢?经过不知多少时日的苦思冥想,终于在一次面对镜子时,获得了启发。他不禁当场自言自语,有了!他想,眼前的这面镜子是照看容颜、整束衣冠的生活镜,那社会主义荣辱观,又何尝不是一面映现心灵、见证行为的道德镜呢!他像苦吟诗人忽然攫住了灵感,兴奋得一夜没睡好觉。

第二天起,他便采取行动了。考虑到我国有13亿人口,孙佑民当即决定购买13 000面小镜子。他要通过这微妙的万分之一的比例,表白自己对党、对人民的一片忠诚和爱心。然而,由于数量过多,市区各

孙佑民向江南新村小学赠送社会主义荣辱观小镜子

大小商店难圆其梦，他白白奔波了近两个月。一次偶然的机会，他去了浙江义乌。当他到达目的地时，天色已黑，还下起了雨。人地生疏的他，几经折腾，才找到了一家仅收15元床铺费、经常接待打工者的小旅店。

在取得义乌市有关领导和单位的支持帮助下，孙佑民此行终于旗开得胜，遂了心愿。在其返回上海后不久，便收到了所需要的订货。

2006年，随着红军长征胜利70周年纪念日的到来，又引发了孙佑民的第二次“战役”：继续南下义乌。这回他采购小镜子的数量，是象征二万五千里的25 000面。采购，赠送；再采购，再赠送。爱心不泯、痴情不改的孙佑民，忙得又快乐又幸福。他执意要把自己的“镜子工程”做好做大。于是，罄尽家底，再接再厉地展开了第三次“战役”：采购了等于原珠峰高度十倍的88 480面小镜子。为什么要钟情这个数字呢？孙佑民感慨地说：我国是世界四大文明古国之一，在党的英明领导下，各民族人民的思想品质和道德情操，都应当像雄伟的珠峰一样至高无上。

眼下，本市已有好多机关、学校、部队……留下了孙佑民的足迹。为了扩大宣传，不久前孙佑民还远上北京去进行赠镜活动。在国家广电总局、国家计生委、北京大学等单位，他都受到了热忱欢迎。最令他鼓舞的是，连排名“第一忙”的北京奥组委也接待了他。更有趣的一幕则发生在孙佑民返沪的火车上：那晚，与他同车厢的是从美国来华学习中文的留学生们。当他发现其中有一位同学患了感冒，便像对待自己

孙佑民（左二）与战友们在一起

的家人一样，悄悄地掏出药片弄来开水让其吞服。真是爱心互动情交流，这一举动很快就使孙佑民和这些美国学子交谈得十分自然、融洽。尤其是当孙佑民把镜子分赠给他们时，他们都对这面具有中国特色的镜子啧啧赞赏，纷纷跷起了大拇指，有的还伸出中指与食指作“V”字状欢呼起来……

作者：王　森

我为他人献鲜血，他人健康我高兴

邱志清

1946年生于上海。1959年上海胜利木器工作；1993年上海黄浦区（原南市区）市容检察大队工作，曾任办公室主任；第十届、第十一届上海市人大代表；2006年退休。2008年参加上海百老德育讲师团，团长助理；曾26次荣获全国、市、局、公司等先进工作者。全国首届无偿献血金杯奖获得者，1989年光荣走进祖国首都北京人民大会堂，披红戴花，前国家主席李先念亲自为他颁发“共和国献血状元”荣誉证书。

邱志清:“共和国献血状元”

无偿献血倡导者之一的邱志清有一份爱的情怀,心中想着他人,做事为着他人。他常说:“独木不成林,谁没有犯难的时候,能对别人提供帮助是很开心的事。”他不说空话,嘴上这么说,处处也是这么做的。他当过工厂学徒、开过盒饭店,虽没有什么值得炫耀的经历,但献血 168 次却是他毕生的骄傲。说起已 70 岁的邱志清获得“共和国献血状元”这一光荣称号,得从他 18 岁说起。那时的他还是个毛头小伙子,为了救死扶伤,他动了真格,瞒着父母走进血防站,从这年起到 55 岁法定的可献血年龄,37 年献血 168 次,留下了许多令人感动的故事。

倡导无偿献血第一人

邱志清有着一个难忘的记忆。医院急诊室内,有位因车祸受伤的姑娘血流满面,昏迷不醒。由于当地没有血库,一切补救措施都赶不上死神的紧逼,大家眼睁睁看着那姑娘被夺走了生命。这件事对邱志清震动太大,他辗转难眠,想着自己该为救死扶伤做些什么。不久,单位组织献血,他毫不犹豫带头报名。第一次献血 300 毫升,走出血站的他感到高兴和光荣。

抢救的病人往往少不得需要鲜血,而且有些重症病人抢救时常常需要很多血液。“血!血……”来自生命的呼唤总是那么令人焦虑。面对拿着针筒的白衣天使，邱志清总是毫不犹豫一次次挽起衣袖。“抽我的血。”他的鲜血一次次进入针头、针筒，通过塑胶管缓缓注入病人的血管。邱志清不是在为钱卖血，他是在为抢救生命献血。对此，有人赞许，也有人骂他“神经病”。“献血要检查健康，能无偿献血就说明神经正常啊！”邱志清幽默地回应。

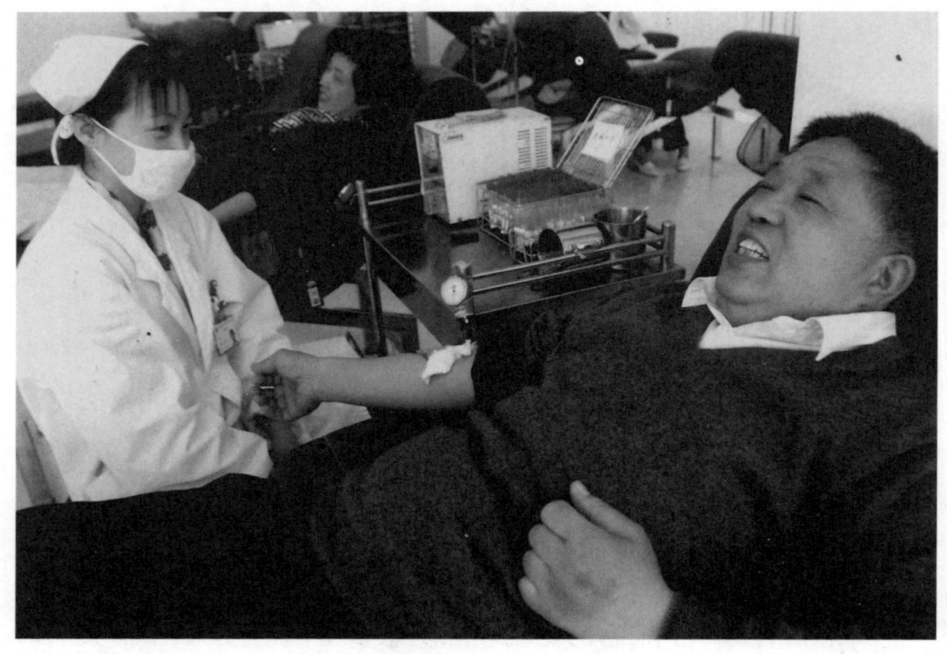

邱志清在献血中

一天，邱志清在人民广场浏览画廊时，忽然看到有关西方国家无偿献血的介绍，不禁心有所动。犹豫再三，他终于听从了“心底发出的声音”，给当时的上海市副市长写了一封信，建议在“我们社会主义国家也推行无偿献血”。这一建议很快得到市领导和管理部门的重视并被采纳，开始启动无偿献血。1986 年 4 月 26 日，他和其他 36 位志愿者一起，成为国内首批无偿献血者。一年内，他最多献血 7 次，总量超过

1 600 毫升。“要温暖别人,先燃烧自己。”成了无偿献血者的真情表达。从那天起,爱心无价,绵延不绝。邱志清和义务献血的志愿者到处大力宣传无偿献血。这种精神价值迸发出巨大的号召力,1988 年,上海市无偿献血达 4 000 余人,1991 年上升到 4.95 万人,1993 年更是超过了 10 万人。1999 年,从制度层面实现了义务献血制向无偿献血制的顺利转轨;2002 年,自愿无偿献血开始在全市范围推进。到翌年,自愿无偿献血比例已经达 89.4%,无偿献血 5 次以上的固定献血者逾 6 000 人。同时,全市的血液募集也大幅增长,从 1978 年的 16.9 万人份,到 2007 年 41.3 万人份,30 年间提高了近 150%。2006 年,上海首次实现了医疗临床所需用血全部自给,结束了血源长期需外省市支援调剂的历史。

献血,邱志清的想法很朴实。这是在和死神赛跑争高下,赶走魔鬼慢不得,抢救鲜活的生命必须争分夺秒。人的生命只有一次,真的太宝贵了。能用自己的鲜血救死扶伤真的太有价值太有意义了。抢救病人少不了血液,但光靠少数人献血,力量太有限,只能是杯水车薪,是无法解决供需之间的矛盾的。只有从自己做起,用自己献血的感受和实际情况,宣传献血的重要性,发动大家参加献血,众人拾柴才能火焰熊熊。邱志清联络熟识的爱心朋友 36 人,首次发起倡导无偿献血。他已连任了三届促进会常务理事,看到志愿无偿献血已蔚然成风,他常常喜不自禁:“现在有许许多多的晚辈后来者居上,成为优秀的无偿献血志愿者,我打心眼里高兴。理事的岗位有任期,志愿者岗位无期限。尽管我已经过了献血年龄,但照样可以做一名无偿献血义务宣传员,为无偿献血站台背书。”

无偿献血开始了,为了使更多有条件的人员积极参加,光靠现身说法是远远不够的,只有从科学上解读献血无碍健康,才能从认知上解除一些同志及其家人不必要的顾忌和思想上的紧张。邱志清和主持读书

邱志清获得的奖章

小组的张松寿搜集了大量资料，并根据自己的经验，在血站通信员会议上，邱志清积极宣传无偿献血、奉献第一的人生价值。张松寿从科学道理、典型事例使大家明白适量献血不会损害健康的知识。

“当年邱志清、张松寿等首倡无偿献血，影响深远。”市血液管理办公室副主任、市血液中心党委书记王英说。无偿献血的开展，在市民中树立了献血无碍健康的科学观念，同时因为是自愿，献血者得以充分了解自己的健康状况，也有利于保证血液安全。

现在，当年的首批无偿献血者大多已过了 55 岁法定的可献血年龄，但街头流动采血车旁、无偿献血小屋里，仍经常可以看见他们和年轻志愿者一起忙碌的身影。“无偿献血已经蔚然成风，我们的愿望实现了。”邱志清说。

邱志清已是72岁的老人,虽患有糖尿病等疾症,却不忘力所能及,为他人做些有益的事情。他听到百老德育讲师团是离退休为主体的老年团队,守望人生价值在奉献精神的境界,坚持“要使红旗飘万代,重在教育下一代”,着力关心下一代成长,邱志清心动了,报名参加。他向孩子们讲无偿献血的故事,用爱心滋润青少年的心灵,引领青少年的精神成长。

邱志清从不言老,更不图回报,是百老德育讲师团团长助理,志愿者活动的积极分子,大家都说:“邱志清一心为着他人,默默无闻作奉献,无怨无悔。”

作者:路　石

活着为阻挡
风沙而挺立
倒下点燃自己
给他人以光明
和温暖

易解放

易解放

1949年6月生于上海。1969年知识青年上山下乡赴大丰上海农场；1972年，经推举选拔进入上海师范大学文艺系；1974年，任上海市豫园中学音乐教师；1978年，调入虹口区团委，负责少先队及共青团的再建；1979年，任上海市洪湖中学团委书记；1980年，借调虹口区青少年教育办公室工作；1982年，入学上海市教育学院虹口分院高级教师汉语言文学系专科；1985年，任上海市电视大学虹口分校暨虹口区干部进修学院汉语言文学教师，上海市教育学院汉语言文学系本科；1987年10月，赴日本自费留学，筑波大学日本语学科；1989年4月，考入日本国立御茶之水女子大学文教育学部国文学部研究生；1990年2月，入职日本JTB旅游集团公司信息管理部；2002年4月，为完成爱子遗愿从JTB公司辞职，发起成立NPO绿色生命公益组织。2003年，在湖南省望城县雷锋故乡援建学士睿哲希望小学；2003年至今，在内蒙古东部库伦旗、西部乌兰布和沙漠磴口县、中部多伦县浑善达克沙地治理荒漠植树500万棵，普遍成活率85%，造林27 000亩。现为上海百老德育讲师团成员。

易解放:沙海植树造绿洲

易解放女士活得不容易,但活得很坚强。爱党爱国情怀殷殷切切。爱儿子爱大地一往情深,把生命的力量融汇在沙海植树造绿洲的公益活动中,坚强中绽放出人生的美丽。

接力棒的特别传递

易解放被尊称为“大地的母亲”,书写着与风沙奋斗其乐无穷的动人诗篇。

2000 年 5 月 22 日上午 9 点 30 分,易解放在日本住家的电话铃响了,那是她儿子的大学老师打来的,说杨睿哲在上学途中遭遇车祸,正在送往医院抢救。突如其来的横祸让她猝不及防,她发疯似的赶到医院。医生沉重地告诉她为儿子准备后事。

这是让人无法接受的残酷现实,但赶不走推不得。风华正茂的儿子杨睿哲是母亲的希望,易解放悲痛欲绝,苦苦煎熬,真是生不如死。然而她也懂得人死不能复生,活着的人还要继续活下去。易解放慢慢擦干泪水,从痛苦的阴影中强打精神走出来,想着告慰九泉之下儿子别样的母爱。他们夫妇决定回国,实现儿子生前的遗愿。虽然他们一家都在日本居住,可儿子小小的心里却有着炽烈的爱国情怀,深深眷恋国土故里。她不会忘记和睿哲看电视时的母子共话,现在更感到话的分量很重。儿子说:“国家有些地方沙尘厉害,变沙漠为绿洲是炎黄子孙的责任。”他立志学成回国后到大沙漠植树造林。现在儿子走了,儿子的志愿成了遗愿,伤心痛苦无济于事,实现他生前的愿望才是对爱子的最好告慰。但谈何容易,很多现实问题摆在眼前不得不慎重考虑。回国意味着全部放弃眼前舒适的生活和优越条件,沙漠植树造林成功与否又是一个沉重的未知数,怎么办?思想斗争激烈。最后,易解放毅然作出选择,抛弃一切顾虑,回国。

16 年间,她踏遍内蒙古沙漠,种下了 500 万棵生命树,这一切只因儿子当年的一句话。易解放和丈夫辞掉在日本 JTB 旅游公司奋斗多年的高层管理职务,关掉丈夫收入可观的私人诊所,回到祖国。他们从办学开始,将 25 万元保险金捐出来,在湖南省望城县的一个山村建起了一所校名为学士睿哲希望小学。然后,易解放夫妇又动员了一批热爱中国的日本朋友,成立“特定非盈利活动法人绿色生命”(简称“NPO 绿色生命”)的环保组织,将所有的积蓄投入公益环保项目中。易解放挑起理事长的重担,点燃希望,开始接力棒的特别传递。

“绿色生命” 放飞激情

易解放是一位很不平凡的女性,她以纯朴善良、执著追求赢得大家的尊重。这些年她获奖不计其数,但最令老人感到荣光的是“大地母亲”的殊荣,母亲的情结令她慰藉骄傲。

2003 年,易解放在内蒙古青年基金会的支持下,和当地的向导走完了 8 000 多公里,东起通辽,西至鄂尔多斯。当她来到内蒙古通辽市库伦旗素有“死亡之海”之称的塔敏查干沙漠时,难以相信,中国还有这么贫困的地方。飞沙走石,天昏地暗,周围一片荒芜,罕有绿色的植物。

塔敏查干，在蒙古语意里为“魔鬼”或“地狱”，自奈曼旗东部伸延到库伦旗，是内蒙古沙尘暴的源头。原来水草丰美、牛羊成群，曾经是成吉思汗儿孙的领地。由于过度耕种和放牧，如今，这里满天沙幔灰茫茫，狂风肆虐人难挡，牧民告诉易解放，沙丘会“跑”，种得好好的庄稼被沙子淹没，到头来白辛苦一场。她觉得这就是儿子生前要找的地方，她代表“NPO 绿色生命”组织和当地政府签下协议，用 10 年时间在 1 万亩沙地上种植 110 万棵树，并用 20 年时间来保护这些树，20 年后，将这些树木全部无偿捐给当地。在协议上，易解放签下了丈夫“杨安泰”、儿子“杨睿哲”和她自己一家三人的名字，这是铁了心的全部付出，而且是无怨无悔的庄严承诺。

真正来到科尔沁塔敏查干沙漠，易解放才发现种树远比她想象的困难。当地风沙肆虐，刚种下的树苗，转眼间一大半被飞沙吞没。当地缺水，而打一口井的成本就超过 4 000 元。资金的大难题使易解放十分纠结，人头上三尺是天，人在做，天在看，善报总是对诚信的慷慨赠予。正当易解放筹集资金准备大规模打井时，老天爷居然下雨了，帮她度过了难关。每当提起这件事，易解放总是感慨不已地说：“也许真的是上天也在帮忙资助。”易解放规定，砍伐一棵必须补种五棵，保证树木“滚雪球”般增加。2004 年，她在沙漠上种下了第一批 1 万棵树苗，第二年 2 万棵，第三年 3 万棵，第四年 3 万棵，第五年 11.2 万棵，第六年 30 万棵，植树数量在几何级增长，成活率比例大幅度提高，达到 80%以上。2010 年，易解放提前 4 年完成了 110 万棵的“一期目标”，科尔沁塔敏查干沙漠生态林达到万亩，一片片沙地重现绿洲的美丽容颜。如今，在沙土上种下的第一批树苗已经长成了 10 米高，老人兴奋得热泪盈眶，欣喜地说：“粗得两手已经抱不住了。”原来这里的农业几乎绝收，现在西瓜也丰收了，草也长了，真是一片绿洲走牛羊，膘肥体壮呈兴旺。易解放夫妇的故事在当地广为流传，百姓们特地为易解放的儿子杨睿哲建立了一个纪念碑，碑的正面是易解放和丈夫给儿子写的一段话："活着，为阻挡风沙而挺立；倒下，点燃自己给他人以光亮。"

续写的坚定

植树需要大量资金，简直是一个无底洞，但决不能断链，一旦供血不足，后果不堪设想。她开始四处奔走募集捐款，并不断拿出夫妇省吃俭用节省的钱填补缺口。易解放夫妇多年来不但没有拿过一分钱的工资，还卖掉了上海的住房，几乎耗尽了自己大部分的财产。现在的易解放，对她的植树事业津津乐道，如数家珍。她说："对我这样的母亲来说，只有两条路：要么就是哭死，发神经病；要么就是把孩子的心愿变为现实，那是对他亡灵的最好告慰。"10多年来，易解放总是亏待自己，出差到北京只住40元一晚的地下室。挤公交、乘地铁，或者步行，舍不得坐出租车。日常事务基本自己打理，年过六旬的她经常通宵工作。易解放的坚强后盾，丈夫杨安泰同样在默默付出。他是一位在中西医结合医疗方面颇有造诣的医生，也热衷于社会公益。20世纪90年代，他就作为访问学者在加拿大多伦多讲学3年。为了节省费用，他担当起理事长秘书的角色，处理每一件具体事务，从日本到上海，向学校、环保组织等做了大量的宣传和呼吁。经过各类媒体的报道，"大地母亲易解放"的事迹开始为人所知，国际友人也陆续加入。2008年全国妇联等政府部门也开始给易解放提供支持；2009年，很多社会组织以及拜尔、宝马等企业也先后加入。易解放曾先后荣获"中华慈善奖最具爱心慈善楷模""全国道德模范""百名优秀母亲""上海市社会主义精神文明十佳好人好事"等荣誉称号。在2011年中国女性慈善公益论坛上，组委会给易解放

易解放在修剪枝叶

的颁奖词:十几年前,她因为信守一个承诺,无怨无悔投入了公益事业。内蒙古科尔沁遇到了她,经年累月,锲而不舍,她让100万棵树在荒漠矗立。她是生命的挚友,灌溉着八百里瀚海的希望。

在启动号召每个母亲为孩子种一棵树的“母亲绿色工程”之后,易解放又推出了“桌面树”——谁在电脑上模拟完成一棵树的种植全过程,易妈妈就帮他在沙漠里种下一棵真正的树。治理人心的荒漠,比治理看得见的荒漠更重要。她的壮举感动了无数人,各种名誉纷至沓来,却掩盖不了易解放多年默默坚持之后的难以为继。她说:“做公益看看简单,其实不简单,坚持下去更不容易。聚沙成塔,滴水成海,我只是尽自己微薄的力量,希望我们的公益事业能后继有人。”四川一位姓邓的退休教授寄来12万元“私房钱”，易解放劝他留着养老，老人却说，不要紧，他身体还行。内蒙古一家煤矿企业的老板捐出50万元，一个劲儿嘱咐：“我只是普通的志愿者，请为我保密……”

“一期目标”提前完成之后，易解放“NPO绿色生命”的“二期目标”是在阿拉善沙漠造出1.3万亩的树林。阿拉善沙漠是我国沙尘暴的源头，巴丹吉林、腾格里和乌兰布和三大沙漠组成了阿拉善，而现在三大沙漠有“合并”的危险，一旦合并完成，其面积将比柴达木盆地还大。“NPO绿色生命”决定在狼山脚下的乌兰布和构筑生态防线固沙，防止沙漠合并。“二期目标”将在乌兰布和造林1万亩，再在巴彦淖尔市黄河的“几”字湾种一道30万亩防风林，防止黄河上游下来的泥石流。第一期在内蒙古东部种植的小黄柳、榆树、杨树等固沙树种不适合在西部种植，西部适合种植梭梭，同时可在梭梭的根部培植肉苁蓉。肉苁蓉被称作“沙漠人参”，是一种名贵的中草药。易解放继续探索，从“肉苁蓉”药材得到可喜的启发，治沙植树要能持续发展，地上是生态公益林，林下是经济作物。不啻是一条很好的路径。易解放满怀憧憬，希望让这些经济作物产生效益，再来投入治沙植树，亿万个人亿万棵树，地球就会更美好。

“我一个人挡不住环境恶化的脚步，该不该继续？”这样的问题时不时让易解放辗转难眠。一次又一次，她对自己说，儿子一定是希望我坚持的，那就再坚持一下！“我现在没有时间悲伤，怕只怕来不及种树。”她每次来到库伦旗，当地人总要为她献上一首蒙语歌《母亲》，易解放一个字也听不懂，但她和唱歌者都激动得泪流满面。

生活的路上没有坦途，困难是对人生的考验，只有真干实干加苦干才能向时代交出正确的答卷，易解放继续倾心写着大地母亲的挚爱。

作者：左一心

第四篇：忠诚党的教育事业

教师是人类灵魂的工程师，是每一个人文化启蒙、汲取知识的领路人。他们用汗水浇灌出桃李满园，他们用青春搭建了知识的殿堂。“春蚕到死丝方尽，蜡炬成灰泪始干”，共和国的教师们忠诚党的教育事业，敬业奉献，为社会主义现代化建设培养了一批又一批人才。

开拓现代文明
借鉴外来文化
传承中华文化
章人英

章人英

1914 年 11 月生于江苏省常州市横林古镇。其父是辛亥革命中参与常州光复的 16 乡绅之一章子安。章人英早年就读大夏大学，师从吴泽霖，成为社会学方面的专家，后任教于大夏大学和华东政法大学。1979 年华东政法大学复校后，以近 70 岁高龄主持社会学教学和科研。他退而不休，笔耕不辍，是《辞海》社会学词条主要撰写人，出版《人类学词典》《社会学词典》《普通社会学》《文化冲突与时代选择》《论语五连环》《东方爱经》等著作。2009 年，主编出版《国学今论》。2013 年主编《中华文明荟萃》（三卷本）。

2006 年春，他和离退休老教授、老干部等 60 余人，在上海明复图书馆创办了“新世纪国学沙龙”，其核心成员都加入上海百老德育讲师团国学专家委员会，章老任首席国学专家。

2014 年他主编出版《简明国学常识辞典》。本书获得 2014 年全国优秀古籍作品奖和华东地区优秀古籍作品奖。

2015 年主编出版《华夏文明圣火薪传》（五卷本）。《中华文明荟萃》和《华夏文明圣火薪传》两套书均由联合国教科文组织

(UNESCO)香港文化委员会委员顾铁华博士赞助。

章老被上海社科院誉为“社会学界常青树,人瑞德高照后学”。他是我国第二代社会学家、人类学家,还是我国非物质文化遗产《常州吟诵》传人,常州大学乡贤文化研究所名誉所长,上海市离退休高级专家协会学术顾问,上海市诗词学会会员,倡导社会诗写作与实践探索的第一人。

章人英：大师风范　人瑞德高

亲历伟大祖国站起来、富起来、强起来

作为一代学人，章老历经了百年风雨。他出生在第一次世界大战爆发的炮火声中，大学毕业的那一年，发生“西安事变”，那是改变中国命运的重要时刻，深深地埋在他的记忆深处。

他说：“我出生在江南古镇的书香家庭，自幼受到儒家文化的熏陶。6岁进入小学攻读，其体制有别于旧式的私塾，称之为‘洋学堂’。1919年全国掀起‘五四运动’，我当时曾加入游行的行列，手摇小旗，跟着大人们高喊‘打倒列强’‘打倒卖国贼’(指陆宗祥、曹汝霖、章宗昌)，‘反对二十一条’等口号，对‘新文化运动’知之不多，只是弱小的心灵中感到一种乐趣和震撼。进入中学，从乡村到城市，看到一些青年学生衣着时尚，竞习英语，崇洋思想泛滥，凡是贴上洋文标签的事物都是时髦的、文明的；凡是旧有的习俗及中国的土产，都是过时的、落后的、不文明的，甚至一律打倒。在大学攻读的时代，虽然教育体制大部仿照西方模式，教师大多是海归，由于受到‘科学与民主’的新文化运动的洗礼，随着年龄的增长，对其认识也有所提高，对是非也渐有分辨的能力，当时社会上所流行的崇洋媚外的思想，到新中国成立后，才在根本上有所转变。”中国人民从此站起来了。

党中央毛主席领导全国人民实施五年计划，奠定了工业、农业、国

防现代化基础,彻底改变了旧中国“一穷二白”的命运。我们的国家屹立在世界东方。党的十一届三中全会召开,特别是改革开放总设计师邓小平领导全国人民努力奋斗,使我们国家逐渐富起来。

章老深深感受到:党的十九大胜利召开,习近平总书记使我们新时代的国家经济、军事、文化逐渐强起来。人民不断追求美好生活,对新时代的经济、政治、文化、社会和自然生态越来越有获得感、幸福感和安全感。

人瑞德高照后学

2006年,章老在上海市黄浦区明复图书馆创办了“新世纪国学沙龙”。当时提出的口号是“传承中华文化,开拓现代文明”。传承是手段,创新是目的。这一观点,习近平总书记在近年来每次讲话中都有重要的阐述。章老认为:我们在守住中华传统文化向现代化创造性转化,创新性发展基础上,坚持文化自信,提升国家文化软实力是重中之重。同期,他创办了《新世纪国学·文摘》期刊,任名誉主编,先后编辑34期;在各级各类学校、图书馆、社区文化活动中心,企事业单位举办公益讲座120多场,形成了互学、互研、互动的可喜局面。章老在期刊中发表了一篇《国学是学习做人之道的一门大学问》。他写道,古人把学以致用,解释为“学而优仕”“经世致用”,我没有这样的伟大思想境界,只认为做人之道,是切中时弊,这是起码的。他提出了“敦品励学、恬澹为怀、怡神养性、完善自我”的四点要求,围绕做人之道,认为通过学习提高国人的素质,已为当务之急。该文被教育部《关心下一代》刊物全文转发。

2017年12月在上海最后一次年度讲座中,章老作了《从中华传统文化看人类文明的取向——学习国学经典名著的反思》辅导,提出:人生贵在学习,生也有涯,学海无涯;倡导学与思的结合,知与行的结合;阐述了为什么要学习国学经典名著,代表国学的主要学派和几本名著有哪些。他特别推荐《四书五经》《道德经》《论语》《易经》为学者必读之书,并提示了学习经典名著的方法。章老在讲述"从中华传统文化看未来人类文明的取向"时,结合自己百年来的四点人生反思,告诫大家通过经典名著学习,反省自己,联系现实,参加社会实践,都不难获得正确的答案。他认为:"当今我们处在全人类社会转型的时代,社会转型必然导致文化的重组。马克思称社会是'人与人之间交互作用的产物',我觉得也可用之于文化,文化也是人与人之间交互作用的产物。文化结构分价值观念和行为规范两大部分。过去中国社会是一元化(儒家思想)时代,五四新文化运动后已成为多元化时代。近世纪以西方基督教文化为中心的大国霸权主义看来已为时不长了。"

他认为中华文明古国有5 000年的历史。为什么今天只有中国仍能屹立于世界大国之林?鉴往知来,就值得引人深思。对于中华传统文化特征,他曾经概括为下列几点:(1)天人合一,大同理念;(2)推己及人,亲民爱物;(3)协调精神,互商互惠;(4)相尊相谅,和而不同。章老谦虚地说,关于上面四点,虽非尽善尽美,但这是数千年来一贯奉行而卓有成效的人类共同价值观念,今天是否可为构建人类未来文明作一定采择?

为了实现上述的理想,他提出下列五点切实可行的建议:(1)发挥互联网作用,彼此相互了解,即中国了解世界,世界了解中国,做好文化交流;(2)坦诚相待,协调谦让;(3)和而不同,不同而和;(4)提高国民素质,坚决扫除浮躁暴戾陋习;(5)切实推行良好的礼仪风尚。

章老的数十场各具特色的讲座,从四川成都杜甫草堂到江浙两省的城市和乡村，都场场爆满，深深感动着所有人，海外华人、汉学家只好看讲稿和影像资料。

“忘年交”情深意浓

2017年1月20日，二十四节气中的大寒，气象意义上每年最寒冷的一天。但在建国西路130弄某号的一幢普通民居的客厅里却是春意盎然，一派热气腾腾的景象。只见10多位20多岁的男女青年围坐一起，一位百岁老人以自己的亲身经历阐释着中华优秀传统文化的源远流长。这位老者就是国学专家委员会首席专家章人英。而这些青年人则是刚刚参加在上海举办的一个年会后慕名前来拜访章老的。在年会上，有一个关于汉文化的议题。国学专家委员会秘书长杜寿武也参加了他们的讨论，并应年轻人的要求，热情地为他们引荐了章老。听说要见世纪老人、国学专家章老，这群年轻白领无比激动。因为他们平时都有各自的工作和事业，他们有的在东方航空、上汽大众、银行等企事业单位工作，有的在复旦专攻微电子，还有一位姑娘是美国芝加哥大学东亚系的学生。他们虽然在各自领域得心应手，但都自称在国学领域连门也没摸到，也不知道去哪里探索学习。而国学教育恰恰是有志青年成长道路上不可或缺的一堂必修课。这次能见章老，犹如打开了一扇学习中华优秀传统文化的大门，觉得无比幸运。

“忘年交”是在交流互动的氛围中进行的。章老首先要求大家谈谈在学习国学方面的困惑、问题。年轻人七嘴八舌，有的人询问章老百年人生经历，谈谈百年前和百年后人的素质有何不同；有的询问“八字”与人的命运究竟有何联系；一位理工男更是道出了自己的专业与兴趣矛盾引发的纠结……

章老针对大家提的问题高屋建瓴地侃侃而谈。从易经的“天道”（自然规律）、“人道”（社会发展规律）谈到天人合一；从中华优秀传统文化传承、升华谈到了与我们提倡的社会主义核心价值观的关系；他还谈道：中华优秀传统文化是“民族文化血脉”。在人类文明史上，古代中国、古代印度、古代埃及、古代巴比伦、古代希腊等文明古国中，有的衰弱了，有的落后了，有的断代了，有的消亡了，唯有中华民族一直延续着5 000多年有文字记载的连绵不断的文明历史，一直创造着博大精深的中华文化，为人类文明与进步作出了不可磨灭的贡献。而且，中华文化把56个民族、13亿多人紧密团结在一起，凝聚在一起，共存共荣，共同发展。现在，无论是中国大陆，香港、澳门和台湾地区的中国人，还是全世界的华人华侨，都充分认同中华文化这一“民族文化血脉”。孔子及其学说，不仅得到海峡两岸的充分认同，而且得到全世界华人华侨的充分认同。完全有理由认为，中华文化的“民族文化血脉”，不仅在中华民族的形成、发展中发挥着重要作用，而且必然在实现祖国统一中发挥更大作用。

在近两个小时的互动交流中，百岁老人章人英思路敏捷、谈锋甚健，使这些年轻人真正感受到了中华优秀传统文化的魅力。之后，章老向每个年轻人赠送了由他主编的《简明国学常识辞典》。这本书包罗万象，光目录就有32页，年轻人拿到了有章老亲笔签名的书，仿佛拿到了一把学习国学入门的钥匙，从此有径可循。章老虽年过百岁，仍信心犹坚，壮志未移，年轻人深受感动，不由自主地向老人深深鞠躬致意。

养生之道话健康

章老96岁时得了口腔癌，不得不开刀治疗，手术很成功。术后原本打算放疗25次，医生考虑到他年纪大了，说20次就可以了，但章老坚持要完成全部25次，结果效果很好，完全没有后遗症。他凭乐观精神和坚定的信念完全战胜了癌症。今年105岁的章老眼不花、耳不聋，思维敏捷，还去华东政法大学为一百多人上公开课，让人感慨万千。

他每天生活很有规律，早上起床后吃完早饭，就由阿姨陪他去公园走走，活动一下筋骨，回家后看看书，然后吃午餐。他从不挑食，什么都吃，并喜欢每天喝杯小黄酒。60岁前他烟瘾很厉害，之后就戒烟了。午饭后他有一小时左右午睡的习惯。起来后，看书看报看微信。晚饭后一般9点多睡觉。

今年春节前，他写了一百多个“福”字，送给访问学者、至爱亲朋、左邻右舍，大家都很开心。谈到他的养生经，章老随手抽出一张6年前总结的表格。

人的养生三境界

——“社会年龄”是养生的最高境界

境界	养生内容	对象	目的	需求（提问）	行动	年龄层次
第一境界	（养身）生活之道	个人	个人身心的和谐	人怎样才能过着幸福的生活？	[illegible] 修身进德（力行）	生理年龄
第二境界	（养心）生存之道	社会	人与社会的和谐	人活着到底为了什么？	敬业乐群 安生共荣（认识）	心理年龄
第三境界	（养神）生命之道	自然	人与自然的和谐	人怎样才能延缓生命的衰老？	乐天知命 任其自然（感悟）	社会年龄（哲理年龄）

社会年龄——指人的一生中对社会所作出的奉献的总和　　百岁老人 章人英编

这充满哲理的养生境界,养生、养心、顺其自然,成了他健康长寿的秘诀。

丁酉岁末,沪上下了10多年未见的大雪,章老挥毫书写了一首诗《雪赞》:“纷飞瑞雪满天涯,预兆年丰乐万家,不共寒梅争素洁,粉身碎骨护桑麻。”这正是这位百岁老人的真实写照。

作者:杜寿武(上海百老国学专家委员会秘书长)

从小勤奋刻苦
長大报效祖国
陈天仁

陈天仁

1937年生于浙江诸暨，中共党员。1948年开始在上海参加中共地下党领导的革命斗争，1949年6月正式参加中国人民解放军，进军福建。参加过福厦战役、闽东北剿匪作战和南日岛战斗，后随部队转战舟山群岛等地。多次荣立战功受嘉奖，并获多种荣誉称号。1958年由部队转入地方，考入全国重点大学。1962年大学本科毕业后，一直在高校从事教学科研和管理工作。现为复旦大学社会学系教授、上海百老德育讲师团成员。

陈天仁:从人民战士到大学教授

多年来,在国内外社会学学术会议上和一些城市街道、乡镇社区,经常可以看到一位身材高挑、面容清瘦、精神抖擞的学者的身影,知情的人都知道,他就是知名的社会学家陈天仁教授,一位离而不休,深入研究社区建设等社会问题,无偿为政府部门提供决策等参考依据的学者;一位从人民战士成长为大学教授,乃至走上国际论坛的有影响的人物。他用自己成长之路诠释了“理想、信念、勤奋、创新”八字箴言。

勇敢少年　机智脱险

新中国成立前的一个夜晚,寒气袭人,陈天仁所在的达人中学的教学楼内,几个中共地下党员的学生们正在讨论着当时的形势,分析国民党反动派面临崩溃的局面有可能会采取的破坏活动和组织同学迎接解放上海的有关事情,为了安全起见,学哥学姐们派年龄最小的陈天仁和几个同学到校门口放哨。

临近深夜,警觉的陈天仁突然发现有几个鬼鬼祟祟的人影在校门口晃动,他马上疾步上楼通知正在开会的学哥学姐,然后返回校门口。

这时,便衣特务已经闯入学校大门,举起枪对着同学大声呵斥:“不许动!举起手来!你们在干什么?”一旁的小同学们都不敢吱声,而陈天仁非常镇定地说:“我们在护校,防止小偷偷学校东西。”这时开会的大同学们也拿着铁棍木棒走过来，俨然是护校巡逻队成员的模样，特务们看看他们这架势也就没再说什么，在校园里兜了一圈，没看出什么破绽就离开了。等特务走后，大家都跷起大拇指夸奖陈天仁机智勇敢，真了不起。

严冬剿匪　荣立战功

1950 年初在福建前线

1951 年初的冬天，美国军队正入侵朝鲜，而盘踞在台湾、金门的国民党反动军队企图趁机“反攻大陆”，福建境内山区的国民党残余武装势力不断骚扰人民群众的正常生活。陈天仁随部队开赴闽东北山区，参加剿匪作战。由于他年龄小，聪明好学，很快就学会了闽北方言。在群众大会上他为连长做翻译，向当地老百姓宣传政策，向群众了解敌情。有一天大雪纷飞，他与侦察小分队的战友们一起化装成当地山区老百姓，到敌人可能隐藏的深山老林进行侦察。没想到在那里遇到了兄弟连队化装侦察的小分队，开始都以为对方是土匪，都摆出了战斗的架势，后来在答对口令后，紧张气氛才解除，真是好险呀。

又有一次，陈天仁随部队在崎岖陡峭的山间小道上围歼敌人。那天大雪纷飞，天气格外寒冷，他们要翻过一千多米高的已积满了厚雪的大山。由于是在深夜，伸手不见五指，为了不暴露目标，不准打手电筒也不准讲话，只能一个人跟着一个人往上爬，到山顶后再蹲着往下滑走。突然，陈天仁脚下一滑，一下子跌入了悬崖，脑部和腰部都负了伤，他忍着剧痛在战友的救援下艰难地爬了上来，继续参加战斗，至今还留下了后遗症。那次剿匪作战陈天仁荣立了战功。

胸怀大志　敢于超越

1958年国家正进入社会主义建设的新阶段，需要一批骨干进大学深造。经过部队多年的锤炼和考验，陈天仁的思想境界不断得到提升。他抱着今后能更好地为祖国、为人民作贡献的思想和强烈的求知欲，向组织提出报考大学的要求。得到上级组织批准后，他开始认真做迎考准备。1958年7月终于考取了全国重点大学。

进入大学后，他在学习上与高中文化程度的同学相比，遇到的困难是可想而知的。但他不甘落后，非常刻苦努力，决心力争前列。他善于开动脑筋，不断探索、创新学习方法。当时的学校全都是学俄语，陈天仁在上初中时学的是英语，现在要学俄语只能从零开始。和已在高中学过俄语的同班同学相比，他在学习上碰到的困难是非常大的，但他不甘落后，放弃了所有的节假日休息，刻苦自习，随身带着俄语单词卡片，一有空就拿出卡片背单词。他也经常单独向老师请教，希望老师对他严格要求。他总是提前预习课文和熟背单词，老师提问时他都能正确应答。在他的努力下，俄语成绩名列前茅，他那刻苦努力学习的精神深深感动了老师和同学。

陈天仁在大学学习的四年中，在自己的床头上一直贴着写有“今天你为祖国做了些什么”的字幅，时刻鞭策自己。在大学学习期间，他始终抱着一个想法，那就是国家让我上大学，一辈子就这一次，一定要读好书，决不能辜负人民的培养和期望。陈天仁正是心怀“理想、信念、勤奋、创新”的八字箴言，在大学的四年中，所有的学习课程考试除个别科目成绩为良好外，其他均为优秀。

情系中华　为国争光

1990 年陈天仁代表中国参加第十一届亚洲运动会科学大会，用流利的英语作了题为体育社会学方面的《中国体育运动的发展与大众传播媒介的双向驱动》论文报告，受到中外学者的好评。他从小爱好英语，在中学时代就获得过全校英语演讲比赛第一名。读大学时从零开始学习俄语，几十年来这两种外语他都比较生疏了。这次亚洲体育科学大会他的论文被入选为大会口头报告，他感到很荣幸。他原来的英语基础虽较好，但用英语作报告有一定难度，要下功夫准备。尽管大会规定 50 岁以上的中国学者可以申请用汉语报告，但他执意用英语，他认为自己是复旦的、是上海的学者，又是代表中国，就要在国际会议上显示我们的水平。所以，在接到论文入选为大会口头报告通知，论文翻译成英文报告稿后，他请外文系的专家录了磁带，用了整整一个炎热的暑假一遍遍对着录音，一段段计着时间，用比较流畅、比较正确的语音把它背了出来，还要配合放幻灯看投影，在规定的时间内作完报告，几个月的准备终于获得了成功。

返校后，好几个院系请他给学生作报告。他没有时间准备，就凭着自己的亲身感受，围绕着他自己心中确定的“情系祖国，爱我中华”的主题，用大量的事例讲述了他的体会，表达了他的真情。大学生们听完感到很生动。他被誉为“复旦亚运第一人”，上海的几家媒体作了报道。1997 年 12 月，不但他自己的论文入选亚洲体育社会学学术研讨会并在会上报告，而且被大会组委会邀请担任专题报告会的主持人，与澳大利亚学者共同主持报告会。这既是为国争了光,也是学术界对他的肯定。

陈天仁教授从不满足已经取得的成绩,他不断对自己提出新的要求和目标。近十多年来,他在社会学的多个领域和实际工作中,实现了新的追求,他年年有新的论文发表,有新的工作成就展现。2007 年 7 月,他有创意的论文又被评为中国社会学优秀论文奖,实现了他要争取连续三年被评为中国社会学优秀论文奖的愿望。因此,当他作为所有获奖论文作者代表之一上台领奖时,他感到无比欣慰。同时他又在思考着新的目标,开始新的征程。这充分体现了这位知名社会学家和老干部的优秀风范。

作者:王雅珍

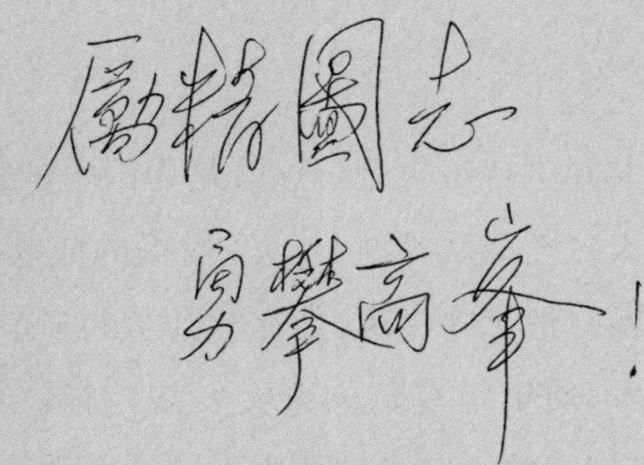

周明行

1934年生于安徽无为县。1948年参加中国人民解放军，成为卫生队看护员；1949年成为新民主主义青年团第一批团员。1950年加入中国共产党。后进入军分区卫生学校学习，结业后回到部队任卫生员。1955年任卫生队军医，被授予少尉军衔。1961年毕业于上海第二军医大学，留校任教。先后在上海长海医院和长征医院任住院医师，又升任主治医师、讲师，副主任医师、副教授，主任医师、教授。

周明行是一位名医、教授，培养带教一批批学子、研究生，可谓天下桃李。他想病人所想，急病家所急，素有医德高尚的佳话。他从医认真，科研严谨，主持研究的病毒性肝炎等课题荣获解放军科技进步奖五项，荣获国家科学大会奖及解放军科技进步一等奖；他所参与发明的抗疟新药荣获国家发明二等奖，经国务院批准给予了他享受政府特殊津贴的殊荣。现为上海百老德育讲师团成员。

周明行:从放牛娃到大学教授

周明行出生于安徽省无为县的一个世代务农的家庭。父亲早年参加中国共产党,在1938年的抗日战争早期就为革命献出了年仅32岁的生命。那时他还不到5周岁,弟弟刚刚出生28天。两个年长的堂兄在他父亲影响下也参加了中国共产党,另一位堂兄和两位伯父靠种田供养全家十几口人的一切生计。为了维持生活,周明行6岁起放牛。秋收时,他就帮助大人在稻田里运送一捆捆已割下的稻禾,抱给大人脱粒。

到了8岁时,也就是1942年,皖南事变后的新四军第七师在无为县建立了抗日根据地和抗日政府,周明行父亲生前战友和已参加革命的兄长们也陆续回到了家乡,在抗日政府工作。他被送到了抗日小学读书,同年参加了抗日儿童团,进行抗日宣传活动。他对小学课文中的两位古人很感兴趣:一个是放牛娃王冕,在他放牛时观察池塘里的荷花,家中没钱买纸笔,就在地上用树枝描画,后来成了画家;另一个是匡衡,家中没钱买灯油,而隔壁有钱人家晚上点灯,他就在墙壁上凿了一个洞,从洞内透过来的灯光下看书学习。他从中受到启发,家里没钱买灯油,天一黑全家上床睡觉。隔壁人家是富裕中农,村子上的人都在晚上聚到他家聊天,他就每晚到邻居家站到小板凳上,接近挂在柱子上的油灯看书学习。经过两年的苦读,周明行基本学完小学课程。11岁又被送入新四军第七师开办的培养革命干部的学校——皖江联立第一中学继续读书。除了上文化课,学生还要参加农业劳动,种菜养鹅。学校的一切活动都是军事化管理,所有学生晚上都要参加站岗放哨。一般都是双岗,一大一小搭配。大同学拿枪,年纪小拿不动长枪就腰挂两枚手榴弹。一旦接到日本鬼子来扫荡的消息,立刻报警,让全体师生转移。

1945 年秋重庆谈判结束,新四军第七师撤到苏北,学校也随之转移。年长的同学都随校北上或者进入部队工作。他是全校最小的学生,学校决定小于 15 岁者如无父母照顾,只能就地隐蔽,等待部队重返根据地再回学校。国民党占领了抗日根据地就进行肃清共产党员和抗日力量,周明行这些新四军中学的学生也在国民党反动派整肃之列。于是地下党组织把他们安排到江苏省江宁县一位党员家隐蔽,直至 1948 年刘邓大军南下大别山才又回到无为。周明行年小不适合去战斗部队,便被送至中原军区皖西四分区卫生队任看护员,正式参加中国人民解放军。

当时只有第二野战军的一个团坚持在皖西地区活动,国民党却派了一个正规师和 9 个保安团进行围剿。由于战斗频繁,牺牲和负伤的同志日益增多,治疗伤员的任务越来越重。由于物资缺乏,大家除一身单军装和以后发的一套棉军装外,只有一条夹被,物品非常缺乏。年长的同志送给周明行一把旧牙刷,漱口到厨房要一点食盐洒在牙刷上代替牙膏。晚上睡觉很薄的夹被不能防寒,就借一捆稻草,底下垫一半,被子上盖一半取暖。伤员都是隐藏在老百姓的家里,看护员每到晚上就到老百姓家给伤员换药。换下带脓血的绷带不能丢弃,要拿回来洗涤干净,蒸煮消毒后再用。冬天山涧结冰,常常要打破冰层洗涤。周明行他们都只是十四五岁的孩子,皮肤更稚嫩,经常在冰水里浸泡,手指手背全是冻疮,最后发生溃烂,痛苦不堪。每当下雨下雪,因为怕把唯一的一双布鞋弄坏，周明行都是光脚走路。每天要走路到群众家为伤员换药，山区积雪又多，一个冬天所有的同志双脚都被冻烂，无法穿鞋。为了不影响工作，只好穿草鞋，在带子与皮肤破损处垫一点棉花以减少疼痛。敌人经常追杀，常常突然转移，来不及吃饭，最长的一次是三天只吃上两顿饭。有一次，一个同志由于饥饿倒地不起，看护长就把他早先留下的半个米糠粑粑喂给这个战友，使他度过生死关头。记得有一次全班都在收叠已消毒好了的敷料和绷带，突然接到交通员通知，敌人正向这里追来，大家连忙去取背包。周明行人小跑得慢，还没有赶到宿舍，看护长已把他的背包拿出来了，并拉住他跑。经过战争的磨炼，周明行从一个不太懂事的孩子，锻炼成一个革命战士。

周明行只读过不到5年书，很多字都不认识。入伍后，为了学习医学知识，他常常将已有一定医学知识的年长同志的业务笔记借来抄录。有人字写得好，他就学着多抄几遍，努力模仿他们的字迹，同时也加深了医学知识的记忆。

经过近一年的游击队生活，配合渡江，迎来了胜利。1949年4月新民主主义青年团成立时，周明行被吸收为第一批团员。夏天，他被分配到战斗部队任连队卫生员，到大别山区清剿国民党残匪。1950年初，剿匪战斗结束，他因在战场抢救伤员不怕牺牲，被团党委记三等功，并光荣地参加了中国共产党，入党时刚满16周岁。后又被送入军分区卫生学校学习基础医学知识。卫校结业后，又回到部队任连、营卫生员。

1950年10月，部队奉命抗美援朝，周明行随部队从华东地区来到北方，被编入铁道公安21师，护守华北地区的铁路桥梁隧道，以防敌特破坏。连队护守石家庄至太原约200公里长铁道线上的近20座桥梁隧道。大的桥梁隧道一个班驻守，小的则半个班守卫，非常分散。他必须对如此分散在各个点的班、排每周巡诊一次，每两周至营部换取新的消毒敷料和补充已消耗的药品。日常基本是乘火车去一个点，再乘火车到另一个点巡诊，甚至一天要跑两三个点以保证全连官兵的健康。

周明行熟记初中读过的汉乐府《长歌行》："百川东到海，何日复西归，少壮不努力，老大徒伤悲。"他深知学习文化的重要，在石家庄买了一本汉语词典阅读。这本词典是"拼音"词典，必须先学会汉语拼音才能查找。他利用到各点巡诊乘车路上的时间抓紧学习，先在火车上学新的字词，下了火车走时拼命背记复习。长此以往，不到一年时间，终于把一本汉语词典近一万字词基本熟记，从此打下了阅读其他书籍的基础。1951 年到营部领取药品时，看到营部调剂员领到的由严济慈编写的《初中理化知识》上下两册。他爱不释手，战友看出周明行的心思，把书借给他，他如获至宝，抓紧自学。他被物理化学知识给吸引住了，书中以简明的比喻解释了通常所见到的物理化学现象。周明行不到半年时间读完全书，但对有些习题却无法解答，因为这些习题需要代数知识去配比化学公式的平衡，他没有学过初中几何、代数，无法完成习题操作，于是就下决心自学数学。先学初中代数，最基本的是数的概念，弄清正负数才能做因式分解，然后再解析各种方程式。"正数"可以理解，"负数"呢？就弄不懂了。尤其是一减负一等于二，更是弄不懂。有一天听说营部调来一名由天津某初中毕业的文化教员，周明行就马上去向他请教负数的意义，为何一减负一等于二？教员指着他带来的一个室温计说，负一就是零下一度，如果气温现在是零上一度，减掉一个零下一度(负负得正)不就是零上二度了吗？周明行至此明白了负数的真实含义，突破了初等数学的第一道难关。以后周明行的学习劲头越来越大，不仅在两年内利用业余时间自学完初中代数及几何，还在团部图书馆借阅了大量的中外文艺作品，有鲁迅选集，还有法国的雨果，苏联的高尔基和托尔斯泰等大文豪数百本中外名著，而且还将《钢铁是怎样炼成的》书中名句作为自己的座右铭：当我回首往事，我不因虚度年华而悔恨，也不因碌碌无为而羞耻。此句名言始终激励着他，心想：如果少小不努力学习文化，上了年岁如何面对子孙后代？

1953 年周明行调到团卫生队担任助理军医，业余时间多了些，除了工作和坚持自学高中的数理化外，他又参加了天津的一个函授学校学习速记；同时研究乐理知识，学习乐器，以提高自己的文化素养。这些知识也为他以后的业余文艺活动和业余作曲打下了基础。1955 年，部队编入陆军第 64 军，移防大连，周明行任步兵 190 师 569 团卫生队军医。这时部队实行军衔制，他被授予少尉军衔。

1956 年考上大学离开部队时的照片

周明行 21 周岁，和他差不多大的同志不少人都在谈恋爱甚至已经结婚。有不少好心人为他介绍对象，但都被他婉言谢绝。他心里只有一个目标：学习学习再学习，努力努力再努力，先把高中的数理化自学完，然后再看机会考军医大学。虽然当了军医，但由于医学底子很薄，有些病人虽被治好了，但不知道这个病的发病机理。周明行所以特别想到院校深造，以提高为指战员服务的本领。有人对周明行刻苦学习投来敬佩的目光，也有人说他，你真是个书呆子，要注意休息，不要弄坏身体！不管别人怎样说，他认准刻苦成才这个理，照列宁说的“走你的路，别管他”，仍然孜孜不倦地做习题、记原理、背公式，乐此不疲。到了 1956 年初，高中化学、数学早已学完，物理已学了两册，只有高中物理第三册尚未学习；加之第三册物理习题尤其是电和光的习题很难做，如果没有充足的时间很难完成。碰巧这年4月周明行被军区医疗队查出患慢性痢疾，住进陆军医院治疗一个多月。就在这一个多月里，在积极配合医生治病的同时，周明行趁治疗空隙突击最后一本高中物理教材。俗语说“功夫不负有心人”，他终于在这一个多月内完成了高中数理化的全部自学课程，基本达到高中毕业同等学力的水平。6月的一天晚上，卫生队指导员通知第二天上午团干部处长约他谈话。谈话时，干部处处长开门见山就说，我们审查过你的档案，你曾经立过战功，平时群众关系很好，技术也较别人强，因此组织上考虑对你任用有三种方式：一是到营里任副教导员，由连级提升为营级；第二是不改行，准备接我们卫生队长的班，也是营级。他等周明行的反应。周明行不假思索地立即问处长你不是说还有第三条路吗？是不是叫我复员转业？处长笑笑说：“你想转业？但组织上是不会放你的。不过第三条路是要看你自己的能力的，就是打算送你上军医大学。不过先要到军区考试挑选，及格后才能上学。”周明行喜出望外，这不是他一心希望的深造计划么！多学点知识更好地为军队服务。他谈话后回队做了一点准备，第二天就去沈阳军区报到应试。这次考的是初中课程，他是在两年前自学的初中教材，很多内容有些已经遗忘了。正好军医院也有一位来应考的军医，两人利用考试前的空隙，相互复习提醒。最后，都以高分通过初试被送往天津，进入军医大学预校。入校后，学校又进行复试，进一步筛选入校的学生，仍旧考初中课程。周明行又顺利通过了复试，打算在预校复习一年高中文化。就在这时，某军医大学因新招收的学生中有6人被退回原籍，要在预校的学员中挑选具有高中毕业以上程度的人补充。条件是挑选的学生必须按当年国家考试题考试合格，才能进入该军医大学本科学习。他又参加了此次考试,在近百人的参试者中,以第三名的成绩被录取直接进入长春第一军医大学医疗系本科。1959 年初,他转学至上海第二军医大学继续学习。

1961 年 7 月毕业后,周明行留校任教。先后在上海长海医院和长征医院任住院医师,以后又升任主治医师、讲师,副主任医师、副教授,主任医师、教授,直到 28 周岁才结婚成家。1965 年,在他 31 岁时迎来了第一个孩子。女儿出世第 61 天,周明行奉命出国支援兄弟国家抗美斗争。在国外生活了一年多,在当地先后两次患上重症传染病。由于营养缺乏,到第二年完成任务时,体重下降了 6 公斤。1966 年秋回到家里时,女儿已经满地跑了,却不认识站在眼前的爸爸,不仅不让他在家睡觉,就连板凳也不让他坐,完全当成陌生人!

1978 年,十一届三中全会后,党中央提出改革开放,上海二军大也准备培养一批教师出国留学,学习西方科学技术。经过考试,周明行又被选中。他虽学过英语和俄语,但都不精,尤其是英语发音很差。因为是南方人,对“纳”和“拉”,“你”和“李”不能清楚区分,他就请孩子当老师一次次纠正自己的发音,平时掌握的英语词汇不多,就复习英语辞典扩展词汇量,并抓紧一切机会和别人用英语对话。在 20 世纪 80 年代赴美进修,90 年代又第二次去美国学习病毒学,为学校教学科研事业作出应有的贡献。

周明行担任了国内外多种学术职务,参与组建上海市传染病与寄生虫病学会,任委员兼秘书;在与国外学术交流中,承担组织了 4 次国际学术会议,担任会议共同主席和大会秘书长;担任了两届全国感染病会议组织委员会主席。现仍然担任程思远(中国—国际)肝炎研究基金会委员。除学术职务外,还兼任多种学术杂志和书籍的编委。自 1983 年至今,一直担任《中国内科年鉴》常务编辑及副主编,每年一本,承担每本一百多万字中的本专业部分审稿任务。多年来，发表论文(第一作者)50余篇，主编和参加编写专著30余本。自1961年进入临床教学岗位至2004年，有数千名学生，带教了多批研究生。在科研方面，由周明行主持研究的题目有5项获得解放军科技进步奖；主要参与研究的获得国家科学大会奖及解放军科技进步二等奖各一项。同时参与发明一种新药，1987年获得了国家发明二等奖，并荣记三等功。1992年经国务院批准享受政府特殊津贴。

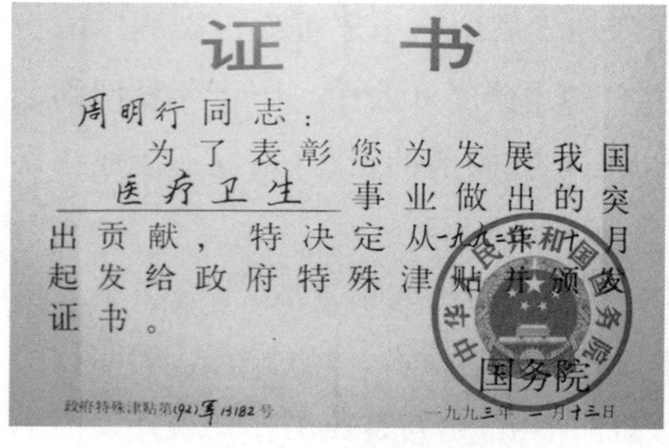
证书

周明行同志：

为了表彰您为发展我国医疗卫生事业做出的突出贡献，特决定从一九九二年十月起发给政府特殊津贴并颁发证书。

国务院

政府特殊津贴第(92)军13182号　　一九九三年一月十三日

1992年国务院颁发的政府特殊津贴证书

周明行已经离休，但仍然用所学到的知识继续为病人服务，2002年和瞿瑶教授一同成立了上海市肝病研究中心，专门建立了一个网站，并任主编，全天候地为全国肝病患者免费解答问题；而且还在每周二、五上午免费接听肝病患者的咨询电话，为他们答疑解难。到2007年5月底，两年来，网站点击数已达22万人次，他们接听世界各国电话咨询和文字解答病情(包括电子文档)近5 000次，批判了各种不实广告宣传近百件。有人问周明行既已离休应好好享福，为什么还忙这忙那做那些没有报酬的事情？他不以为然地说："我的年纪还不算太老，健康状况还算可以。是共产党领导我走上革命道路，是解放军将我培养成人民医生，离休了不能就此打住，应尽我所能给社会多作些回报。古人曹操有'老骥伏枥，志在千里；烈士暮年，壮心不已'的想法，我为什么不能多为社会发挥一点余热呢？"

作者：陈美英　李铁群

志在海内 乐在天涯

范伟达

浙江慈溪人，中共党员。1982 年 2 月毕业于复旦大学哲学系和国家教育部举办的南开大学社会学专业班；1986 年至 1990 年纽约州立大学奥本尼分校在职社会学博士生。毕业留校在复旦大学任教，讲授社会研究方法、市场调查与预测、大学生社会实践、“文化大革命”研究等十几门课程。著有《中国调查史》《市场调查教程》《世纪图景》《多元化的社会学理论》《社会调查研究方法》（教育部“十一五”国家级教材）等教材和著作。

复旦大学教学名师、社会学系教授、市场调研中心主任，中国社会学会方法研究会名誉会长，上海百老德育讲师团副团长、上海百老知青文化研究会会长。

范伟达：三尺讲台教学名师
社会实践立德树人

在人类社会发展的漫漫进程中，教育始终是推动社会进步、培养人才的重要方式。而实践是其中极为重要的环节，历来受到人们的高度重视。“纸上得来终觉浅，绝知此事要躬行”是先辈们对实践教育的大声呼唤，这也与“实践是检验真理的唯一标准”这一永恒不变的真谛遥相呼应。而在长期的阅历积累与社会实践中，复旦大学范伟达教授以自己的亲身经历向我们诠释了一位老共产党员、老知青对社会的责任与担当。

36 载从教生涯　传道授业解惑

在复旦大学，如果提及哪位老师在社会实践与社会调查方面的课程与学术成就，那就一定要说到已从教 36 年的我国著名社会学家、复旦大学范伟达教授。自 1982 年起至今的 36 年间，范伟达老师已先后为本科生和研究生讲授社会学、社会学概论、社会研究方法、高级社会研究方法、社会统计学、社会学理论与方法、传播学研究方法、社会指标与问卷设计、市场调查与预测、农村调查专题、社会问题概论、中国社会调查史、“文化大革命”研究、社会实践导论等十几门课程，平均每年讲授 3—4 门课程，累计课时数达 3 900 多学时。其中的“文化大革命”研究已多年作为上海市东北片区高校跨校选修课程向东北片区高校学生开放。范教授以自己丰富的社会经历与数十年如一日严谨的教学态度,培养了一大批社会学方法研究的高级人才,赢得了师生们的广泛赞誉,也因此获得“复旦大学教学名师”的殊荣。

范伟达教授在授课中

范伟达老师在复旦大学面向本科生开设的“文化大革命”研究的课程,他说:“作为‘文化大革命’的亲历者,我有这个责任将‘文化大革命’的真相告诉你们年轻一代。这也正是我开设这门课程的目的和初衷。虽然在不同的年代,社会责任的体现方式不同,但无论何时,我们范氏祖先范仲淹的‘先天下之忧而忧’的古训是不能忘怀的。”他引领我们直面“文化大革命”这沉重的一页,去触碰那灰白的时代,深刻反思“文化大革命”产生的土壤和原因,以理性战胜“文化大革命”遗留下来的野蛮和蒙昧，开启一个远离“文化大革命”的文明时代。“我是一个老三届，1966年高三毕业于华师大一附中，本来大家都在准备考大学，但当时‘文化大革命’的浪潮一下子席卷全国，把我们这群年轻人推入了历史的浪潮中。”范老师进一步向我们分析了“文化大革命”的起因、组织、对象、性质、理论、方法乃至“文化大革命”对国民经济、文化教育和对外交往的冲击，让我们也感受到在那段刻骨铭心的岁月里每个人的命运也随着那个年代而潮起潮落。谈及“文化大革命”的影响，他说：“‘文化大革命’不是一个人的10年，不是一代人的10年，而是一个民族的10年，是亿万中国人的10年。法制与人权、国家与生命、野蛮和文明、冷漠与人性、灰白的理论与长青的生命之树……没有‘文化大革命’就没有改革，‘文化大革命’的问题，看似遥远，却又离我们很近。每个人都想要忘却，却又无法忘却那不平凡的10年，那段岁月值得我们永远地记忆与反思。”

而在他开设的另一门大学生社会实践课程中，他也一再告诫学生们：“不仅要注重‘通识教育’，更要强调‘实践教育’。我在‘文化大革命’的那10年岁月，真正走到了基层，了解了社会与民情，也正是这段难忘的岁月对我日后的社会调查研究起到了很大的帮助，让我懂得如何进行实践。”

社会调查研究　理论实践互补

1977年，中断了11年的普通高等学校招生入学考试终于得以恢复，亿万知识青年也从此获得了接受高等教育的机会。作为恢复高考后的首届77级大学生，范伟达教授正是在这次高考中以优异成绩进入复旦大学哲学系学习，1982年2月于复旦大学哲学系毕业。大四时，他被选派前往教育部主办的南开大学社会学专业班学习一年,结业后回复旦大学任教。南开社会学专业班号称是我国社会学恢复重建时的"黄埔一期",费孝通教授亲自指导和授课。范伟达有幸作为费孝通教授的学生之一,又在南开班担任美国社会学会副会长、杜克大学教授林南先生社会研究方法课程的课代表,与社会调查研究方法结下了不解之缘。

与费孝通教授的"江村"会面

回校任教后,范教授因出色的学术成就先后担任中国社会学会方法研究会会长、市场调研中心主任、社会学院本科教学委员会主任、方法研究室主任并兼任中国市场学会理事、上海社会学会调查方法专业委员会主任等职务。无论工作多忙碌,范老师始终不改初心,默默奉献耕耘,为我国调查事业尤其是调查方法的研究贡献着自己的一分力量。

20 世纪 80 年代末至 90 年代初，随着改革开放的持续推进，市场调查这项专业的工作也随着社会主义市场经济体制的逐步建立而越来越受到人们的重视，对政府与企业在管理决策中的预测作用也越来越重要。在近 20 多年的社会调查实践中，范教授先后主持了如“浦东新区社会发展千户问卷调查研究”“中国城市家庭研究（国家六五科研项目）”“全国农村调查（中央书记处农村研究室委托）”“《新闻报》读者调查”等近千项国家级与上海市的社会调查项目，为范教授的教学及推动复旦大学社会学系的发展积累了大量宝贵的经验及一线教学资料。这些调查受到了中央与上海市领导的高度评价并在社会上产生了强烈的反响。

范伟达教授先后在《北京日报》《学术月刊》等学术期刊上发表《黑格尔矛盾学说》《社会指标体系理论分析》等几十篇论文；著有《现代社会研究方法》《社会调查研究方法》《大学生社会实践导读》《市场调查教程》等著作，并主编了《当代中国社会分析》丛书，主译《现代西方社会学理论》。在由范伟达主编的《全球化与浦东社会变迁》一书（社会科学出版社 2004 年 7 月出版）的后记中记载：“时任复旦大学法学院院长的王沪宁教授，一开始就对本项目（浦东社会发展千户调查）投之以特别的关注，并为浦东研究进行了实质性的铺垫”，并在王沪宁教授的关心和过问下，编辑《当代中国社会分析》丛书。

2003—2004 年，范伟达教授先后获第八届“挑战杯”优秀指导教师奖及上海市教育委员会优秀教材三等奖。

在范伟达教授任中国社会学会方法研究会会长期间，为推进我国的社会调查研究方法的教学和科研，每年都开展多种多样的学术研究活动，自 2010 年起连续举办了四届“中国调查”学术研讨会。

自 2013 年以来，范伟达教授连续数年参与上海市委、市政府的《民生满意度调查》。在2015年12月30日出版的《解放日报》刊登的题为《社会治理成效显现，市民满意度排第一》的报道中写道："社会学家范伟达教授指出，公众关注的问题有一定的延续效应。今年政府出台了不少惠及老年人的政策，以及大病医保等解决方案，这个效应也需要时间让公众享受到。"2017年1月，上海《解放日报》又发表了题为《满意程度全面提升，生活水平期盼提高》的2016年民生调查报告。通过调查采集的数据，上海市民对即将过去的一年相关部门的民生工作是否满意，以及满意的程度作出评估，同时可以了解哪些民生问题是百姓最关心的，哪些工作是民众满意的，哪些工作还需要加强和完善。通过调查，为加强和改进以民生为重点的社会建设提供了建议及决策支持。

作为学者的范伟达教授，结合自己长期从事社会调查方法的研究和教学工作，以及社会调查的实践经验，2015年他的近80万字的《中国调查史》终于由复旦大学出版社出版发行了，这是国内第一部中国调查史论著。由上海文化发展基金会图书出版专项基金资助的《中国调查史》恰逢第三届"中国调查"学术研讨会举行之际正式出版，会议当天还举行了《中国调查史》新书发布会。

《中国调查史》是系统总结调查研究历史经验、展示我国从古到今调查研究丰硕成果、指导与探讨当今与未来中国调查的一部力作。调查研究是对客观事物完整的认识过程，是连接理论与现实的桥梁。其研究方法在社会学、经济学、政治学等社会科学研究以及市场研究和政府决策中广泛应用，这使得对中国的调查历史进行科学总结显得更有必要。《中国调查史》力图从实求知，达到从实求真，从调查史看真历史。中国历经几千年的历史发展，形成的认识现实、了解社会的科学方法，是散落在历史长河中的智慧。《中国调查史》一书正是从理论方法、历史进程、调查领域等多角度对之加以梳理和归纳，对于当代以及今后的调查研究具有启示和借鉴意义。

著名社会学家、上海大学社会学系邓伟志教授曾为《中国调查史》一书的立项作了推荐，对该书作出评论："范伟达教授的多达77万字的皇皇巨著《中国调查史》，是中国第一部系统阐述中国调查演化史的论著。从夏商周一直写到21世纪，还展望了未来，是具有强烈现实意义的完整的史书。书中对历史阶段的划分是严谨的，同时也体现了'远粗近细'的精神。从书中还可以清晰地看出，千百年来，中国人对调查功能的认识是由浅入深的，调查的方法是由少到多，由不太科学经过较科学再到科学的，调查应用的范围是从狭窄到广泛，逐步进入到经济、文化、政治、社会各个领域的。如今不仅是社会学离不开调查，要修身、齐家也离不开调查，要治国、平天下更离不开调查。《中国调查史》一书反复论证了'没有调查就没有发言权'这句中国的至理名言，现在这句名言已传遍全世界。"

百老德育讲师　弘扬知青精神

自2014年起，范伟达教授开始投身于上海百老德育讲师团的各项活动。2014年11月，上海百老知青文化研究会（上海百老知青讲师团）正式成立。自成立以来，致力于知青文化研究，弘扬知青精神，开展知青文化活动，在社会上产生了良好的声誉。和几千万知青一样，范伟达当年也上山下乡奔赴安徽皖南上海市黄山茶林场，在广阔天地锤炼身心。在现在的上海农垦博物馆还陈列着介绍范伟达1968年至1974年在黄山茶林场的事迹和当年阅读过的马列原著。

在喜迎党的十九大，庆祝建军90周年，百老团百名将军英模风采书画展的大型活动中，以范教授挂帅的百老知青文化研究会为活动的顺利举行作出了重要的贡献。当天上海百老团百名身穿军服、佩戴功勋章的将军、英模们冒着盛夏的酷暑走进复旦大学，拉开了活动的序幕。百老知青讲师团的成员们露出了欣慰的微笑。会后，戚泉木团长对范伟达的有效工作进行了表彰："范教授辛苦了。这次活动的成功，范教授功劳很大，功不可没。范教授的超前意识，范教授认真负责、踏实的工作作风，范教授无私奉献，忘我工作的高贵品质都值得学习和发扬。范教授甘当无名英雄、甘当志愿者，范教授确实是人品好，本领大，水平高。百老团为有这样的好教授感到无比的骄傲和光荣。"

在迎接党的十九大胜利召开前夕，中央党校出版了《习近平的七年知青岁月》一书，引发了社会各界广泛关注，尤其在知识青年群体中引起了强烈反响。2017 年 9 月 8 日下午，上海百老讲师团知青文化研究会召开座谈会热烈庆贺《习近平的七年知青岁月》一书的出版发行，进行学习交流，认真领会研讨。范教授也谈了学习《习近平的七年知青岁月》的重要性，既要讲好中国老百姓的故事，也要讲好中国领袖的故事。

为了更好地学习和贯彻十九大精神，以范伟达教授为会长的上海百老知青文化研究会召开了"不忘初心、牢记使命、永远奋斗，学习十九大精神座谈会"，并且开始筹备学习十九大精神的 2018 年知青文化高峰论坛。

千里之行始于足下，在漫漫人生路上范伟达教授以自己的坚定信念与不倦的理想追求实践着一位知青与一位学者对国家与社会的责任与担当。雄关漫道真如铁，而今迈步从头越，宝刀未老的范伟达教授也必将在培养人才与学术科研的征程中取得新的辉煌！

作者：胡凯迪

精彩只是人生的点缀，平淡才是人生的底线。

陈宝英

1934年生于江苏常熟。1943年入学；1949年小学毕业入读初中，初师、中师，高师；1954年高师毕业被分配到区重点的宜川中学任语文教师、教导处副主任；市政府督导室处长；1993年办理退休手续后继续留任工作；2004年参加上海百老德育讲师团。

陈宝英:爱教敬业写忠诚

陈宝英今年85岁,是资深教育工作者、百老讲师团成员。1954年开始走出读书的校门,手捧教材走进课堂。20岁开始从教,1994年到了退休年龄,只是办了个退休手续,因工作需要,继续耕耘在教育园地,一干就是整整一个甲子。她真的与教育有缘,献了青丝送白发,把一生献给了党的教育事业,像园丁呵护花木,辛勤栽培,悉心浇灌,用心血和汗水培育出满园桃李芬芳。

我 要 读 书

为鼓励学生们学而有成,她总是用亲身经历鼓舞学生奋进。她常说起的"我要读书"的故事总是感人至深。人生哪会没有困难,必须挺直腰杆面对,绝不应被困难吓倒,天底下没有不可逾越的大山。"我要读书。"这是开始懂事的陈宝英对大人提出的要求。她看着村庄的小伙伴有人上私塾,无比羡慕。那是20世纪30年代,读书绝非小事。因为家里穷,没钱上学,不要说女孩了,就是男孩能上学的也只是凤毛麟角。陈宝英知道家里穷,面朝黄土背朝天的爸妈快被撑不起的这个穷家压得趴下。她认穷不认命,有着改变命运的强烈要求,她要读书是抗争命运的呼喊。陈宝英爸爸是自尊心很强的人,不想用穷伤着姑娘的心,把上学困难说给她听,希望打消她的念头。私塾学堂离家很远，每天来去10多里，天不亮上路，摸黑才能回家，秋夏天还好，每到冬天，再遇上刮风下雨下雪，那可真的遭了大罪，不被冻僵才怪。陈宝英知道这是大实话，但别人行，自己也一定能扛得住。终于，她如愿以偿，9岁走进私塾学堂。陈宝英珍惜先生上课讲的每句话，都把它们刻进脑海里。对先生一次次的表扬从不沾沾自喜，而是暗暗下定决心，只有读好书才对得起先生的教导。

天道酬勤，陈宝英以全优走出小学，从先生的身上学到育人的道理，看着父母艰辛劳作的身影想着尽快减轻他们的负担。陈宝英决定长大做老师，她考入初师、中师，再考入高师，迈着从教的坚实步伐。

用心从教

陈宝英1958年高师毕业走出校门，走进教室，进了区重点的宜川中学当语文教师。一个成熟的转身，从受教育者成了甘为人梯的老师。在此之前，陈宝英中师毕业，不知怎么会被华东局(当时设在上海的行政管理机关)派到华师大附小做校长，这对还未出道的她，一个教育工作的门外汉来说，摊上这么一副担子真是如履薄冰。但华师大赵教授等悉心教导她，使她一生受益匪浅。

陈宝英先当语文教师，保持虚心好学的品质，把华师大附小陈校长、宜春中学王校长等教育前辈的执业精神看在眼里，记在心上，做在行上。对学生负责常是敲打在她心上最重的锤子，先修身醒脑，边教边学，不断摸索探寻行之有效的教育方法。她总是认为语文课首先是教识字，连字都不识，学好数理化更是无从说起，在她看来，语文是领跑的基础课。教语文，老师“宽阅读”有益教学内容丰富，老师“细阅读”有益教学重点突出，老师“深阅读”有益教学质量提高。做教师，不要被考试缚住手脚,要把提高学生识字、阅读、说话三者结合起来,备课讲课要把扎实提高学生基础知识放在首要地位,悉心教学,耐心引导,着力提高。只有老师自身十八般武艺样样精通,才能做到教学入耳更入心,讲课光有人听不行,更要使学生听得进记得住,讲得生动是基本功,讲得生动才能引人入胜。

陈宝英心有定力,甘为人师,首先对自己严格要求,把人做好才能把学教好,为人师表,对学生作出榜样。要有永不熄火的工作热情,永不倦怠的工作态度,永不满足的工作精神,不断提高学生的学习兴趣,大力激发学生认真读书的热情,营造认真学习的氛围。她一心为学生,时常把年幼的女儿独自留在家里,忘记去托儿所接年仅 1 岁的儿子,把一生的美好年华献给了心中的“圣土”——教育。

用 心 待 人

宜川中学地处工人新村,学生家长总体文化程度不高,学生又来自不同的家庭,相对好动,不够专心,粗心的学生比较多。陈宝英任教班级有个同学,人喊“刺头”出了名,调皮捣蛋少不了他,惹是生非没完没了,学生家长找上学校告状。“刺头”依仗人高马大,凡不好的事绝少不了他带头或挑起。同学不爱理睬他,使他被孤立包围,背后被人指手画脚,他开始玩世不恭,破罐破摔。陈宝英看在眼里急在心上,这样的学生路在哪里?她放不下这样的学生,着重分析问题出在哪里。通过家访,陈宝英知道他家庭贫困,家长压力大,没有精力管他好坏,更说不上关心他、宝贝他,亲情的淡漠更使他我行我素。陈宝英陷入了深深的沉思,对这样的学生怎么办?她考虑得头痛,放手不管是老师育人的失职,要管又得从哪里切入?她细细想着这个同学的另一面：他有正义感，爱打抱不平，不过总是拳头说话，武力征服。他敢作敢当，对自己做错的事，不但不找借口，而且绝不赖账，一是一，二是二，不喜欢编故事，说瞎话骗人。对这么个愣头愣脑的捣蛋大王，一味批评指责非但不能奏效，而且是火上浇油，把他往错误的路上越推越远。经过细心分析，陈宝英发现他爱看古典小说，这应该是激活良知的切入点，用关爱感化入手，特别是挖掘他的长处。陈宝英找他谈心，从林冲、武松、鲁智深说起，平时沉默寡言的他一下子打开了话匣子，说起来滔滔不绝。陈宝英抓住交谈的最佳时机，对打抱不平的认识作一一剖析，进而肯定可取的一面，指出不正确的想法。对他的错误作实事求是的分析，有几分错就是几分错，使他开始听得进批评，感到这样下去存在的危害。他被感动得流下眼泪，说出了心里话："过去一有错，从家里到学校都是不容分辩，一味指责，我咽不下这口气，好也罢坏也罢，反正都该我倒霉，总是往我头上扣粪盆，我不横竖横又能怎样？"陈宝英被他的真心话感染着，召开班干部会，要大家说自己的优缺点，引出"刺头"难道真的一无是处的话题，大家对"刺头"讲义气，有正义感，说真话的优点达成共识，再指定由班长主动接近他，放学带他到自己家一起做作业，班级同学也纷纷主动和他搭讪……慢慢地，他的话多起来了，开始融入班级，大扫除特别卖力，"刺头"变为"带头"。"文化大革命"时期陈宝英被批斗围攻时，就是这个"刺头"组织一批学生到校保护陈宝英的。

还有一个学生报名参军，因为政审发现有"偷盗"劣迹不被批准。陈宝英很是惋惜，她在脑海中对这个学生的一贯表现"放电影"，顿觉疑虑丛生，感到偷窃和他无法挂上号。为了对学生政治生命负责，陈宝英找到有关部门谈了看法，要求调查核实，结果查明有误，该学生被批准入伍。

陈宝英上课是严师,平时把学生当作自己的孩子,国家三年自然灾害期间,她动员亲人,省吃俭用,把从牙缝省下的钞票、粮票、糕点票等送给家庭困难的学生。

她开始担任教导处副主任,把更多的精力放在爱生尊师的德育工作上,她说起多年前发生的一件事记忆犹新。个别学生对任课老师有意见,用恶作剧泄愤,把纸篓倒放在半开着的教室门框上。上课老师推门进教室时,掉下的纸篓不偏不倚正好套在老师的头上,引起学生哄堂大笑,气得老师拒绝上课,跑回办公室生闷气。陈宝英知道后,先看望安慰老师,继而提醒自己要对学生沉住气,先找学生了解情况,一次次苦口婆心的交谈,使学生受到教育,从思想上认识到错误,主动表示要向老师赔礼道歉。最后推派代表到教师办公室请老师上课。当老师走进教室,学生们一起起立鼓掌。

后来,陈宝英调到区教育局当副局长,在深入学校调查研究中发现不少学校的教育质量存在问题,于是着重抓了"三湾一弄"的典型。经过两年努力,这个地区学校的教育质量显著改观,引起了极大的社会反响。去市教育局工作后,陈宝英着重抓了青年校长的成长与培养,使他们的教育理论功底、综合管理能力得到极大提升,其中十佳青年校长脱颖而出,成为教育战线的中坚力量,后来大多成为特级校长。陈宝英爱教敬业传为佳话,被多次评为校优秀党员、区三八红旗手、市先进工作者,还先后担任了中国教育协会中小学整体改革专业委员会副理事长、华东师范大学客座教授。

陈宝英退休离开了自己钟爱的工作岗位,但始终有着一种放不下的教育情结,继续为教育工作服务着。她不是在课堂里为年轻老师"把脉问诊”，就是在校园里巡视为年轻校长保驾护航。人生未竟有穷期，陈宝英宝刀不老，她还在为教育踏浪践行。

作者：季　斌

不忘初心
发扬传统
与时俱进！

林锋

1948年生于浙江绍兴。1967年上海市安亭师范学校毕业。在宝山县红旗五七学校、红旗小学任教师、班主任、少先队大队辅导员、副校长、党支部书记。1984年任宝山县教育局副局长。1988年任宝山区教育局副局长(原吴淞区与宝山县撤二建一后建宝山区)。2000年,任宝山区人民政府教育督导室主任(正处级)。曾获全国儿童少年先进工作者荣誉称号、全国少先队星星火炬一级奖章。现任全国教育学会中小学整改委常务理事、宝山区教育学会副会长、上海百老德育讲师团副团长。

林锋：终身激情献教育

2017年12月26日，宝山区教育老友团举行缅怀伟人、辞旧迎新庆元旦活动。参加者大都是宝山教育发展的奠基人、见证者。作为老友团的主心骨，宝山区教育局前副局长林锋，望着那一张张熟悉的脸庞，百感交集，尘封的记忆一下子被打开。

生于1948年的林锋，从小受家庭熏陶、学校培养、党的教育，成为一个积极向上、乐于助人的人。怀着一颗感恩的心，她在学雷锋的日子里，把自己林善娟的名字改成林锋。读初中时，她是年级第一个入团的学生，15岁就担任校学生会副主席、年级联合团支部书记。初中毕业时，林锋填写的志愿都与农村有关。面试老师问她："你学习成绩全优，为什么想到农村去？做农村老师待遇低，你会后悔吗？"林锋说："我想把知识献给农村！"

1967年，林锋安亭师范毕业后，被分配到百年老校江湾镇红旗小学工作。当时受"读书无用论"的影响，班里学生不爱读书，家长疏于管教，是个典型的"乱班"。为了改变班级面貌，林锋吃住在学校，有时家访要跑五六次。有位学生的父母是表兄妹结婚，上面6个孩子都夭折了，父母特别宝贝他。这孩子胆子特别小，有点娘娘腔，还不爱读书。林锋主动与他谈心，发动学生和他交朋友。他数学考0分，林锋课后给他补课。后来，他数学考了100分，家长欣喜若狂，特地写了张"从0分到100分"的大红喜报送到学校。

有个学生母亲去世得早,父亲踏三轮车,没空管他。15 岁的孩子在外面流浪 3 年。林锋像大姐姐一样关心他:出钱让他参加春游;买电影票给他看;还利用业余时间帮他补课、补衣服。见他不怕苦,爱劳动,就及时表扬,帮他改正不良习惯,让他对自己充满信心。一直留级的孩子终于顺利毕业了。

在学校里,林锋除了体育课没有带过,其他课基本上都教过。灵活的教育方法,认真的工作态度,出色的教学业绩,使林锋很快脱颖而出。1978 年,中小学分离,林锋要求留在小学。学校恢复少先队,她成为第一批大队辅导员。当时辅导员没有培训,林锋勤学多问,虚心向那些曾经做过辅导员的老师请教。一次,林锋在报纸上看到《杨富珍百米无疵布》的报道。她因势利导,要求学生学习杨富珍认真负责的精神,做啄木鸟,争当纠错能手,作业一周无差错。针对学生的年龄特点,她开展生动形象、丰富多彩的主题系列教育活动:如"和诚实交朋友""和红领巾讲知心话""漫游数学王国"等,提高学生的学习兴趣。

一分耕耘,一分收获。1979 年,林锋作为上海 10 个郊县唯一的代表,和全市其他 9 位教师代表,一起出席全国第一届优秀辅导员夏令营。1984 年,林锋任宝山县教育局副局长。当时交通不便,她几乎用脚丈量了分布在宝山县的 171 所小学(含村校),606 所托、幼点,率先在上海市实现"0—6 岁托幼一体化",宝山区被表彰为"托幼工作先进区"。1988 年,原吴淞区与宝山县撤二建一,建立宝山区,林锋任宝山区教育局副局长,她分管的学校德育、少先队等工作,均进入上海市先进行列。

1999 年,林锋认识了时任上海庭院经济与文化研究会常务副会长戚泉木。当她了解到协会中有一批老革命、老劳模、烈士后代等老同志,敏锐地感到这是对青少年进行德育教育的巨大财富和资源。在戚

林锋和孩子们在一起

泉木同志的同意和帮助下，他们联合筹备宝山区校外德育辅导团。2000年3月24日，宝山区校外德育辅导团在行知中学成立，同时在区域内的小学到高中，建立了15个德育基地。德育辅导团24位德高望重的老同志，深入到宝山区的各个学校，为学生进行爱国主义、民族精神、为人民服务等道德教育，收到很好的效果。

林锋把美好的年华献给了“太阳底下最光辉的职业”，换来桃李满园香。她身体力行，在幼儿教育、德育教育的研究中主持多项课题，撰写多篇科研论文，获得市级、区级的论文等奖项；曾荣获全国少儿先进工作者、全国少先队星星火炬一级奖章、上海市优秀教育工作者、上海市青少年保护先进工作者，上海市家庭教育先进工作者等荣誉，被授予“上海市少先队名师”。

2003年，终身激情献教育的林锋退休了。但她退而不休，担任中国教育学会中小学整改常务理事和宝山区教育学会副会长等职，继续发挥余热。为了提高在职校长的管理素质，林锋开展“拜师结对”活动。她抓校长学习，组织他们参观名校，还请名师到校讲课，传、帮、带、教。看到青年校长们一个个茁壮成长，林锋心里有说不出的高兴。

作者：王仁华

用功念書　勤奋做事

省吃俭用　助人为樂

董德长

董德长

1922年生于上海。1944年以优异成绩毕业于震旦大学医学院。1948年赴美国华盛顿大学医学院及法国巴黎大学医学院深造，1955年回国。目前是上海第二医科大学终身教授，上海瑞金医院主任医师、肾脏科主任，上海市肾脏病学会主任委员，全国肾脏病学会常委，亚洲太平洋地区肾脏病学会理事，《中华肾脏病》及《中华内科》杂志编委。1991年被国家教委评为全国教育系统劳动模范，授予人民教师奖章。董德长同志为上海百老德育讲师团成员。

董德长：与死神较量的名医

用三国语言授课的终身教授

你见过绰号“老顽童”的著名医生董德长爷爷吗？前一阵，他因病住院，我们去病房拜访他，只见一位身体壮实，头发花白，一脸敦厚，戴着一副花边眼镜的老人，正在满屋子地翻箱倒柜！见我们进去，也不问来者是谁，自顾自地笑着：“我肚子饿了，正在找吃的呢！”你看有趣不有趣！

董德长爷爷的学问可大啦。光说语言吧，他能用英语、法语和汉语为学生授课。他说掌握好一两门外语，并精通它，对发展事业、报效祖国有着极为重要的作用哩！因此，在留学美国和法国时，在刻苦学习医学专业的同时，他花十倍的精力，首先攻克语言关，背单词呀，练口语呀，大着胆子与外国学生交谈，努力纠正自己的发音，学会他们的腔调。他说只有较好地掌握了他们的原文，才能真切地了

董德长(中)与外国友人

解本意，把他们的知识学过来。人家去游玩，去喝咖啡，他却一心扑在学习上。功夫不负有心人，不出几年，董德长能用流利的英语或法语与老师交流了。学成回国后，他亦能用三国语言为学生讲课。

1982年，金秋时节，第一届全国肾脏病学术会议在首都北京举行，请来了国际肾病学主席、法国巴黎大学的里切特教授作学术报告。报告是用英语、法语讲的，又是专门的肾病学内容，谁能担当得了翻译这个重任呢？这时，一位年近70岁的教授自告奋勇地站了出来，走到外国教授身边。外国教授一句英语，他一句中国话，外国教授用法语了，他照样用中国话纹丝不差地翻过来，自然、真切。这风采动人的同步翻译，听得大家心里默默叫好，连外国教授也跷起拇指，大为佩服。这要有多大的本领啊！这位中国教授是谁，我不说你也明白了：他就是董德长。

与死神较量屡创奇迹

一位病人生系统性红斑狼疮，这个病本身已很凶险了，突然，并发狼疮性肾炎。真是雪上加霜，在用激素治疗过程中发生高热，性命即将不保。当时多数医生认为这是狼疮活动病情没有得到控制，所以要增大激素用药量。董德长不以为然，因为他对病人进行过仔细的体格检查后，发现眼结膜有出血点，虽然血培养多次为阴性，他仍认为病人并发了败血症，如果增加激素剂量无疑是火上浇油。要知道，在这个节骨眼上，治疗当否，将是生死攸关！董德长成竹在胸，力排众议，主张在坚持用抗生素治疗的同时，递减激素的剂量。然而，一星期过去，病人高热依旧，主张增加激素剂量的医生又提出他们的看法。但是，董德长以对病人生命极端负责的精神顶住压力，同时，设法改用其他抗生素治疗。他认为抗生素治疗一周不见效并不能说明不是感染,对的,就该坚持。胜利往往就在坚持一下之中!结果,病人的高热慢慢退下去了,再加上其他药物治疗,终于把垂死的病人挽救了过来。

一个患出血性肠炎的少年,因高热、血性腹泻、肠麻痹、鼻翼翕动,病情变得十分危急。医生们用遍了院内各种抗生素治疗都无效。少年的妈妈看着垂危的儿子,心痛如绞,哭倒在地,大呼着"医生救救我儿子"。一种强烈的治病救人、救死扶伤的责任感激励着董德长,他无私无畏地站出来了。他又一次分析少年的病情,运用自己丰富的临床经验和广博的医学知识,果断地提出暂停胃肠减压,灌给双倍剂量的清热解毒中药以大量吸收肠道炎性毒性物质。如此一小时后,再恢复胃肠减压。每六小时往复一次。这样连续三天下来,少年的高热渐退,血性肠泻渐止,一个花季少年的生命被夺回来了。

像这样把患者从死神手中抢夺回来,创造生命奇迹的故事,在董德长漫长的五六十年的医生生涯中,真可谓说也说不完。

"四世同堂":有生之年育桃李

这位在国内外享有盛誉的医学专家常常为了一个新的课题研究彻夜难眠,大清早赶来医院等候院长、书记,一面咬着大饼、油条,一面和他们讨论工作。尤其令董德长挂心的是培养肾脏专业人才队伍这件事,他决心在有生之年为上海二医大的肾脏专业造就一大批优秀人才,把这个新兴学科推向更高的水平。

凡是听过他的课,受过他的教育的人,无不为他认真负责、诲人不倦的崇高思想品质所感动。他不但传授先进的医学技术,更是谆谆教导作为一名人民的医生必须具备的优秀品德,"怎样上好一堂课""学科建设与学科带头人""怎样做个好医生"都是他经常讲授的题目。对学生，董教授不仅在学习上严格要求，悉心指导，而且对他们的身体健康、衣着打扮也极为关注，鼓励他们树雄心、有抱负，成为一个合格的、符合祖国和人民需要的接班人。

有一次，董教授在查房时，看见一个男实习医生留着长头发，有点不伦不类，不男不女，心里很不是滋味。他就恳切地劝导他，作为一个医生务必有一个庄重的仪表，这样才能得到病员及其家属的信任，留长发，赶时髦，可不是一名医生的所为。一番话说得那位实习医生频频点头。

证书载辉煌

当董教授发现一个女学生不顾自己眼睛患病，仍坚持忙于病房实习时，他就关切地要求女学生注意自己的身体，及时就医，只有身体健康了，才能学到更多本领，坚决支持她向病区领导请假。每当学生汇报病史、分析病例时，他总聚精会神地听着，在本子上记点什么，随后，具体地提出自己的意见，指出存在的问题和改进的方法，而对学生的独到见解，则热情地予以肯定和表扬。他经常告诉学生应该看些什么书，应该如何分析病例，如何锻炼临床思维。热忱地告诫他们作为一个医生，不但要精通业务，还要有高尚的医德，二者不可缺一。

对来上海进修的医生，董教授关怀备至，他恳切地说："他们从全国各地满怀希望来瑞金医院学习，机会难得，时间宝贵，应该多给他们一点指导与帮助，让他们回去后发挥更大作用！"他对中青年医生寄予莫大的希望，当美国和法国的专家邀请他去访问交流时，他总把机会让给学生们。同时，还常常出面要求对方为我国培养年轻人。在董教授努力下，瑞金医院先后选送了近20名年轻医生去法国、美国、加拿大和澳大利亚等国家进修，而且费用都由对方资助。

年轻学子为有这样一位严师而欣慰，为有这样一位学科带头人而感到幸运，一批出色的中青年医生正在董教授身边茁壮成长！

采访结束时，我们提出要为董教授拍照，他开心地说“好”，但一定要换衣服才行。打开病房内的衣橱，他自言自语地说：“到底是这件横条T恤配米色裤子好呢，还是这件粉红衬衫好？”还朝我们调皮地眨眨眼睛。等挑好了衣服，便兴冲冲地到洗手间去“美容”了。再次出现在我们面前时，果然玉树临风，挺拔优雅。当他风度翩翩地朝我们嬉笑时，又俨然成了一名时尚的“老顽童”了！

董德长在演唱京剧

拍完照片，董教授忽然认真地对我们说：“我的夫人在美国，我有一半时间要待在美国。但是，说实话，到了那里我就想回来。推开窗，看着纽约繁华的街景和高楼，我就一直对自己说‘这是美国，这不是中国’。我依然最喜欢上海，我真想永远都在这里，与我的病人在一起，与我的学生在一起！”

作者：王成荣

第五篇：报效祖国赤子心诚

他们是大国工匠，以科学严谨的态度、勇于创新的精神谱写了辉煌的工业华章。他们是收藏家，以博采众长的胸怀、持之以恒的精神开启民间收藏的万千世界。他们都有一颗拳拳爱国之心，用自己的专业所长共创美丽中国，留下丰厚的物质财富和深厚文脉。

知青一代人的青春岁月，
就是他这一代人的青春岁月。

叶辛

1949 年 10 月生于上海。1969 年春去贵州插队，1977 年发表处女作《高高的苗岭》。1979 年调入贵州作家协会从事专业创作，历任《山花》杂志主编，贵州省作家协会副主席，《上海文坛》杂志主编。此后笔耕不辍，前后出版了 140 多部书籍。其代表作有《蹉跎岁月》《家教》《孽债》《孽债 2》等长篇小说。电视剧剧本《家教》《蹉跎岁月》(都已录制播出)均获 1983 年全国金像奖。短篇小说《塌方》获国际青年优秀作品一等奖(1985)，长篇小说《华都》获全国优秀畅销图书奖(1995)。2016 年 12 月，中国作协第九届全国委员会第一次全体会议当选中国作协副主席。第六届、第七届全国人大代表。2016 年起，连续五届当选中国作家协会副主席。2000 年参加上海百老德育讲师团，任上海百老德育讲师团名誉团长，上海百老德育讲师团作家分会荣誉主席。

叶辛:人生世界写风华

叶辛,1969年的上海老三届。因为特定的历史原因,知识青年上山下乡,叶辛到贵州插队。人生多变同样可以出彩,下乡插队开启了文学的大门,使他走进了文学的殿堂。他的作品写自己熟悉的生活,知青岁月蹉跎犹存,难忘我们曾经年轻。当代文学在这里聚焦,叶辛笔下的知青有生活的厚度,是文化百花园中独领风骚的芳草奇葩。

生活的厚度

叶辛的作家人生充满传奇,令人敬佩。大凡见过叶辛的人无不被他那平易待人的态度感染,他一脸的谦和,一掬甜甜的微笑更加温暖人心,使原本对名人大家的拘谨消逝得毫无踪影,相互间的距离立马缩短了。

人生多变,生活环境往往有着改写人生的巨大魔力。逆境是征服懦夫趴下的高坎,碌碌无为常使一些人消极沉沦。而对生活的强者,困难挑战是对意志的最好磨炼,引燃拼搏的热焰,真正的强者驾驭生命之舟,驶向胜利的彼岸。叶辛的作家之路满满地铺写着不息的追求,把艰难践行凿入生活的时间刻度,在煤油灯窜起的缕缕青烟中翻卷深读,读懂生活的本源。“祸兮福所倚,福兮祸所伏”总是掌控着人生命运的走势。叶辛插队第8年,“修地球”修成作家正果。《高高的苗岭》是叶辛的代表作,也是知青文学开篇之一。“知青”是特殊年代的特殊标志,知识青年朝气蓬勃,被时代的洪流簇拥着热血沸腾。当时,仅上海就约有121万知识青年上山下乡。他们打起背包从浦江两岸出发,他们的足迹遍布新疆、黑龙江、江西、贵州、云南、吉林、内蒙古等地。那是多么波澜壮阔的时代画卷,太多的往事值得大书特书,太多的记忆弥足珍贵,历史是一面镜子,不能忘记,忘记不得。

读叶辛的知青作品,当年上山下乡的生活画面重现眼前,是那样清晰如镜。在那“农村是个广阔天地”的年代,犹豫和彷徨成了不少青年迈不过的一道坎。特别对在繁华大城市长大的知识青年,因为平时缺少磨炼,更吃不了种地腰酸背痛那份苦,有人感到老天爷不公,自己被命运捉弄。叶辛插队在贵州一个交通不便的穷乡僻壤,日出日落天茫茫,黑灯瞎火昼夜长。且不说生活艰苦,就连饮水也得翻山越岭,肩挑手提。一些人逃避现实,白白浪费宝贵的时间,用下棋玩牌消磨时光。叶辛不落俗套,改变一种活法,抓住一切可以利用的时间学习读书,用文化的力量挽起生活的勇气,拿知识的尺度观察生活的千变万化,用心感悟人生多面百态,在实践中丰富知识。阅读使他豁然开朗,他的生活顿时丰富多彩。叶辛日耕夜读,嚼出了艰辛中的甜味。

创作的力度

40多年前,知青从城市出发到达农村、边疆,他们经历了人生道路上的重大转折,经历了极为艰难的磨炼。而正是在这种艰苦磨炼的过程中,他们开始了解农村、了解农民,在改天换地的践行中,山里人是亲人,知青与他们建立了血肉感情。情感无法割舍,那山、那水、那块可爱又让人心痛的地方,凝聚着自己辛劳的汗水,虽然人去情却未忘,自然成了许多知青至今依然眷恋着的第二故乡。

叶辛钟情山乡一草一木，思绪泉涌，笔耕不辍，写出一篇篇有深度、有广度、有力度的上乘之作。其代表作《蹉跎岁月》《孽债》等无不以充满浓厚的生活气息吸人眼球而家喻户晓。叶辛有关知青岁月的创作形成了自己的风格和特色，堪称知青文学的代表作家，正如他说的，“知青一代人的青春岁月，就是他这一代人的青春岁月”。把知青岁月写进书里，实录那段忘不了的历史是留给后人的宝贵精神财富，这是文化人的责任，更是中国作家义不容辞的担当，叶辛笔下的知青篇诉说着“我们曾经年轻”的人和事，写时代大事，绘过往画卷，弥足珍贵。

生活是创作的源泉，只有热爱生活，才能拥有运用自如的主导地位，使其为我所用。人都在生活中经历着，只有用心感悟生活才能把握丰富多彩的本源，只有走进生活才能读懂生活的曲曲弯弯，真谛往往在旮旮旯旯里迭峰异起。叶辛的作品以知青特定历史为大背景，通过对多元人物的内心活动和外在表现揭示人物的特定属性和脆弱隐私。无论是早期的《高高的苗岭》，还是后来的《蹉跎岁月》《孽债》等作品，都浓墨重彩地展现了知青们当年满怀豪情壮志，又略带着迷茫的复杂心情。“蹉跎岁月”这四个字的题名，把那个时代横在知青人生中的坎坷裸露无疑。青春岁月是事业开启之时，总是酸甜苦辣一齐涌来，更是伴随着困惑，只有冷静面对，成败全在自己。如果说人生轨迹的缰绳总是在自己手里攥着，那么，老祖宗的警句“少壮不努力，老大徒伤悲”总是在醒示我们要珍惜时光。如何把握住自己那黄金时期，叶辛的作家道路便是极好的个案，没有时间去怨天尤人，为着生活更美好去努力、去拼搏，有志者事竟成。

作家写生活，就在立足全景，择其代表，展示社会的广阔画面和深邃内涵。自由撰稿人也好，中国特色很浓的作家也罢，少不得写他的国度和鲜活的生命,有血有肉更有精神,这是作品的特质,这是文化的力量。中国有着写不完的话题。叶辛说得深刻:"要写好中国,不但要认识中国的农村,也要认识中国的城市,要用城里人的眼光看待偏远的山乡,用偏远山乡农民的眼光看待都市,只有用两副目光看中国,才能做到全面客观。"叶辛的创作就是用这样两副目光辨析知青年代城市的繁华和山乡的落后,把知青的责任和担当扛在肩上。

叶辛在为读者签名

如果说叶辛发表《高高的苗岭》处女作是插队8年之后,那么,他创作"知青三部曲"代表作已是专业作家,而且名声大震,但他不忘知青岁月,孜孜不倦挖掘着和泥土打交道的富矿宝藏。他那知青的激情岁月虽是翻过的历史一页,轰轰烈烈已归于沉寂,犹如泰戈尔说过的"天空不留痕迹,鸟儿已经飞过"。讲知青岁月,永远有着说不完的话,写不尽的事,这一中国青年的特定历史永远是与人类命运息息相通的。

《客过亭》是眷恋挥之不去的情感回归,通过一群知青伙伴们的一次重返插队时的第二故乡之旅为引，是思索了整整一代人的信仰和爱的永恒。时代风云变幻，见证着知青历史，“云来雾来，数千载，三坡是主，人是客”。它不禁使我们对人生引起了深深的思考和联想，在青山绿水和壮美的大自然面前，每个人都显得如此卑微渺小，生命短暂，不过是匆匆过客而已。

读叶辛作品，反映时代气息，充满历史担当。作家笔下是热爱生活的真情，是熟悉的群众身影。作为一个人民的作家，就是要把心和大众紧紧相连，血脉相通，热烈拥抱火热的生活，涌动爱的激情，高扬顽强拼搏的精神。

作者：季　斌

希望广大青少年成为国家栋梁

刘建航

刘建航

1929年生于北京。1951年毕业于上海交通大学土木工程系。曾任上海市地铁总公司总工程师、上海市地铁工程建设指挥部技术委员会主任。1994年离休，1995年当选中国工程院院士。2002年3月被上海市人民政府授予“上海市科技功臣”称号。刘建航同志为上海百老德育讲师团名誉团长。

刘建航:地铁功臣

地铁,在上海这座东方大都市无疑是一道亮丽的地下风景线。地铁的快捷、舒适早已为人们所钟情。当你乘坐地铁,穿行在长长的地下隧道时,你一定会感叹建设者们的智慧和杰作。外国人曾经断言上海滩不能建造地铁,但是偏偏有这样一批不信邪的中国人打破了这个断言,成功创造了软土地层织造地铁之网的神话,成为上海地铁的开拓者。上海市地铁总公司总工程师、上海市地铁专业委员会专家、中国工程院院士刘建航就是这批开拓者之一。

“豆腐”里打洞

早在1958年,上海就提出要建地铁。刘建航参加了地铁试验性设计工作。当时西方国家对中国实行封锁,工程人员几乎没有什么系统的资料能够查阅。20世纪50年代末，他们准备去苏联考察，连出国的服装都已置办妥当，但因中苏关系恶化，终未成行。苏联专家撤走前，留下了这样的话：上海的土质不适合造地铁，要在这样的地方造地铁，就好像要从宇宙里找一个支点来翻转地球。

说这番话也是事出有因。上海地区的土质松软，含水量大，如果建造地铁，施工过程中，这松软土层极易造成冒砂、漏水、地层移动等现象。有人这样比喻说，在上海造地铁，就好比是在豆腐中打洞。然而，刘建航他们偏偏不信邪，认为苏联专家不了解上海的地形，没有实践过，不知道上海地层到底怎么样。所以苏联专家的话，刘建航他们觉得没有根据。

刘建航(左二)在地铁指挥部与同事们研究方案

制服软土层的一个难题是怎样选用建造隧道的材料。完全用钢铁当然好，可是造价太高，根据当时的国情根本不可能。用钢筋混凝土管片，当时尚未见到在含水不稳定地层中成功应用的先例。当时苏联隧道建设规范中还禁止在松软含水不稳定地层中使用钢筋混凝土管片。这副担子就落到了刘建航他们的身上。1958年，刘建航和年轻的同事们在浦东第七装卸区工地上搭起芦席棚，作为地铁试验性施工场地。刘建航带领工程人员收集了国内外很多资料，既找别人成功的经验，也分析失败的原因，再结合上海软土地层的特点，由小到大试验，从结构、防水、生产、拼装施工等诸环节上探求综合处理的方法。功夫不负有心人，经过无数次试验，他们终于攻克了精度、强度、防渗性能等关键技术，得出研究成果用以建成了直径为4.2米及6.0米的盾构隧道试验段。

1966年，上海地铁开拓者们，从今天的衡山路12号地铁公司到衡山公园，成功地建造了上海第一个地铁试验段，虽然总长才660多米，但该试验段的成功，在地铁建造史上具有重要意义，表明了中国人能够依靠自己的技术，在上海这样软土地层里用盾构法和钢筋混凝土管片建造地铁隧道，真正成为“豆腐里的打洞者”。

他像一个消防队员

地下工程充满了风险，而在“豆腐”里打洞更是艰辛无比。有人说，刘建航就像一个消防队员，哪儿有火就到哪儿去扑火。他经常在睡梦中被工地来的电话铃声惊醒，急忙赶到现场，采取一系列果断措施，排除险情。

1976年7月5日晚上，正在推进中的金山海水引水隧道盾构的尾部突然冒砂，刘建航闻讯后马上带着排泥棒跑到现场。金山海水引水隧道是条水底隧道。刘建航到里面去的时候，看到隧道端部的盾构工作面，涌入的泥水已齐腰深，隧道以一分钟几毫米的速度往下沉。离盾构上方五六米处就是汪洋大海，盾构如果继续沉下去的话，隧道就会断裂，土和水大量涌入随时有可能坍掉，造成灭顶之灾。凭借丰富的经验和无畏的勇气，刘建航用科学的方法排除险情，隧道终于保住了，人也安全了。后来刘建航回忆说：“假如当时要退的话，肯定是隧道也完了人也没了。只有跟它斗，你才可能把它控制住，结果人也在了，隧道也在了。”刘建航至今还保存着那次隧道排除风险的平面图，并记录了隧道变形的数据,为后来修建上海隧道积累了宝贵经验。

1989年,上海的地铁建设战役正式打响了。年届退休的刘建航甚感欣慰。为了这一天,他整整等待了31年!他毅然投入了地铁一号线施工第一线。地铁一号线首先在徐家汇开工兴建,虽不是现场总指挥的刘建航,凭着高度的责任感,每天下班后赶到工地,现场查看分析上千个测试数据,及时调整施工参数。1991年5月23日傍晚,刘建航在查看当日数据时,发现一段基坑连续墙位移速率突然增大,出现了30多厘米的大变形。仔细检查,发现有3幅地下连续墙中缺少12根钢支撑。如果继续开挖,必将出现墙断坑塌的重大灾害性事故。刘建航果断地命令施工人员停止开挖,立即抢险。经过连续32小时的现场拼搏,终于化险为夷。

刘建航在地铁工地上

2003年3月,当韩国地铁站大火无情地吞噬人类生命财产时,地铁隧道的安全吸引了全世界关注的目光。此刻的上海,建设中的轨道交通明珠线二期的盾构,正在无加固条件下近距离地斜向穿越运营中的地铁二号线,最近距离仅为1.44米。运营中的地铁二号线安全正受到前所未有的严峻考验,这是一个世界级的难题。据应邀来现场的一位日本专家介绍,日本的土质比较硬、自立性较好,要进行这样的穿越,两条隧道的安全距离必须在3米左右。专家论证会开了一次又一次,方案制订了一个又一个。关键时候,刘建航赶到现场,他审阅施工方案,指导施工反复进行模拟推进,确保万无一失。在刘建航的指导下,建设者采用现代化信息监测系统,盾构机头以每分钟几毫米的速度在地下小心翼翼地向前推进,二号线地铁列车经过这段区域时也破例地调整了运营速度。由于担任施工的市政二公司精心施工锐意创新，由于各方密切配合，盾构机头成功穿越了地铁二号线上下行线，创造了最大变形仅 2.6 毫米的奇迹。这在盾构法隧道施工领域几乎是无法想象的。

“地铁之父”与“地铁之兵”

上海地铁一号线完工的时候，刘建航和同事们赶去乘坐当晚的第一趟地铁列车，那个高兴劲就甭提了。就是现在，每逢双休日，他都要出来坐坐地铁。现在乘的人多，地铁很拥挤，但刘建航的感觉却不一样，人多了他反而更高兴，他感觉到大家尝到地铁的甜头了。

读高中时，刘建航把自己的名字“刘建”改为“刘建航”，立誓与交通建设结缘一生。地铁一号线开始建设时，刘建航已 60 岁了，本该退休安享晚年了。有人劝他“你已经搞成隧道，正好功成身退，地铁建设错综复杂，矛盾大，就不要往漩涡里跳了”。但刘建航觉得为民造地铁就是自己的理想，是自己一生的向往，所以他义无反顾地跳进了这个“漩涡”。

如今，半个世纪过去了，刘建航终于圆了自己的地铁梦。不仅如此，身兼同济大学教授、博导的他还培养了多名青年科技精英。2002 年 3 月，他被上海市人民政府授予“上海市科技功臣”称号，有人称他为

"上海地铁之父",但是,刘建航却不以为然。有一次,记者在刘建航的书房里问及人们尊称他为"地铁之父"的感受时,他弯下腰来打开书橱,从一排书的后面拿出一幅立轴来。那是一幅行草书法,刘建航指着落款说:"这个我改过,你们看得出吗?"落款原来是"敬赠地铁之父",他把"父"改成了一个"兵"字。刘建航说:"地铁是一个系统性的科技工程,不是靠哪一个人,而是靠集体的智慧,群众的力量。我只是一个'地铁之兵'。"

走过历史的曲折、走过岁月的坎坷,上海的地铁建设正以前所未有的速度迅猛发展。刘建航把毕生的精力献给地下工程研究和上海地铁建设,他的人生之路正是走在"上海地铁发展之路"。

作者:孙　群

青春的魅力表现在勇于战胜胆怯，事业高于享乐。愿今天的青少年将来成为建设祖国的栋梁！

程不时

程不时

1930 年生于湖南省醴陵市。1951 年毕业于清华大学航空工程系。1956 年我国成立“第一飞机设计室”时开始飞机设计工作，40 多年中先后负责设计了“歼教 1”“运 10”等军用、民用的大、中、小型飞机。现为上海百老德育讲师团副团长。

程不时:我欲乘风贯长空

1951 年,刚从清华大学毕业的程不时就投入了新中国航空工业的建设和发展的行列中,去实现他自幼的梦想:要自己设计飞机乘风贯长空!如今程不时已是 70 多岁的老人了,回顾逝去的岁月,他为之贡献了青春的事业,仍旧是感慨万千,壮心不已。

动荡的少年时代

程不时 4 岁时,家住汉阳的飞机场边上,正是飞机起落的下方,常有飞得很低的飞机越过他家的屋顶,震耳欲聋的声音把瓦片也震得哗哗作响。那时什么也不懂的他,觉得神奇的飞机能与蓝天白云做伴,一定是天上的仙女和神将,要是有一天自己能乘着它上一回天,即使只能摸一摸它也是很了不起的一件幸福事了。

长江边上的家门前,是一片制砖的工地,小孩子们都在用泥捏小动物狗呀猫呀玩,他却做成一架架小飞机玩。父亲曾带他去参观过砖窑,看到土烧过以后会变成很硬很硬的砖,他想让小飞机烧硬,一

圆梦:摄于成都“运 10”进藏前

只只飞到蓝天上……

不久日本侵华战争爆发了，亲历了日本飞机的轰炸和扫射，童年时代心目中美丽的白云、晴朗的天空被蛮横的敌机撕碎，成为毁灭与蹂躏的深渊。有一天母亲领着他从河南坐火车去武汉，列车在一个小站停了很久。因为日本飞机在空袭武汉，中国飞机为了保卫武汉抵抗敌机展开了一场空中大战。程不时亲眼看见了这一切，非常敬佩驾驭中国飞机的英雄们，心中暗暗种下了一颗仇恨侵略者的种子：有朝一日长大了，要造出更好更多的战斗机去保卫祖国和人民。

有一次在逃难到漓江的木船上，小小年纪的程不时主动加入了拉纤的行列，肩上的皮肤被粗糙的绳索嵌进，他光着脚躬着腰在淹没膝盖的河水中与激流相持，“不进则退，只有坚持才能胜利”，这段经历使他保家卫国上蓝天的愿望更加坚定和强烈了。

雏鹰展翅冲蓝天

非常幸运，程不时清华大学一毕业，就被分配到1951年刚成立的重工业部设计处，第一份工作就很符合他自幼的愿望——飞机设计。造飞机，先要设计工厂，首批三个飞机工厂厂址都有一段不平凡的历史。一座是日本侵华时的细菌工厂，另一座是日军“满飞”（满洲飞机公司）所在地，南方的另一处也是旧的空军基地。

第一飞机设计室主任徐舜寿，是一位与詹天佑、茅以升同时代的老学者，他要求设计师们设计前先组织一个联欢会，因他们是平均年龄只有22岁的小伙子，先把感情联络起来，联欢会上许多游戏项目都是与飞机设计有关的，这也让大家从欢笑中与即将开始的事业联系了起来。

飞机设计开始时，徐主任决定第一个重要步骤，就是去征求使用者对新设计的意见,他和副主任带着程不时去另一个城市训练飞行员的航校调查研究。这时正遇航校的飞行员们在打扫积雪,他们一面扛着箩筐,一面叫喊着:“推油门,上!”程不时笑着对徐主任说:“我们国家的飞机设计事业也要推油门,上!”徐主任笑着拍拍他的肩膀:“对,也要上!”

程不时(左一)时任“勤工号”总设计师

飞行员座谈会上,徐主任介绍了设计的意图,飞行员们都非常兴奋,特别是首先设计为航校试飞的教练机是喷气式的,他们提出了许多宝贵的意见。这次座谈会使使用部门与设计部门一开始便建立了良好合作关系,“从实践中来,到实践中去”的设计路线是“歼教1”的成功保证。

在设计过程中,徐主任教导程不时不要人云亦云地照搬苏联模式,主张接受世界上一切先进的样式走中国自己的路。要“熟读唐诗三百首,不会作诗也会吟”。年轻的程不时受到很大的启发和鼓舞。重工业部设计处对设计师们提出的每一个设计方案,都经过全体讨论,集思广益,不搞繁文缛节,提倡讲科学讲实效的学风。这对风华正茂的年轻设计师们放开手脚,大胆创新,起到了决定性的推动作用。

例如,在设计“歼教1”机头进气装置时,就没有沿袭苏联的机头进气方式,而采用英美式的两侧进气方式,因为从长远角度来看,机头部分是适宜于安装天线的最佳部位,而雷达对于现代作战飞机是至关紧要的。事实证明,这种设计的实用性连国外专家也连连称赞,后来连苏联自己设计的如米格-25也采用两侧进气了。

新中国的第一架自行设计的飞机“歼教1”试飞成功的消息当即报告了周恩来总理。“歼教1”飞机本要安排参加十月一日国庆检阅，总理考虑一下，觉得当时不宜公开，他说：“请告诉这架飞机的设计人员，要他们做无名英雄。”叶剑英元帅和空军司令刘亚楼特地从北京赶到沈阳参加了“歼教1”的庆功会并观看了飞行表演。

72岁乘坐27岁时设计的飞机

程不时后来又设计了从最小型的直升机到最大型的“运10”飞机，带领青年们设计“勤工号”飞机，不论搞什么飞机的设计工作，他始终倾注自己的全部心血。为了能设计出性能更好的飞机，他总是大胆地提出自己的见解。

程不时在“运10”驾驶舱内

设计“运10”飞机时，他刚刚调到上海没有几天工夫，经过深思熟虑，他提出主起落架位置应该后移的建议，并讲出自己的根据。一般提出这么重大的更改是不容易被接受的，甚至会受到抵制，但大家听了他的理由后，心悦诚服地接受了他的意见，同意进行更改。

当时上海的计算机中心很紧张，时间只能安排在子夜和凌晨。程不时和众多设计人员日夜颠倒过日子。程家三代六口人，挤在只有14平方米的小屋里。就是这样的条件，他还是无怨无悔，经常晚上伏在木箱子上编程序。而他的这些程序，有的被大学选作教材，使用达十多年之久，并被推广到航空航天系统。

程不时收到了美国EAA航空协会的邀请信，邀请他作为嘉宾参加2001年7月在美国奥什科什举行的“飞行大会”，这时已经72岁的老人坐上了他27岁时设计的飞机，冲上蓝天时，他的感觉非常良好，也非常自豪。

美国威斯康星州温纳贝戈湖畔，天气晴朗，飘着朵朵浮云。在号称全球“最繁忙机场”的奥什科什机场上，正举行着世界上规模最大的“飞行大会”。跑道的草地上停着数千架从世界各地飞来的各种飞机。飞机旁涌动着参观的人群，都在一边议论一边关注着空中精彩的飞行表现。远处传来隐隐的机声。云层下数十架飞机组成的庞大机群逐渐临近，整齐的队形在阳光下闪烁着光亮，蔚为壮观。机声越来越大，低沉而和谐，直到铺天盖地，仿佛天穹奏鸣着巨大的管风琴。这时机场播音员响起：“这是中国的‘歼教6’组成的编队，正在通过会场。我们荣幸地告诉大家，这架飞机的总设计师就在现场……”

程不时为新中国的航空事业奋斗了大半辈子，曾经负责过战斗机“歼教1”、“歼教6”和大型运输机“运10”等许多军用或民用飞机的设计工作，获得过国家科技进步一等奖、二等奖及省部级科技进步一等奖、二等奖。程不时还是上海市科普协会的副理事长，曾创作过许多部长篇小说在报刊上连载。现在他仍旧精神饱满地参加了上海百老德育讲师团，为培养和教育青少年发挥老科学家的光辉和才智。听过他讲话的人都非常感动地说：“程不时的名字叫得好，不时，不时，不赶时髦，不趋时尚，但时时刻刻都牢牢记着为人民服务，为祖国作贡献！”

作者：贝自强

脚踏实地，永远向前。

朱志豪

朱志豪

1931 年生于上海。1953 年参加工作，全国劳模，高级工程师。先后任南浦大桥、杨浦大桥、徐浦大桥建设总指挥。朱志豪同志为上海百老德育讲师团成员。

朱志豪:造桥大师

滔滔黄浦江是上海的母亲河,孕育造就了近代上海城市的成长历史。上海人民想在黄浦江上造桥,是代代相传的夙愿。早在清朝末年,上海的有识之士就提出建桥的设想,可当局却无动于衷。抗战胜利后,著名桥梁专家茅以升等人花了3年时间,拿出3种方案,但当时的国民党政府也是不闻不问。黄浦江上造桥梦又一次破灭。新中国的成立,为圆黄浦江造桥梦提供了现实的可能性。然而,在那史无前例的动乱岁月,这个梦想又变得遥远起来。党的十一届三中全会以后,改革开放政策的实施,上海人在黄浦江上造大桥的梦想才变成了现实,也造就了一代造桥大师朱志豪。

朱志豪在大桥上

把病房当指挥所

1987年7月,56岁的朱志豪担任了南浦大桥建设总指挥。这位从20世纪70年代初开始,曾先后负责上海体育馆和游泳馆、吴泾30万吨合成氨、龙柏饭店等大型工程建设的工程专家，感到肩上的担子异常沉重。首先，中国没有建过这种类型的桥，在资金、资源有限的情况下，完全依靠中国自己的技术能完成这项浩大的工程吗？其次，朱志豪本人虽是学建筑出身，但造大桥却是第一次，国家要求3年内完工，而世界上其他类似的斜拉桥建造都在3年以上，作为总指挥的朱志豪能创造奇迹吗？重压之下，朱志豪带领全体建设者日夜兼程，组织各路大军昼夜突击，科学设计，精心施工。他运用高超的专业知识和丰富的实践经验，力主采用主塔钢管桩作为基础桩、冷轧套管代替电焊和质量跟踪监理等措施，保证了施工速度和质量，解决了许多重大技术难题。1988年12月15日，建设者打下了南浦大桥的第一根基础钢管桩。这轰轰的打桩声宣告着世代上海人在黄浦江上造桥的梦想开始变成指日可待的现实！

当时谁也不知道，这位年近花甲的总指挥已经身患重病，他一直悄悄地隐瞒着，暗暗与病痛抗争。直到有一天，病情发作前往医院诊治，人们才从医院的报告单上得知，朱志豪患的是胃癌，而且已经扩散了。病情危急，必须立即手术。他人在病床上，心里却牵挂着南浦大桥的建设。为了缩短疗程早日返回工地，他强忍剧痛，要求医生治疗时加大药物剂量。他把病房当作指挥所，边输液边指挥大桥建设。一天下午，护士给他吊水后到隔壁病房给其他病人打针，谁知一会儿过来查房，却不见了他的踪影，急得不知如何是好。原来，朱志豪早已溜出医院，到热火朝天的造桥现场去了。手术后一个月，刚做完第一次化疗，朱志豪就瞒着医生和妻子悄悄来到大桥工地。南浦大桥不仅实现了上海人几十年来一桥飞跃黄浦江的梦想，也是支持朱志豪战胜疾病、跨越死亡的精神支柱。他告诫自己，与其不工作多活几年，还不如少活几年抓紧工作。朱志豪的忘我精神极大地鼓舞了大桥建设者，他们用智慧才能和辛勤劳动,使南浦大桥提前 45 天竣工通车。

杨浦大桥是继南浦大桥之后又一座跨越黄浦江的自行设计、建造的双塔双索面迭合梁斜拉桥。60 岁的朱志豪又一次担任大桥建设总指挥。一个人一生中能两次参与指挥、建造具有世界先进水平的大桥,是何等的荣幸!朱志豪说:“只有在改革开放的时代才有这样的机遇。”南浦大桥、杨浦大桥这两座美丽的姐妹桥,犹如两道横跨黄浦江的彩虹,又如母亲河颈上的项链,把黄浦江打扮得更加美丽,成为上海的标志之一。

三见邓小平

朱志豪家的客厅里有两幅照片,左边一幅,是入夜的南浦大桥,那川流不息的车流汇织成一条七彩光带,勾勒出大桥流畅的线条;右边那幅,蓝天白云下的杨浦大桥巍然矗立,飞架黄浦江两岸。朱志豪每次望着照片,总是情不自禁地回忆起当年三见伟人邓小平时的情景。

朱志豪在担任上海南浦大桥、杨浦大桥建设总指挥期间,日理万机的小平同志曾先后 3 次专程前来看望这两座大桥。第一次是 1991 年 2 月 18 日,当时南浦大桥还在施工阶段,大桥尚未合龙,桥面很难通行。尽管小平同志很想亲自上桥看望,但考虑到桥墩两旁的煤场上堆满了煤炭,风一吹,煤灰扬起,既不清洁又不安全,就临时改在浦西轮渡的一个浮桥上,让小平同志观看南浦大桥。朱志豪详细地向小平同志汇报了南浦大桥建设的要求、投资和作用。小平同志听了挺高兴,微笑地点头。

第二次是 1992 年 2 月 7 日,南浦大桥已通车,杨浦大桥正在建设中。这次,小平同志先到南浦大桥,后又参观正在建设的杨浦大桥。朱志豪向他汇报说：已建成的南浦大桥净空有46米。工程提前45天完工，比预计总投资节约了7‰。工程质量符合设计要求，桥塔的垂直度要求为小于1/3 000，实际为1/1.2万。合龙一次成功，只用了2小时45分钟。

第三次是1993年12月13日。那天刮着风，下着细密的雨。邓小平同志乘坐的面包车停在已经通车的杨浦大桥上。考虑到天气不好，小平同志已经90岁高龄，朱志豪建议到车上给他汇报。谁知话音未落，小平同志已经走下车来。朱志豪向他汇报说："您站的地方，离水面有62米，比南浦大桥更高。工程提前5个月完工，比总投资节约了1.2%。工程质量更有所提高，桥塔的垂直度为1/1.25万。合龙时间只用了1小时30分钟。这座桥的跨度有602米，现在是世界第一。"听到这里，邓小平同志主动伸出手来，把朱志豪的手握得紧紧的，说："要感谢参加建设的工程技术干部，要感谢参建的广大职工，要谢谢大家。"小平一生题字不多，但他却先后为南浦大桥、杨浦大桥题写了桥名。

这么多年来，朱志豪时常想：小平同志为什么多次来看上海的桥呢？为什么那么关心是不是"世界第一"呢？后来，他领悟了：邓小平同志关心的，不只是一两座桥，而是桥的设计、施工、制造水平能否在国际上领先，是否体现我们国家的综合实力，鼓舞上海乃至全国的志气，并带动一大批相关产业的发展。

两位大师结书缘

在造桥大师朱志豪的心中，造桥是建筑的艺术，而艺术总是相通的。所以他与艺术家也多有来往，从他们那里获取灵感，运用到他的造桥艺术中去。他与书法大师李保钧的书画缘就是一段为人津津乐道的佳话。

1993 年,第一届东亚运动会在上海举行,朱志豪在杨浦大桥为其点燃火炬。李保钧先生受书协苏州书画家的委托,携 36 幅书画作品赴沪,向东亚运动会献礼。身为上海国际桥梁建设总公司董事长的朱志豪,在看了李先生的书法作品后,连连称赞:"大手笔,大手笔啊!"事后,李保钧又赠朱志豪一幅大楷"为国增光",朱志豪对此墨宝爱不释手……当凌空飞架的现代化斜拉索大桥——杨浦大桥即将竣工之际,

朱志豪点燃火炬

朱志豪专门派人到苏州,请李保钧先生为杨浦大桥通车典礼创作一幅作品。李保钧听说黄浦江上又将添一道彩虹,心情非常兴奋,考虑到通车日期迫近,就答应说:"我来写幅作品,为这座斜拉索桥先弹一首'竖琴曲'吧。"没过几天,李保钧就将一幅"中华之光"的大型行书送到上海。这幅作品寓豪迈神力,倾一腔热情,气势恢宏,熠熠生辉。杨浦大桥通车之日,"中华之光"挂在大桥贵宾接待室的正面墙上,给造桥和祝贺的人们营造出一片欢欣热烈的气氛。

此后,朱志豪专程从上海赶到苏州,为李保钧送"润笔费",李先生几番推却,坚决不收。他告诉朱志豪"为书从不收分文"。朱志豪有感于李大师的人品高尚,一见如故,真诚结交为友。为表达自己对李大师的敬重,朱志豪赠送一面大红锦旗:书海神笔,功德无量。1996 年春,苏州博物馆举行"李保钧书法艺术展",朱志豪因有事不能参加,特委托朋友致电祝贺:"李保钧先生书艺高超,书德更好,他为上海杨浦大桥建

成而挥毫题词，上海 1 300 万人民将永远记得他的深情厚谊。”

时隔不多久，朱志豪先生到南京参加长江二桥讨论方案，顺道来苏州看望李保钧大师。老朋友相见，情投意合，从建桥谈到书法，畅所欲言。朱志豪告诉李大师：1995 年夏初，江泽民总书记来沪慰问造桥大师，当他看到朱志豪家中那幅“为国增光”的楷书时，大加赞赏，问：“这幅书法谁写的？”得知是苏州年近 80 岁的李保钧先生写的，江总书记满意地说：“很好，很好，写得不错！”李保钧听老友说完这段故事，谦逊地说：“总书记过奖了，过奖了。我能结识您这位桥梁专家才是荣幸，万两黄金容易得，知心朋友实难求啊！”说完，两位大师开怀大笑起来。

作者：王仁华

以人爲本．以創新爲本
撞击未来．創造未来。

魏敦山

魏敦山

1933年5月30日生于浙江慈溪，中国工程院院士。从事建筑设计五十余年，主持设计的工程有百余项，如八万人体育场、虹口足球场、上海体育馆、上海游泳馆、昆明红塔体育中心、昆山市体育中心等。在国外主持设计的大型援外工程——埃及开罗国际会议中心，建成后荣获埃及总统穆巴拉克亲自颁发的埃及“一级军事勋章”。现为上海百老德育讲师团副团长。

魏敦山:设计凝固的音乐

建筑是凝固的音乐,充溢着人类的智慧和才干。

在中国的建筑史上,出现过许多蜚声中外的建筑设计大师。1933年5月30日出生于浙江省慈溪县的魏敦山,就是当代杰出的建筑设计大师之一。他曾获“首届梁思成建筑奖”,被建设部授予“中国工程勘察设计大师”称号,还得到埃及总统穆巴拉克亲自颁发的“埃及一级军事勋章”。魏敦山在20世纪七八十年代主持设计的上海体育馆与上海游泳馆,作为新中国成立以来43座优秀建筑中的2座,被载入英国出版的《世界建筑史》,他的名字也被载入《世界建筑史》,为中国当代建筑业添写了浓墨重彩的一笔。魏敦山以杰出的成就成为享受国务院特殊津贴的中国工程院院士。

敢于突破旧框框

在设计领域,魏敦山的名字是与上海重要的体育场馆紧紧相连的。他参加工作后一直从事民用建筑设计工作,主持设计的工程有百余项。除了住宅、中小学、医院、剧场外,还先后设计过上海体育馆、上海游泳馆、上海跳水池、虹口足球场、静安游泳馆等一批体育建筑。他在20世纪70年代主持设计的上海体育馆与80年代设计的上海游泳馆,已成为新中国成立以来体育场馆建筑的经典。

魏敦山在自己的建筑作品前

在20世纪70年代初,上海的西南角出现了一座可容纳1.8万人的上海体育馆。那独特的造型,新颖的设计理念突破了当时的旧框框,使人们为之眼睛一亮,上海人更为拥有这座国内一流的体育馆而深感自豪。20多年后,上海体育馆旁边又建起了一座极富现代气息的上海体育场,人们亲切地称之为"八万人体育场"。这一场一馆的主设计师便是闻名海内外的中国建筑设计大师魏敦山。

为了承办第八届全运会,上海集资56亿元,新建改建了38个场馆,总建筑面积达70万平方米。这是上海有史以来规模最大的一次体育场馆建设。承担8个主要场馆设计任务的上海建筑设计研究院派出了近200名设计人员,力求建筑构思新颖独特,体现跨世纪的时代气息和建筑科学技术的先进性。经过几年建设,申城亮起了一道体育场馆风景线:位于城市西区的长宁国际体操中心呈扁球体,像一颗围棋子;位于浦东新区的临沂游泳馆宛如一只巨型贝壳,升腾在半空;位于市中心的卢湾体育馆则如一艘开足马力的舰艇,在海上遨游……在这些璀璨的群星中,最耀眼的一颗无疑是上海体育场。

敢于创新的魏敦山,在长期的观察中发现:许多重大比赛都安排在黄昏前后,西晒太阳很强烈。为了使体育场各看台取得最佳视觉效果,他在设计八万人体育场时,突破常规,采用了"外环圆形、内环椭圆、西高东低"的马鞍状结构。将看台的圆心西移10米,视角最佳的西看台为3层,高高翘起。而东看台为2层,远远望去如一只展翅的大鹏,作腾空欲飞之势。这不仅使整个体育场富有力度、动势和美感,而且"西

魏敦山(左一)与工友在工地上

晒太阳”被挡在了看台外,体现了“以人为本”的理念。体育场设600个席位的主席台、300个座位的记者席和可容纳8万名观众的3层全天候环形看台。观众席上方覆盖着乳白色半透明的膜结构顶面,面积达3.6万平方米,超过了亚特兰大奥运会主会场的膜结构面积。

新建的上海体育场与上海体育馆相比,除外形设计更新颖美观外,功能也变得多样化了。在上海体育场的西看台下面,巧妙地隐藏着一个11层的四星级宾馆。而在东看台下,设置大型商场、健身房、咖啡酒吧、餐饮等公共活动场所。魏敦山的设计理念突破了旧框框,集竞赛、健身、休闲、娱乐、购物等为一体,走出了一条以馆养馆的体育产业化道路。

总统为他颁勋章

开罗国际会议中心,位于埃及的首都开罗东南纳斯尔城区,占地30万平方米,建筑面积5.8万平方米,耗资1.5亿瑞士法郎,是当今世界上最大、设备最现代化的会议大厦之一。会议中心由主楼、宴会厅、可停放1 200辆汽车的广场和占地12万平方米的中国园林组成。主楼有3个大厅,分别以吉萨3座金字塔命名。胡夫厅可接纳120个代表团召开大型国际会议、举行庆典、演出等。中厅是哈夫拉厅,800个座席。卡夫拉厅有600个座席,可分成不同大小的小会议厅。圆形宴会厅可容纳1 250人,中央悬挂着直径5.5米的大型水晶吊灯。开罗国际会议中心已经成为金字塔之外的埃及著名的旅游景点,主持设计这项壮观工程的总设计师就是中国的设计大师魏敦山。

开罗是一座闻名世界的历史文化名城。金字塔、人面狮身像、金黄色的沙漠、热浪、尼罗河的清水、绿洲……艺术是相通的，那古代巨石的神庙建筑形式，阿拉伯传统文化，加上独特的地貌环境，为魏敦山设计开罗国际会议中心的构思、创作立意提供了无限的源泉与依靠。

1984年，魏敦山在设计开罗国际会议中心时，充分考虑到建筑所处的环境和特点，注意吸收埃及的人文传统、当地伊斯兰建筑形式等特点，力求能较好地反映埃及建筑的艺术风格。在体形组合及空间构思上，他考虑到埃及是最早发明数学、几何学等科学技术的文明古国，给人类社会带来巨大的社会影响，同时还注意到建造基地东面已建的无名英雄纪念碑是由四片巨型的混凝土墙体倾斜组成的一个金字塔形的雕空四角锥体，因此他在设计中采用了多种几何形体：以圆形、方形和八角形等单体为主，有机地排列构成建筑群体，使之与三角形的纪念碑形体相协调。同时应用建筑轴线及对位手法，将圆形国际会议厅的中心轴线、圆形宴会厅的中心轴线均对准纪念碑中心轴线，形成一个完整三角形轴线的对位关系，取得新老建筑的协调，既突出建筑主体，又强调建筑的整体性，提高了建筑的环境效益。

魏敦山的建筑设计理念是建立在本国的建筑文化和其他国家建筑文化之上，在保持自己建筑文化个性的基础上，体现出一定的共性。开罗国际会议中心的设计完美地体现了这一设计理念，它的建成得到一致认同。埃及为拥有开罗国际会议中心这样一个标志性的建筑而备感骄傲。为表彰魏敦山的杰出贡献，埃及总统穆巴拉克亲自为魏敦山颁发了一枚“埃及一级军事勋章”。

业余喜欢 “轧一脚”

在上海建筑设计院的院庆晚会上，一位扮演肖恩的业余演员与上海京剧院新秀史敏合演“打渔杀家”，伴着悠扬的京胡，手、眼、身、法、步有模有样，韵味十足的麒派唱腔令内行也连声叫好，他就是业余喜欢“轧一脚”的建筑设计大师魏敦山。

还在徐汇中学读书时，魏敦山就爱听京戏，尤其喜欢周信芳的麒派。他觉得京剧的脸谱非常有意思，凭借着夸张的色彩、变化无穷的线条，可以描绘人物的性格，增添强烈的审美效果，难怪会被誉为“心灵的画面”。脸谱给魏敦山深刻的影响和启发，走上建筑师岗位后，他发现建筑物与脸谱有许多相似之处：同样讲究对称、轴线、图形的变化。40多年来，魏敦山设计了100多个民用建筑项目，获得国家优秀设计奖、国家科技进步奖、全国优秀工程设计金奖等奖项。回头看，这一个个项目，不就像一张张各具神韵的脸谱？

魏敦山还扮过《玉堂春》里“三堂会审”时的蓝袍官：演过《四进士》中那个伸张正义的宋士杰。尽管是“逢场作戏”，但他却非常投入。魏敦山认为麒麟童勇于在继承传统的基础上大胆改革创新，无论唱、念、做、打与剧目、唱词、服装、扮相等均适合于自己的风格。搞建筑设计，不正需要这种精神吗？

魏敦山喜欢跋山涉水，所谓“登山则情满于山，观海则情溢于海”。由于工作机会魏敦山走过亚、非、欧、美诸洲风情各异的30多个国家，参观考察了许多历史名城、著名经典建筑。爱好摄影的魏敦山拍摄了大量各具特色的建筑图片，增长与充实自己的学识，在长期的建筑设计工作过程中得以吸收应用。

魏敦山（左一）挑战高海拔

魏敦山喜欢“轧一脚”，是一种积极的生活态度；是拓展思路、增强知识的有效途径。这对一个建筑师是颇为重要的。“轧一脚”不是不务正业，恰恰是为了更好地开展正业。有时，恰恰在不经意地“轧一脚”中，一个苦苦寻觅的灵感会骤然出现。

现在，魏敦山所在的设计院专门成立了“魏敦山建筑创作研究室”。他虽已年近古稀，却仍然充满了朝气和活力，他觉得自己依然很年轻，依然喜欢在研究室里的年轻人中“轧一脚”，孜孜不倦地培养着我国建筑界的精英。

作者：王仁华

青年人要有理想
没有理想就失去了
前进的方向。

顾泉雄

顾泉雄

1936年生于江苏省无锡市。1962年毕业于北京电影学院，曾任中央新闻纪录电影制片厂高级记者、摄影师兼编导、中国电影金鸡奖评委。拍摄新闻纪录影片200多部，影片先后获得国际国内各种奖项20多次。著作有《新闻杂志电影艺术创作》《视觉心声》。1995年3月，中国电影家协会首次举办纪录电影研讨会——顾泉雄新闻纪录电影创作研讨会。现为上海百老德育讲师团成员。

顾泉雄:老摄影师的新长征

情系摄影见痴心

那是发生在 1986 年拍摄纪录影片《雨西湖》的一段往事。

《雨西湖》是一部构思奇特、内涵深邃、画面清新、诗意浓郁的佳作。观后,令人情不自禁地沉醉在那精心创造出来的艺术氛围中。对于此类风光影片的拍摄,《雨西湖》曾被公认取得了重大突破。

顾泉雄的摄影作品

《雨西湖》顾名思义,既离不开西湖,又离不开雨。因此,顾泉雄在拍摄该片过程中,不知苦苦等待了多少时日。他盼呀盼呀,总算有一天杭州上空突然风起云涌,顷刻间大雨滂沱。他一见喜出望外地操起相机,带领身旁撑伞的同伴,从保俶塔附近一路边走边拍……谁知此时风狂雨猛,山路陡滑,随着脚底下"哧溜"一声,整个人直挺挺地滚跌下来。好个顾泉雄!他把相机紧紧地抱在怀里,虽说自己的手臂已被石头撞破,还流了不少血,但值得庆幸的是,那架宝贵的相机终于毫发无损。他冒雨找到医院缝了好几针。当时,医生再三叮嘱他要休息,可他哪里肯听，一转身又提起心爱的相机冲向雨中……由于手中的相机重达 20 多斤，拍摄时那刚刚缝合的伤处不知不觉又裂开了。顾泉雄对此全然不顾，咬咬牙硬是忍着疼痛顽强地继续拍摄。他清醒地意识到，眼前这场及时雨，正是《雨西湖》的催生剂，面临这一绝好机遇，纵有千难万险也不该退却。正是这份执著和无畏，让他最终收获了成功的喜悦。这次带伤“作战”的秘密，顾泉雄对自己的老伴隐瞒了足足 20 年。

其实，在摄影生涯中，痴心不改的顾泉雄，曾屡次受伤甚至还遭遇过车祸哩！可每当提及这些，他总会向你介绍起他的好友沈杰，他曾经亲临前线拍摄《平息西藏叛乱》，把自己绑在直升机外拍摄《俯瞰北京》，因拍摄《踏雪穿云上冰山》被夺去全部脚趾和三节手指，并谦逊地表示：唯有像沈杰那种“活着干，死了算”的英雄气概和拼搏精神，才是更值得大家称道的。

知恩图报有良心

顾泉雄与他的电影胶片

在顾泉雄的书房里，除了一排排书籍，还摆放着一只只箱子。这些箱子可称为“报恩箱”。原来，顾泉雄在退休前特意自掏腰包，从单位买下了 13 部自己拍摄的纪录片拷贝，还制作了 3 000 多张 VCD 碟片，他要用这些箱子装着它们到偏远地区为百姓们免费放映电影。

年逾七旬的顾泉雄念念不忘自己的成长过程：是党和国家给了他

上大学深造的机会,是工人、农民用血汗把自己从一个学徒工培养成一名摄影师。为此,他要知恩图报,他要退而不休,在有生之年,把自己拍摄的影片,无论天南地北,不管严冬酷暑,主动地送上门去,让渴望精神食粮、企盼文化甘霖的民众感受温馨、分享快乐。

于是,从 2002 年 8 月起,顾泉雄携着既当“保姆”又当助手的老伴龚霞娟一起出发了。他俩不顾年迈体弱,抛却天伦之乐,决意要像夕阳那般辉煌地走完最后一程人生之旅。让我们怀着敬意和感动,来看看他俩在祖国大地上留下的一串串闪光的脚印:

在革命圣地延安,顾泉雄为老同志们挂起了久违的银幕,引发了由衷的笑声;

在甘肃兰州,年轻人看完影片久久不愿离去,围着顾泉雄要求签名、留影;

在乌鲁木齐,老顾夫妇俩经常合咬一只大饼、喝下白开水后,便匆匆上路去给人们放电影;

在东北大庆,小学生们欢呼雀跃,纷纷向顾泉雄表述要学习影片中主人翁的爱国主义精神……

顾泉雄带着影片一路走来。他要将前方的每一处都视为“报恩地”,他要把未来的每个昼夜都当作“报恩日”。他的报恩对象,除了广大的工人、农民、战士、学生,甚至还包括蒙古包里的牧民们——

在内蒙古草原四子王旗区的一个蒙古包里,已有 10 多年没看过电影的一家人,听说来了上海客,而且还要免费为她们放电影,高兴得不知所措。只见一个老妈妈身边坐着两个女儿以及两个外孙女,她们全都换上漂亮的民族服装,脸上自始至终洋溢着笑意。面对眼前寥寥可数的五位观众,顾泉雄仍如同往常在广场、大厅、剧院为千百人放映影片一样,满腔热忱、一丝不苟地忙碌着。这场特殊的电影,对那五口之家来说,犹如过了一次盛大节日，但对顾泉雄而言，则是又一次报恩行动。

肺腑之言表爱心

如果说，自掏腰包、不远千里地深入到穷乡僻壤，免费为当地群众放电影，是顾泉雄的“报恩行动”，那么主动联系各地高校，把自己的人生感悟传递给当代大学生并与他们进行沟通和交流，则显然是他孜孜以求的“爱心工程”。

这一“爱心工程”的启动，来自去第一站延安放电影时，那些长征老干部对他说的一番话：“我们最担心的是下一代，你们搞电影、搞电视的，要把我们下一代引向何处去?”一番话震撼了他的心灵。顾泉雄听后寝食难安：“对，要关心祖国青年一代的成长。因为他们是祖国的栋梁，祖国的希望和未来，中华民族伟大复兴要靠这一代大学生!”

从此，顾泉雄便把目标重点转向了校园。在免费放映电影的同时，举行各种报告会、座谈会，向大学生们敞开心扉，坦言自己的经历，讲述做人的道理。他亲自撰写并演说的“知识与机遇”“挫折与勇气”“困难与自信”“成功与创新”“律己与待人”“知恩与报恩”“信念与理想”“目标与现实”共八个专题，由于思想深刻，内容真实，贴近时代，反映生活，受到了大学生们的热烈欢迎，他们给顾泉雄写下了这样的留言——

“顾老师，您对艺术的执著，对祖国的热爱，对长辈的孝顺，对我们青年一代的关心，以及对人生的感悟，都让我们受益匪浅，除了对您的敬佩，我无话可说！祝福您!”

“顾先生您好！听了您的讲座，我也希望像您一样，扛起振兴民族的旗帜，我坚信自己能做到，希望您作为前辈，也作为朋友，对我多多指教。”

“顾老师您好！我是含着泪听完您讲座的。您是一个好人，龚老师也是一个好人，你们的作为在我的心中刻下了深深的印记，我会永远记住您的教导，做个好人。”

“您的报告会使更多的年轻人能在您身上找到更多的对生命、对人生的启迪。谢谢您。”

……

一行行动情的话语，一句句感人的心声，不仅让我们领悟了当代青年高尚的情操和远大的抱负，看到了伟大祖国更加壮丽美好的前景，还让我们再一次感受到了顾泉雄那颗至诚至善、报国报民的拳拳爱心。

作者：王　森

周伯钦

1935年生，祖籍浙江宁波。中共党员，原为上海市公安局三级警监，《人民警察》杂志社编委、经理。退休后热衷社会和收藏活动，为中国收藏家协会首批会员，上海市收藏协会副会长、《收藏大观》杂志副主编，上海市虹口区收藏学会常务副会长、《民间收藏》报主编。《亚洲火花》《江苏火花》特约编委。办有“周伯钦艺术火花家庭藏馆”。收藏业绩曾入选《中国收藏家辞典》《中国百科专家人物传集》《夕阳最红——100位老年人的精彩故事》等数十种书刊典籍。现为上海百老德育讲师团成员。

周伯钦：小火花蕴藏大世界

故事从香烟壳子开始

周伯钦对绚丽多彩的艺术画面以及各种玲珑精巧的“小玩意”有天生的爱好。他祖籍宁波，幼年跟着做钟表生意的父亲生活在“天津卫”。父亲有抽烟的习惯，常吸“老刀”“美丽”等牌子的香烟，那持刀海盗的剽悍造型，那妩媚香艳的美女娇容，无不让生来就对艺术有偏爱的周伯钦产生一种冲动。于是，他悄悄地把父亲扔掉的香烟空壳捡拾起来，放在书本里压平。后来，他感到父亲抽来抽去只是集中在一两个品牌上，而市场上出售的香烟还有很多品种。为了获取其他品牌，他常在放学之后或是星期天，到劝业场、娘娘宫、法国菜市和海河边上去收集。特别令他兴奋的是一个偶然的机会，他发现父亲抽的香烟里夹有水浒人物108将，他很想将这些绿林英雄一一收集齐全。可是，理想与现实往往是有矛盾的。那张黑旋风李逵的画片，他重复收集到一百多张，而其他英雄却始终不见踪影。为了攒齐全套，他省吃俭用，爸妈给的有限的零用钱，他舍不得花，攒得够买一包香烟的时候，就去买上一包碰碰运气。有时他买到的香烟里夹有自己需要的人物画片，他会眉开眼笑，手舞足蹈；有时运气不佳，连买几盒香烟而所得到的画片都是重复的，他会懊恼好几天。

当然，在这过程中，他也有新的发现，先后在香烟盒里又收集到《红楼梦绣像》《抗战八年胜利史》等新品种。

啊！香烟盒里竟蕴藏着这样一个奇妙的世界。孩提时代的他，从此发现了一座藏宝的龙宫，除了读书之外，他一有空就去遨游，就去探宝。在那里，他领略到许多他人难以体味的乐趣，获取了许多书本以外的知识。

定格在火花上

爱好收藏的人，一般说来兴趣都是比较广泛的。青年时代的周伯钦迷恋过集藏当时东欧社会主义国家的美丽邮票，收集过正在上映的各种电影说明书，有一段时间还热衷于收集刻制精美、富有纪念意义的邮戳，但最终却一心一意“定格”在火花上。

周伯钦潜心收藏火花

那是1960年年初的一天，他坐在办公桌前像往日一样聚精会神地阅览报刊，当他翻阅到《人民日报》时，一篇文章跃入他的眼帘，这便是著名艺术家华君武先生写的一篇题为《小小的火柴贴纸艺术》的文章。他一目十行地读了下去：“四川重庆的木刻家们，今年又做了一件很有意义的事情，他们为重庆市轻工业局火柴厂制作了一套火柴盒贴纸……”印在文章边上的附图是那样的精美别致，让他一见钟情，他兴趣盎然地接着往下读：“内容有抗战时期周恩来同志和中共办事处所在地——红岩村，有新建的长江大桥和碚渝公路，还有一组是以技术革命为题材，表现了工业建设中的工人形象和技术革新的新面目……火柴的用途极广，利用小小的一盒火柴，既能做到政治宣传，又美化了人民的生活，它的意义是很大的……”读着，读着，他的灵感触发了：把火花收集起来，不是跟邮票一样是一个广阔的世界吗？当然，他也估计到收集火花要比收集邮票的难度更高，因为邮票可以在邮局买到，而火花生产源头遍布各地，收集起来难度会很高。但只有经过艰辛劳动而取得的收获，才会使人更加珍惜、更加难忘。于是，他下决心要觅到这套火花。

路途漫漫何处觅？他左思右想，思考了一天一夜，决定先给重庆美术家协会写信。心想既然是重庆美术家的创作，找美术家协会还愁搞不到吗？他绞尽脑汁，咬文嚼字，写了一封意诚心切的长信，寄往雾都重庆。信发出后，他日夜企盼着回音，可是，两个月过去了，杳无音信。周伯钦并不气馁，又提笔写了信。可是依旧没有回音。

是考虑不周，还是做法失当？经过一番思忖，他调整了索要方法，不仅以文字再次表达企盼的迫切心情，还周到地随信附去写就的回信信封，贴上回信用的邮票。

一次又一次的真诚求索，一次又一次的不懈努力，“上帝”终于被感动了。他如愿以偿地得到了木刻家李少言、牛文、李焕民、宋广训等知名画家精美绝伦的版面火花作品。

对于周伯钦来说，这是具有历史意义的探索：让他尝到了收获的甜蜜，让他增添了收藏的信心，更重要的是，让他窥见了一个绚丽多彩的天地，让他发现了一个独具魅力的世界。

他开始向火花这个艺术王国进军了。

于是，他收集到被集花界誉为开创套花先河的北京火柴厂的风景、花卉、禽鸟，获得了以辉煌战绩载入体育史册的第 26 届世乒赛纪念火花……

于是，他集到了仅仅在历史上闪现瞬间的合肥火柴厂生产的建筑、动物、儿童和花灯火花……

于是，他觅到了仅有印样未正式投产的柳州火柴厂的金石篆刻“柳州八景”火花……

于是，他……

“侦察”与收藏

公安人员破案贵在收集一切可供破案的线索。周伯钦把这一职业特点也运用到他的火花收藏上。平日走路别人总是目向前方，而他却喜欢左顾右盼，为他的收藏开展“侦察”，从街头巷尾、车站码头上去发现“线索”；去逛街购物他也不忘到烟杂商店瞥上一眼，找一找有没有新出品的火柴。

有一次，周伯钦在上海的十六铺派出所“蹲点”，夜里巡逻到豫园附近，听到一个小孩边啼哭边喊“妈妈”，他急匆匆地赶了过去，把他抱到派出所。原来，这小孩是从湖北乡下来沪看病，下了船他妈妈去上厕所，从未出过远门的乡下孩子发现妈妈不见了，就东寻西找，所以走散了。整整半天时间，孩子哭肿了眼睛，妈妈跑断了腿，终于在老周的努力下，母子又团聚了，那惊喜和感激的泪水挂在母亲的腮边。

知恩必报是中国人民的民族传统。孩子病愈返乡后，孩子的爸爸趁出差，带了烟酒和当地的土特产来派出所向老周表示感谢。当客人向老周点烟时，手里的火柴盒上的贴花像蝴蝶一样飞入老周视线。面对礼品，看着火柴，他灵机一动，有了：

“师傅，送还迷童是人民警察应该做的。”他热情而礼貌地说，“我们公安机关有纪律，礼品是绝对不能收的。”

“这是我们全家的一点心意嘛!”

“不行,心意我领了。”周伯钦话题一转,“如果一定要送礼品,就请你把刚才点烟用的那盒火柴给我留个纪念吧!”

客人好生奇怪,直挠头皮,照办了。

客人走后,老周拿着火柴盒仔细端详,发现这是新建的武汉黄鹤楼,按经验判断这仅是全套中的一枚,于是按图索骥,觅到了完整的全套。

这虽是发生在警务活动中的小事一桩,但运用“侦察”手段,发现线索,然后锲而不舍跟踪追击,却是周伯钦扩大火花来源的一条重要经验呢!

用火花谱写历史

周伯钦是用自己的心,用火一般的热情,把集花当成事业去追求的。

当我们走进他的火花世界时,他收集的“老花一瞥”“‘文化大革命’拾铁”“名家书画”“文艺百家”“缤纷舞台”“风光揽胜”“外花掠览”等专题,从不同角度揽神州风采、忆历史岁痕、讴古今文化、展文艺多姿。从中,我们不难看出他的艺术情趣,我们不难发现他的内心追求。

他热爱公安工作的特殊感情,同样倾注在火花上。为了显示人民警察的公仆形象,讴歌如鱼似水的警民关系,宣传公安法制,他特意确定了“交通安全”“消防救灾”和“人口普查”作为火花的收集专题。他期待着有一天举办一次有关公安主题的展览,用绚丽多彩的火花,为金色盾牌增添一抹霞光。

1997 年,在中国历史上是值得纪念的一年,这一年,邓小平逝世,香港回归祖国，中共召开十五大，举办第八届全运会等重大时事政治事件相继发生。火花这个特殊的宣传载体曾在历史上记载和反映过民主立宪、民国建立、五四运动、七七事变、大生产运动、“文化大革命”等一系列历史画面。可是，这几年由于市场机制的转换，火柴工业生产不景气，很多火柴厂没有精力投入新火花的设计和制作。而历史又是不可能再回头的，为了不失机遇地抓住时间，老周急广大火花爱好者所急，想广大收藏爱好者所想，东跑西奔，争取支持，他要用苦口婆心去感动“上帝”，他要让火花谱写历史。

周伯钦与他的火花世界

功夫不负有心人，终于一套怀念邓小平的“洒泪寄哀思”纪念火花问世了。集花界的朋友称赞这是继长沙火柴厂出品“毛泽东 100 周年诞辰纪念火花”之后的又一重大选题，表达了全国人民和广大集花爱好者的一份心愿。

紧接着，老周又策划了庆祝十五大胜利召开的纪念火花：“各族人民心向党”，把党的重要活动推上火花画面在历史上尚属首创。此后，又推出“八运会”套花，同样富有历史意义和收藏价值。

在火花市场濒临困境的状态下，为了不让世界公认的收藏王国的四大支柱之一的火花被排挤出历史舞台，他四处寻找支持，并以尚不富足的个人经济支撑起一片天地。真是甘苦说不尽，艰辛诉不完。

但周伯钦无怨无悔，因为他做的是一件会被历史铭记的事情。

难忘的自我纪念

周伯钦以“衣带渐宽终不悔”的精神从事火花收藏事业。在藏友和家人支持下，一座凝聚他辛勤汗水和不懈追求的“周伯钦艺术火花收藏馆”破土而出。

为了自我纪念，他选择了60岁生日那天揭牌开馆。

那天，上海城市建设学院的贵宾厅里，宾客如潮，一片欢声笑语。

上海中国画院副院长、著名的金石篆刻家韩天衡题写的馆牌，金底黑字，熠熠闪光。

中共上海市委副书记王力平亲笔书赠的“百花成蜜”条幅，以花和蜜的喻义，表达组织的肯定和鼓励。

周伯钦(右一)向观众介绍火花藏品

还有市委常委、市公安局局长朱达人，上海市最高检察院检察长倪鸿福，上海市高级法院院长胡瑞邦，以及市委原领导老同志夏征农、杨堤、陈沂；文学艺术界知名人士叶辛、沈柔坚、孙道临、仲星火等题赠的书画墨宝挂满四周墙壁，好不喜气洋洋，满壁生辉。

此时此刻的周伯钦，内心的激动难以自抑。是啊，如果没有组织的关怀，没有个人的顽强意志，没有苦苦的求索精神，没有家庭的充分理解,没有藏友的全力支持,是万万不会有今天的。的确,这一天来之不易啊！所以他备感荣耀,备感亲切,倍加珍惜!

孕育在收藏之中的奇情妙趣是只能意会不能言传的。正如一位作家所说:“收藏,收藏了文化和知识,收藏了记忆和历史,收藏了物质和财富,收藏了美好和心情,收藏了真情和生命。知识在收藏中积累,灵感在收藏中触发,历史在收藏中沉淀,人生在收藏中感悟,生命在收藏中升华。”

作者:乔忠芳

让你的青春年华闪耀太阳的光辉

蓝翔

蓝翔

1930年7月生于江苏省徐州市。1949年参军、1950年参加抗美援朝，离休干部。作家、民俗学者、收藏家，上海百老德育讲师团成员。主集古筷，创办了我国独一无二的上海民间筷箸博物馆，现馆藏古今中外筷箸2 000多双。撰写了箸文化专著《筷子古今谈》，并获中国民间文艺家协会优秀作品山花奖。第二大收藏为奥运会吉祥物。第三大收藏为抗美援朝战利品、纪念品200多件。

他还写作出版了《上海滩大亨传奇》《中国老360行》《收藏史》等21部著作。

蓝翔:筷子王

一双雕花骨筷,两根筷子拼起来,正好是一幅彩色黛玉葬花图。绘“影”绘“形”,惟妙惟肖。“花钿显现多娇态,绣带飘摇迥绝尘。满含愁处樱桃绽,缓步行时兰麝喷。”诗画交融,使人赞叹不已。这是笔者在中国第一家家庭藏筷馆所见。

这家颇有名气的家庭藏筷馆——“上海民间筷箸博物馆”开设在虹口区多伦路文化街,馆主是上海百老德育讲师团成员、离休干部蓝翔先生。沿马路的玻璃展柜里整齐地放着古朴典雅、精美多姿的陶、瓷、砖、竹各种筷笼。笼内插着古今中外的各式名筷:“龙凤御菜箸”“景泰蓝骨筷”“鲸鱼骨筷”“北京宝石筷”“万年象牙筷”,还有数百年前的“象牙牛角套筷”,内藏牙签的明末清初“空心银筷”“虬角筷”,清代闪光的“雕花银筷”“古铜筷”,绿松象牙镶嵌的“鸳鸯对筷”等1 800多双,千姿百态、妙趣横生。另外还有瓷、陶、砖、竹民间筷笼、筷枕、筷盒、匙勺、碗碟等计400多件,其中不乏珍品。最早的一副明代镂空菊花砖筷笼,距今已有340余年历史。两鬓如银的蓝翔热情地向参观者介绍了筷子的来历和收藏。

筷子早在春秋战国时代就有了。相传公元4世纪到6世纪,筷子从中国经朝鲜半岛传入日本,以后又传入东南亚等国家。

古今中外,收藏研究筷子的并不多,在国内,蓝翔是屈指可数的藏家。促使他收藏筷子的缘由还有一段故事。“文化大革命”期间,蓝翔被打成文艺黑线人物，送去劳动。有一次，他看见“牛棚”里被隔离审查的一位老教授蹲在地上，用舌头舔饭吃，原来是造反派捉弄老教授，送饭时不给筷子。这件事深深地触动了蓝翔：筷子多么重要，没有筷子会给生活带来多大困难，于是他将一双竹筷削短暗藏在身。从此，蓝翔萌发了收藏筷子的念头。

1972 年，尼克松首次访华，在国宴上，他好奇地用中国筷进餐。餐毕，一名加拿大记者飞快地把尼克松刚放下的筷子抢走了。后来据说有位美国筷子收藏家愿出 2 000 美元要求转让，这件事又触动了蓝翔。中国是筷子的发源地，现在连美国人都在收藏筷子，这更坚定了他收集筷子的决心。

蓝翔指着一双“济公佛筷”说：“20 多年前，我去吴淞郊区看望朋友，见到一位 80 多岁的老太太吃饭时用的筷子与众不同，它有小指那般粗。一打听，原来那是老太太年轻时到杭州灵隐寺朝拜进香时的纪念品，叫‘济公佛筷’。50 年过去了，筷上的花纹磨光了，筷上雕刻的济公和尚还笑容满面，栩栩如生，‘济公佛筷’4 个字也清清楚楚。我是搞民俗研究的，这筷子引起了我的兴趣，于是我用一打新筷换了这双‘济公佛筷’。从此，我与筷子结下了不解之缘。几十年如一日，不论外出省亲访友，还是出差旅游，从不放弃收集筷子。”

蓝翔还介绍了少林寺的象牙筷，四川武侯祠的狮头竹筷，成都望江楼的烙花筷，武汉黄鹤楼的贴花筷，河南的楠木筷，云南西双版纳的牛角筷……一双双筷子闪耀着各地的民俗文化。正像蓝翔在一首诗里所描述的：“伴随古箸十余载，方悟奇巧始藏爱。玩味深研创华夏，尝论小楼筷乐斋。”

蓝翔藏筷的成功，同家人的支持也是分不开的。他走遍了大半个中国，花尽了所有积蓄，老伴儿从未有过半句怨言。他指着“寿比南山”

的红木筷笑着说："这是儿子拜寿时送的。"他指着人民大会堂纪念筷和红木不锈钢镶拼筷说："这是当年毛脚女婿从北京带来的。"他指着另外两双日本筷说："这是大女婿特地从香港捎来的。"在全家的支持下，中国第一家家庭藏筷馆在1988年夏正式对外免费开放，1999年又从永寿路迁入多伦路文化街。

蓝翔向人们津津乐道筷子的趣闻：西汉张良借箸帮刘邦策划战局；《红楼梦》中王熙凤用四棱象牙镶金筷夹蛋戏弄刘姥姥；阿昌族让新郎用特长树枝筷子夹豆腐细粉等食物，比喻美满姻缘来之不易；蒙古族以跳筷子舞作为莫大的快乐；日本家庭用筷大多上漆，常用的"夫妻筷"，丈夫用的筷比妻子用的筷长一寸，以示男人地位比女人要高。日本人每年8月4日定为"筷子节"，这一天日本人都要热闹地庆祝，以感激筷子一日三餐不辞辛苦地为人服务……蓝翔又指着一双清代银筷，筷子顶部有一条链子串着，筷钮可旋开，筷中一根藏牙签，一根藏挖牙勺。蓝翔告诉我，这是吃蟹的好工具。蓝老还从描屉里抽出一支铁筷，长达1米多。他说："这支铁筷是出土文物，相传有100多年历史，是徐州矿区粮管所钱立志同志寄来的。"接着蓝翔又讲起铁筷的故事。

铁筷作为练身和打仗的武器古今中外有之。清代湘西有位老道人练有筷子功，可以用铁筷夹苍蝇。我国历史上用筷子习武者大有人在。相传汉朝武将巨龙霸，为显示他力大无比，一日三餐皆以两三斤重的铁筷进餐。明末湖南一位抗清英雄，他使用的武器，不是刀枪，而是一副长铁筷。舞动铁筷，银光闪耀，时而像狂风卷落叶，时而似暴雨劈头浇，时而又似雄鹰直上云霄，真是"矫若游龙，宛若惊鸿"，人称"筷子王"。

上海民间筷箸博物馆现藏有古今中外筷箸2 000多双，已接待了美、韩、日、泰、俄、新加坡、埃及等国一批又一批外宾，国内参观者更多。藏筷馆真是一个"筷子世界"，让人流连忘返。

蓝翔以藏筷为乐,这小小的藏筷馆花去了他30年心血,今天终于赢来了四方的赞誉:当年84岁的老书法家曹慕园先生题一幅横匾“藏筷成家”,著名电影艺术家谢添题词“筷迷快乐”,著名作家、中国民间文艺家协会主席冯骥才题写“莫道筷箸小,日日伴君餐千年,甘苦大都在双筷间”,陕西省文史馆馆长杨玉才题词“中国筷文化的开拓者”,这些题词都一一挂在展览厅里,在灯光下熠熠生辉。

作者:戚泉木

60年收藏，追梦留痕。

邵根才

1939 年生于上海南汇。1958 年 12 月参军；1963 年 10 月转业到贵州；1985 年 7 月调上海奉贤工作。1961 年 9 月加入中国共产党，2008 年加入上海百老德育讲师团。在部队荣立二等功 1 次、三等功 5 次，授予南京军区“五好战士”称号；1964 年 10 月赴北京参加全国地质系统先进巡回报告团；1965 年荣获“贵州省五好青年”“贵州省青年社会主义建设积极分子”称号；1997 年获上海市社会治安综合治理先进个人等多种荣誉。2011 年被中国收藏家协会授予“优秀票证收藏家”称号；2013 年被评为上海市“百名市民收藏家”；2016 年被国家新闻出版广电总局授予第二届全国“书香之家”称号；同年荣获“上海市爱国拥军模范”“2015‘中国双拥’年度人物提名奖”“上海市五好文明家庭标兵户”等。2014 年 3 月，《50 年收藏写人生》传记被收录进央视华人频道“华人收藏”栏目，2016 年被列入奉贤区档案馆名人档案名录。

著作有《生命的火花》《邮电往事》《我的收藏人生》《奉贤票证收藏》《奉贤票证故事》《收藏西渡》《追梦留痕——我的 60 年收藏之路》等 8 部。

邵根才:60 年收藏写人生

老票证、旧糖纸、空酒瓶、冷饮包装……4 万余件藏品展现百姓生活变迁,创下 6 项大世界基尼斯纪录。

你知道中华老字号鼎丰酿造厂曾经在 20 世纪 80 年代生产过雪糕、冰砖吗?你见到过改革开放以后第一批在包装上印有“发财”字样的糖纸吗?你还记得 40 年前一上架就会被抢购一空的上海牌手表是什么样吗?78 岁的奉贤老人邵根才投身收藏 60 年,不收藏价值连城的古玩字画,专收被人弃之不要的“无用之物”,其中的 8 000 余件藏品还被制作成 68 卷“民生档案”,犹如一部浓缩的百姓生活变迁史。

军旅路上萌生收藏情怀

鼎丰牌的中冰砖、葡萄味的果仁冰淇淋、大棒冰、夹心雪糕……20 世纪 80 年代,这些都曾是上海人夏天的“心头好”,如今再看到熟悉的包装,会不会勾起你美好的回忆?这些天来,家住奉贤南桥老街的七旬老人邵根才收藏的鼎丰牌冷饮的包装,和被誉为“奉贤小茅台”的上海神仙酒厂曾经推出过的一套“八仙过海”系列酒瓶,成了小区居民津津乐道的话题。

“我是参军以后才开始逐渐走上收藏这条路的。”19 岁那年,邵根才离开家乡成了一名年轻战士,某个休息日,他随战友来到驻地所在的小县城购物，各式精美的贺年片、书签、年历片一下子吸引住了他的目光。邵根才笑着说："我从小就是个农村放牛娃，从没去过繁华的地方，没见到过那么多好看的东西。这次一看，喜欢得不得了，就买了一些自己收着，这就算是我收藏的启蒙吧！"

1964年，邵根才参加全国地质系统先进巡回报告团，在北京参观了军事博物馆和历史博物馆，在山西、吉林参观了刘胡兰和杨靖宇烈士纪念馆。那时他才意识到，很多东西是具有历史价值的，同时萌生了"我也要搜集很多东西，以后捐给全国各地博物馆"的念头，从此，邵根才的收藏之旅才真正开始。

"无用之物"被他视为宝

如数家珍

和其他收藏家不同，邵根才不收字画、不收古玩，只收集粮油布票、水电煤收据、商品发票和标签、往来书信、各类会议出席证等被很多人随手卖到废品回收站的"无用之物"。但邵根才却觉得，这些"废品"中蕴藏着大世界，从中可以窥见半个世纪以来的时代变迁。"比如说这张广西柳州市糖果一厂的糖果包装，这是在十一届三中全会以后，在当地最早出现的一批在外包装上堂堂正正印上'发财'二字的商品，而在这之前，是不可想象的。"

邵根才认为,一枚票证、一张老照片、一本日记、一首歌词、一张合同甚至黄浦江的渡票,还有公用电话亭的牌子、老虎灶的筹子,都是能反映百姓生活变迁和城市发展轨迹的民间历史记录,“这就是我喜欢收集的民生”。

这样的收藏,一收就是 60 年,也为邵根才收来了 6 个大世界基尼斯之最,其中包括一张上海市最小面额票:二钱半粮票。“二钱半能买多少米? 答案是 630 粒米。”邵根才介绍说,这是 1963 年上海市专为食品商店找零而发行的粮票,就算只有那么一小把粮,也不能胡乱抹零,所以就出现了这样“锱铢必较”的“找零券”,这就是那个时代的民生缩影。

最自豪的不是“藏”而是“捐”

据粗略统计,60 年来,邵根才收藏的各式票证、物品(件)已有 4 万余张(件),其中,有自家购买、使用过的 6 英寸黑白电视机、唱片机,也有委托朋友外出旅游时保存下来的各地景点门票,还有他骑着摩托车跑农场、访老宅收来的各类票券等。

作为土生土长的奉贤本地人,他还热衷于收藏家乡的“旧东西”,围绕政治生活、农事生产、生活票证、消费发票、教育事业、文化生活、卫生体育、结婚证书、景点门票、产品标签等 10 个方面,整理归纳出了 68 部奉贤民生档案。两年前,邵根才向奉贤区档案馆捐赠了大量藏品,其中包括一套他在 7 年前花了 8 000 元收购来的奉贤人民公社时期的木质印章。如今,在区档案馆里,就有一个以他命名的收藏馆,吸引了不少居民前往寻觅旧迹。

“我搞收藏,不为赚钱,只为了给历史留下点痕迹,如果只是自己藏

向学生们讲解收藏品

着看，毫无意义。”邵根才始终不忘自己收藏的初心——向全国各地的博物馆进行捐赠。从2003年起，他已向全国各地的94个纪念馆、34个档案馆、34个博物馆、82个图书馆和党史研究室等251个单位无偿捐赠8 500多件极具史料价值的藏品，其中1958年北京45个景点的老照片被中央档案馆收藏。“我一不要钱，二不要名，只求对方给我一张捐赠证书，证明我做过这件事，这就够了。”邵根才如是说。

邵根才曾经总结过自己的收藏生涯，一共做了5件事，包括收集到了3万余件票证、义务举办了50余次个人收藏展等，但最令他自豪的就是不间断地捐赠，因为这是一件“最有意义的事”。

选自《上海老年报》

作者：吴汝琴　程　峰

第六篇：放声高歌艳阳天

虽是久负盛名的明星，蜚声中外的艺术大师，他们不被尘染，德艺双馨，坚持“群众的掌声是最好的回报”。他们在艺术的殿堂刻苦钻研，精心打磨，为人民群众带来无数的艺术盛宴。时代在变，初心不改，老艺术家们与祖国共成长，用自己的艺术人生为党旗增光添彩。

弘扬民族文化
青年任重道远
尚长荣

尚长荣

1940年生于河北南宫。原名尚叔欣，京剧大师尚小云之子。现任中国剧协主席、上海剧协主席。尚长荣5岁登台，受业于侯喜瑞等京剧名家，扎实地继承了京剧花脸艺术“唱念做打”的各项技艺，深得“发于内而形于外”的表演精髓。他艺术眼界开阔，不拘门户之见，立意高远地追求“性格化”的表演艺术。所塑造的人物或大气磅礴，或质朴雄浑，张弛有度，激情四溢。他是戏剧界第一个中国戏剧“梅花大奖”获得者，是活跃于当今京剧舞台上最具创作力的京剧表演艺术家，为弘扬和继承京剧艺术作出了突出的贡献。现为上海百老德育讲师团名誉团长。

尚长荣：花脸人生

尚长荣在《廉吏于成龙》中饰演于成龙

提起尚长荣的名字，人们的眼前立刻会浮现出一个个声如洪钟、艺惊四座的京剧花脸形象。他曾因主演《张飞敬贤》和《曹操与杨修》，被观众誉为“荧屏俊张飞，台上活曹操”；随后又在《贞观盛事》和《廉吏于成龙》中，成功地塑造了刚正不阿、忠谏不止的忠臣魏征和“天下第一清官”于成龙，从而成为当今国内最负盛名的京剧花脸，荣获国家戏剧“梅花大奖”第一人。

常言说，外行看热闹，内行看门道。戏曲角色行当分为生、旦、净、末、丑，性格刚烈或粗暴的男性人物统称“净”，俗称花脸。根据演员的不同表演风格，京剧花脸素有铜锤花脸和架子花脸之说法。铜锤花脸以唱功见长，架子花脸精于做功，而尚长荣则能兼容并蓄，融会贯通，将“铜锤”“架子”两门一起“抱”，由此赢得了“架子花脸铜锤唱”与“铜锤花脸架子功”的美誉。

说起来容易做起来难。这可是几十年的汗水几十年的真功夫呐！所谓“台上一分钟，台下十年功”，一点不假。

5 岁 登 台

尚长荣出身京剧世家。他的父亲就是当年誉满中华的“四大名旦”之一尚小云。排行老三的尚长荣，还在孩提时代，他的哥哥尚长春和尚长麟就已经在菊坛中小有名气。小长荣从小爱看戏，无论文戏武戏都爱看，看着哥哥们习艺练唱，小长荣在旁也禁不住跟着张口伸腿学练起来。

那是 1945 年的腊月。过去唱戏有个不成文的规矩，每年农历腊月二十三，戏班子演出的最后一场戏，叫作“封箱戏”。演完这场戏，服装、道具全装进箱子，贴上封条，叫作“封箱”大吉。然后各自回家过年，等到大年初一开张大吉。每个演员都很看重这场“封箱戏”，除了图个吉利，也把它看成是对自己一年中辛勤劳动的一个总结，对观众的一个交代。因此戏班子里每个演员都恨不得使出浑身解数，捧出自己最拿手的绝活来“封箱”。

这一年尚家班的“封箱戏”是尚小云亲自选定的“四郎探母”。这是一出传统大戏，无论唱功做功，难度都极大。尚小云与五弟——尚长荣的五叔、著名的小生尚富霞商量了一下，把小长荣叫到面前，对他说：“长荣，你来演杨宗保，敢不敢？”

人小胆大的尚长荣一听，又惊又喜。这分明是父亲给自己的一个考验，要想学艺都得过这一关，两个哥哥都是 5 岁上的台。上就上呗，有什么敢不敢的！小长荣对自己，也对父亲和五叔说。

就这样，刚满 5 岁的尚长荣第一次登台演出。不过这次他演的不是花脸，而是“娃娃生”。穿上为他特制的小箭衣，套上为他特制的小虎头鞋，手上执着一根特制的小马鞭，你瞧，好神气哇，还真像个小英雄呢！父亲怕他会怯场，到了场上一害怕往回跑，在他“巡营”出场时特地给他加了四个大铠随从，为他壮胆。一个5岁的孩子领着四个大铠上场，小长荣的个头只够他们的身腰那么高，一亮相，便赢得了台下观众的一片掌声和笑声。

进得营帐，唱罢“五步且把宝帐进，见了父帅说分明”，还算字正腔圆，但等到让他一旁坐下时，却犯了难，人和板凳一般高，无论怎么提起脚尖抬高屁股，也无法够到那个板凳，幸好一个检场师傅在旁帮他一把，将他抱了上去，才算坐下。顿时台下又是笑得前仰后合，争先恐后地朝台上扔糖果。

卸了妆，尚小云看着一脸俊秀的三小子，越看越喜欢。心里想：这小子有天赋，子承父业有希望！

花脸人生

然而，也许是命中注定，小长荣长到10岁，竟长成了一张国字脸，不仅虎头虎脑，而且越长越见虎气。那年，他随父亲率领的“尚小云剧团”在青岛的永安大戏院演出，尚小云的弟子、著名旦角吴素秋当时正居住在青岛，她来看望老师，见到小长荣，拉住他端详了半天，突然冒出一句话来：“师傅，依我看，三弟是块唱花脸的好料子，日后准能把铜锤花脸和架子花脸两门抱！”

正是这句话，改变了尚长荣的舞台人生。实际上，尚长荣早就喜欢上了花脸这角色。3年前，尚长荣在天津见过人称“活霸王”的花脸大师金少山，并看过他演出的《连环套》。金少山人高马大，嗓音特别洪亮,那时候虽没有麦克风,他照样唱声震天响,他在台上唱戏,戏院外走过的路人都会驻足倾听,连拉黄包车的也会止步停下来;做功更不用说,活似项羽再世,霸气十足,梅兰芳每次演出《霸王别姬》,霸王自然非金少山莫属。"活霸王金少山"因此出了名,同行都喊他"三大爷"。尚小云心想:戏能唱到三大爷那份上也算到顶了。小长荣在暗自较劲:有一天我真能学到"活霸王金少山"那功夫,这辈子也算没有白活了!

就这样,10 岁的尚长荣在青岛正式拜花脸名家陈富瑞为师。因为心中有一个目标,尚长荣的学习特别用功。几十年后功成名就的尚长荣在总结自己的艺术生涯时,用了 5 个字来形容自己对待传统精髓的态度。

这 5 个字就是:"死学而用活。"

何谓"死学而用活"?用尚长荣的话说:"死学,不是学死,而是真心实意地学;用活,就是把传统程式应用到角色塑造中去,激活人物。"

传统艺术是在传统的基础上发展前进的,一个艺术家要想在艺术道路上获得成功,就得认真学习传统、保护传统,只有勤奋好学,才能达到功底深厚,才有可能做到在刻意创新的道路上运用自如。尚长荣说得好:"京剧的发展就是顺天应时,根据观众的审美需求,不断地去粗存精。只要我们精排、精演、出精品,就不怕观众不来;只要观众看了京剧,我们就有办法让他们爱上京剧。但要做到这一点,必须确保京剧的'精',要保证演出质量,这也就要求我

尚长荣生活照

们戏曲演员在‘四功五法’上下功夫，对于传统技法来不得半点马虎，唱念做打一样不能少。”

尚长荣是这样说的，也是这样做的，他在将陈富瑞师傅所教的一招一式，一板一眼地学到手之后，广采博览，将金少山、裘盛戎、郝寿臣、侯喜瑞、袁世海等前辈花脸名家的艺术融会贯通，化为己有，终于独辟蹊径，把“铜锤花脸”和“架子花脸”的长处兼优并举，有机地糅合在一起，并努力做到唱做结合、歌舞结合，逐步形成了他独有的“架子花脸铜锤唱”与“铜锤花脸架子功”的艺术风格。

尚长荣在新编历史京剧《曹操与杨修》中饰演曹操

数十年间，尚长荣在京剧舞台上塑造了一个又一个鲜活形象，得到一致的好评。评论家们说：他在唱念的音量、音色上，高低收放、粗细刚柔上，同传统的规范相比有很大的反差；他在做工身段上，于注意工架的洗练、凝重、边式的同时，又透着浓厚的生活气息；他在体验与表演、程式与生活、传统与现代等等的对立统一上，运用自如。他不愧为当代一位杰出的表演艺术家。

“文化大革命”中，中国960多万平方公里的土地上只有8台“样板戏”在翻来覆去地演出，所有传统艺术传统剧目一律被赶下了舞台。尚长荣被剥夺了上台演出的资格，成了一名拉大幕的工人。在别人看来，正当年富力强、满怀壮志的尚长荣有理由窝着一肚子的冤屈，可是他却没有这么想。拉大幕就拉大幕，这是多好的机会哟！每回演出不就可以正大光明地躲在大幕后面，以最近的距离去观摩、赏析每个演员的每一个动作、每一句唱腔了吗？

你瞧，这就是尚长荣。他把拉大幕看成了是自己最好的学习机会！

尚长荣与戏迷们在一起

每一个成功的人都一定有他成功的秘诀。这就是尚长荣的成功秘诀。

学戏先学做人。只有矢志不渝，不断取他人之所长，补自己之不足，“勤奋持恒，努力创新”，才能达到光辉的顶峰。

作者：郑开慧

青年朋友们

让我们以饱满的热情迎接美好的未来，用辛勤的心血和汗水浇灌我们的戏剧花苑

筱文艳

筱文艳

原名张士勤，1922 年生于江苏淮安。16 岁登台演出。她博采众腔，创造了淮剧中善于表达情感的腔——“自由调”，被观众称之为“筱文艳调”。经过筱文艳和其他淮剧艺人的共同努力，淮剧终于在大上海的梨园立住脚跟，并一度和京剧、越剧、沪剧一起成为上海舞台的四大剧种。筱文艳同志是上海百老德育讲师团成员。

筱文艳:一生钟情是淮剧

在旧社会,唱戏的被人看不起,尤其是唱江北戏的人,常被称作“戏花子”,意思是靠唱戏讨钱的乞丐。这是因为在旧社会,江北常年闹灾荒,老百姓很穷,为了活命,逃荒出来谋生,就被人看不起。

1949 年前的上海,有不少从苏北逃荒出来的人,由于文化程度不高,谋职困难,多靠卖苦力为生,生活在社会底层。但苏北人也有自己的文化生活,江北戏(后统称淮剧)就是他们的至爱。劳累一天,听听家乡戏,也是一种放松,一种享受。所以当时就有了不少演江北戏的小戏班。其中不少戏班没有固定的剧场演出,只能在街上、桥头站着清唱,靠过路的观众随意扔几个钱。

令人意想不到的是,这个为底层劳苦大众演出的淮剧,发展到 1949 年后,竟成为上海戏剧舞台上的“四大金刚”之一。这是由于淮剧艺人的共同努力,而他们的领军人就是筱文艳。

苦难的童年

筱文艳小名叫小喜子,1927 年,年仅 5 岁的她随父母逃荒来到上海。不久,因父母患病生活困难,就把她卖给了在上海民乐戏院当监票员的张少卿当养女。

张家自己没有孩子,对小喜子很喜爱,到了上学的年龄送她上学读书，报名时老师替她取了个学名叫张士勤。但平日大家还是叫她小喜子。

小喜子生得眉清目秀，小巧玲珑，又天生聪慧肯吃苦耐劳。她每天放学后，都会到养父工作的剧场去帮着干点杂活，趁机站在舞台侧幕后面看演出。久而久之，她和戏班里的演员熟悉起来。她常常偷偷模仿演员的表演、唱腔，渐渐地喜欢上了淮剧艺术。

筱文艳在纪念淮剧进上海100周年晚会上

不幸的是，这样的日子只过了几年，她的养父母相继病逝，她被转给民乐戏院的股东刘老板家抵债。名义上是当养女，实际上是做丫头，每天干粗活，听使唤，挨骂无人劝，挨打无人拉，日子过得很苦。但小喜子一听见剧场里传出的锣鼓声，一看到艺人们的演出，她就忘了苦难，脸上有了笑容。她常常在干完粗活后，到戏院为演员们跑跑腿，买买香烟、肥皂，看演员练功，自己偷偷模仿。

有一天早晨，小喜子天刚亮就跑到弄堂空地上去练“扑虎”功，由于她不掌握窍门，单靠模仿，跳起来往下一扑，把下巴和鼻子都碰破了，血流满面。正好老艺人陈伯泰走过，看见了，忙把小喜子扶起来，替她揩去血迹，还向她讲了“扑虎”功的要领，又作了示范动作给她看，让小喜子感激不尽，苦苦哀求拜陈伯泰为师。陈伯泰见她小小年纪，如此努力，便答应收她为徒。当天就教小喜子学了一出“刘秀抢板”的“三小戏”（即由三个小演员演的戏）。没想到小喜子很快就能背出台词，连做功也基本掌握了。从此小喜子学戏由“地下”变成公开了。

终于登上戏台

不久，一个机会来了。

观众提出想要看一出“李翠莲”的戏。但戏里有个叫“刘聚宝”的娃娃角色，戏班里没有人饰演。陈伯泰提出，可以让小喜子上台顶一顶，她能唱。

确实，除了小喜子外，戏班子里找不到娃娃演员了，班主拍了板：就让她试试吧！

小喜子过去偷听、偷学过这出戏，戏里的台词她能背得出。能上台演出是她梦寐以求的事，当然高兴。上台前陈老师又在念白、动作方面对她加以指点，她一上台就把刘聚宝的聪慧孝顺形象演得活灵活现，念唱吐字清楚，唱腔有板有眼，连台步也走得像模像样，首次登台就获得成功。

从此以后，小喜子经常上舞台跑龙套，顶角色，无论是扮宫女，当打旗兵，她都认认真真。她把舞台当作自己学习的课堂，在台上能更清楚地看到名角的唱念做表一招一式，受益匪浅。

虽然陈老师不久离开了戏班，可小喜子学戏的决心不减。靠她的好学精神和韧劲，打动了不少艺人，不管是徽剧、京剧、昆曲，还是梆子戏班到剧场来演出，小喜子都恭恭敬敬真心实意向他们求教，从各种剧种博采众长，融会贯通，慢慢形成了自己的表演风格。她终于可以在台上饰演重要角色了，她的名字也开始写上了节目牌。

筱文艳与“自由调”

1936年小喜子14岁那年，有一位前辈演员到剧场来排戏，看到节目牌上写着小喜子的名字，他说，这名字不大气，最好取个艺名，从前有个京戏名角叫张文艳，你人小就叫筱(小)文艳吧！准保你以后也会成名。

这位前辈的话果然应验了，筱文艳的名字写上节目牌后，被越来越多的观众记住。筱文艳主演的文武青衣花旦，吐词清楚，字正腔圆，声音圆润婉转，表演婀娜多姿，深得观众喜爱。1940 年筱文艳 18 岁时，在《白蛇传》中饰演白娘子，在《女审》中饰演秦香莲，把女性的温情、痴情、刚毅表现得入木三分，博得满场观众的掌声，她成了淮剧舞台上一颗耀眼的新星，红极一时。成了名角，筱文艳并没有就此止步。大约 20 世纪三四十年代，上海梨园界为了生存，互相展开了激烈的竞争。淮剧这一由苏北乡间“流窜”进大上海的小戏自然难以应付许多较强的对手。这时已经在上海淮剧班子里挑大梁的筱文艳面临两种抉择：要么大胆创新，让淮剧在竞争中得到发展，在大上海站稳脚跟；要么甘拜下风，卖行头散班子。筱文艳为了淮剧艺术，毅然选择了前者。

当时淮剧风行的主要是“拉调”。这种声调除了一快一慢的节奏变化外，中间的叠词在演唱时几乎没有什么变化。这就使“拉调”在表达人物感情、刻画人物性格方面受到了一定的限制。此外，一个如此大的剧种主要靠这一个当家曲调贯唱始终，观众也难免有心烦耳厌之感。筱文艳经过反复琢磨，就在原来慢速拉调的基础上把开头句适当加快，再把中间的平句加上花音，并根据具体剧情，随时改变每句每字的落音，唱出了灵活、花哨的青腔。当她把改革后的“新拉调”在舞台上试唱时，获得了台下的满堂喝彩声。

对拉调改革的成功增强了筱文艳大规模改革淮剧曲调的信心，激起了她更大的创作热情。经与乐师们研究，她又针对角色的实际需要进行伴奏方面的改革：有的需要刻画人物的内心世界，就采用长过门起板或长过门走圆场；有的大场面戏，就配之以紧锣密鼓；有的剧情突变，就只用短过门一带而过等。经过这些改革，演员在台上可以根据剧情，该唱就唱,该收就收,戏也就好做多了。后来,筱文艳在与筱云龙搭档演戏时,又首次采取了角色分腔的表演方法,这在淮剧史上又是一个开创性的改革。接着,她又演唱出行腔轻松、变化自如的十多种曲调,亦即现在淮剧观众们所熟悉的自由调,使广大淮剧观众大饱耳福。

筱文艳用“自由调”演唱的祝英台,准确、完美地表现出祝英台气恨交加,情爱难舍的思想感情,使观众受到极大的震撼。

此后,“自由调”不断在实践中经过更多演员加以丰富,得到发展。1949 年后,由筱文艳首创的“自由调”已经成为淮剧的三大基本调之一。

从共和班到国营剧团

筱文艳处处为淮剧的发展着想,在 1949 年前淮剧演出不景气的情况下,她和很多有志于淮剧艺术的老艺人一起组成了淮剧历史上第一个共和班,自己当老板,用拆账分配的方法,维持演员生活和剧场开支,使艺人们无后顾之忧地专心演出。

1949 年后,淮剧艺人的地位提高了,大家心情舒畅有强烈的翻身感,淮剧艺人的几个剧团联合成立了民营的联谊剧团,带头排演新戏。

筱文艳在《白毛女》一剧中饰演白毛女,她结合自己的身世,充分运用淮剧曲调丰满的特点,声情并茂、淋漓尽致地表现出喜儿的喜怒哀乐,得到观众经久不息的掌声。此后,他们团经常排传统戏和新戏下厂下乡去部队慰问演出,影响很广。由于她和淮剧艺人们的共同努力,淮剧和京剧、沪剧、越剧一起,成为上海戏剧舞台上的“四大金刚”。

解放初期,在首都北京举办了首次全国戏剧会演。筱文艳应邀率团赴京参加会演。在几百名进京演员中,筱文艳获得了演出一等奖。他们带去的会演剧目《蓝桥会》也在参演的数十个剧目中荣获二等奖。

筱文艳在讲授表演艺术

1953年，经筱文艳积极争取，上海淮剧历史上第一个国营剧团——上海人民淮剧团诞生了，筱文艳担任了团长。当天下午，她把自己多年来的积蓄和戏服、头面等财物全部捐给了上海人民淮剧团。

她爱团如家，把自己的全部精力都投入到淮剧事业上，一直干到1986年，64岁的筱文艳退居二线任名誉团长。

筱文艳得到的奖励很多，上海及全国不少先进工作者代表大会上都有她的身影。1959年4月她还被选为全国第三届政协委员，与许多名人贤士共商国是，让她最难忘的是一次在北京开会期间受邀到周总理家中作客。

在这么多荣誉面前，筱文艳一直保持谦虚本色，仍以一名淮剧演员的面目活跃在舞台上，可以说她这一生是和舞台、观众连在一起的。

岁月不居，韶光易逝。筱文艳退居二线不再上舞台，可是她对淮剧的热爱丝毫不减当年。她把精力放在培养年轻人身上，剧团排新戏她去看，提意见、作示范，业余爱好的青年请她，她不辞辛劳精心辅导。有人劝她，别对淮剧太多情了。她笑笑：多情总比无情好呀！

确实如此，筱文艳在传承和发展淮剧艺术上所作出的不同寻常的奉献，是源于她对淮剧情有独钟。她在中国淮剧史上留下了光辉的一页。

作者：孙　毅

維音聲先
傳承啟後
陸春齡
時年八十有七
丁亥年金秋

陆春龄

1921年生于上海。上海音乐学院教授，中国笛子泰斗。自20世纪50年代起，当选为全国第三届人大代表，全国第五、六届政协委员和上海市第三、四、五届人大代表。20世纪60年代全国劳动模范。获中华人民共和国国务院颁发的突出证书及享有国务院特殊津贴。现为上海百老德育讲师团成员。

陆春龄：笛王神韵

陆春龄持笛照

2007 年春日。

申城春和景明。上海音乐学院贺绿汀音乐厅和上海世纪公园展示大厅，高高地竖立着巨幅屏幕广告，隆重庆祝笛子泰斗、一代宗师陆春龄教授从艺 80 周年。在这里驻足观赏、留影的人们一拨未去，一拨又来。

陆春龄 7 岁从艺，80 年如一日，至今仍然身背笛包，风尘仆仆地活跃在国内外的音乐舞台上，为不同肤色的人们演奏。他非凡的笛声倾倒了领袖人物和普通百姓，创造了中外音乐史上个人演奏生命的奇迹，人们亲切地称他“笛王”。

生命不息　笛声不止

人为什么活着，人的一生又是怎样度过的？陆春龄爷爷告诉我们，这就是：“生命不息，笛声不止，要为人民吐尽丝。”

1921年,陆春龄出生在上海西区徐家塘一个穷苦的工人家庭。家境的贫困使他过早地承担起生活的压力。他当过司机,蹬过三轮,做过车工,在马路上敲过石子,挨冻受饥,从小就领略了人间的艰辛。

在他家周边的邻居大都是小贩、工人和蹬三轮的贫民,每到夜幕降临的时候,这些劳累了一天的邻人中常会有人吹笛弄箫,把玩三弦二胡,演奏起江南丝竹来。在这出卖苦力又不得温饱的旧社会,他每天会企盼着夜幕的来临,希冀在这民间的音乐中得到慰藉。渐渐地,他开始拿着师傅赠送的笛子在家里吹、在街上吹,笛子成了他最亲密的伙伴,它为他浇愁解闷,在笛声中倾吐苦闷、寻觅温暖。

1949年前,没有人看得起他这个吹笛人,但他仍以高亢的笛声为荣。记得上海刚解放的那些日子里,人们在大街上欢歌载舞,他便倚在汽车的车头上吹起了《解放区的天是明朗的天》《东方红》。1950年,在上海人民抗美援朝的音乐会上,他第一次向万人演奏了《小放牛》,曲终人欢,雷鸣般的掌声为他叫好。此时此刻,他真真切切感受到了人们对他演奏的尊重。从此,一种翻身的喜悦,会时时撞击着他的心。他暗暗发誓:我要一辈子做人民的笛手!

在陈毅市长和市文化局领导的关注下,陆春龄参与了上海民族乐团的筹建,走上了专业的音乐生涯。自1954年起,他作为新中国的文化使者出访了欧、亚、非洲70多个国家,人们赞誉他是“神笛”“魔笛”。他曾为印尼总统苏加诺、印度总理尼赫鲁、柬埔寨国王西哈努克、法国总统戴高乐、英国女王伊丽莎白二世、比利时皇太后等演奏。

1954年的春天,他在北京中南海怀仁堂第一次见到了日思夜想的毛泽东主席,以后又有7次见到了毛主席,其中有6次为他演奏。毛主席最爱听他吹奏《鹧鸪飞》,他把鹧鸪鸟自由展翅于蓝天,向往和平幸福的形象,淋漓尽致地表现出来。毛主席握着他的手说:“谢谢,谢谢。吹得好，吹得好！要用笛子好好地为社会主义革命和社会主义建设服务呀。”至今，在陆爷爷家的墙上仍悬挂着毛主席与他的巨幅合影。为此，他常会深有感触地说：“没有共产党，就没有新中国，就更没有我陆春龄的用武之地。是党教会我谱曲、著作，使我一曲《鹧鸪飞》首获金唱片奖；是党把我推向讲台，成为上海音乐学院的教授；是党把我从一个普通工人培养成为人民音乐家。”

一个忠于人民、忠于党，全心全意为艺术献身的人，他受到人们的尊重和崇敬是理所当然的。他当选多届全国和上海市的人大、政协代表和委员。在人们的心目中陆春龄就是笛子，笛子就是陆春龄。

“生命不息，笛声不止”是他最为简朴的人生哲学。不久前，他还出访欧洲八国，登上了海拔 4 000 多米高的阿尔卑斯山，为外国友人奏起了《梅花三弄》。

教授的工作母机

只有在严寒中挣扎过的人，才会深知太阳的温暖。1949 年后陆春龄带着强烈的翻身感，全身心地投入到了他钟情的音乐大海中搏击、游弋。他是集演奏、创作、教育为一身不可多得的民族音乐大师。在庆祝他从艺 80 周年的音乐会上，由他父子、国内外学生组成了强大的演奏阵容，两个多小时的演奏全都是他编创的曲目。从《小放牛》《梅花三弄》到《欢乐歌》，从《江南春》《潇湘银河》《水乡新貌》《矿山捷报》《练兵场上》到《奔驰在草原上》，从《鹧鸪飞》到《节日舞曲》，从《今昔》到《喜报》，从《渔夫曲》《友谊赞歌》到《乡村花园》，从《普天同庆》《月夜思亲人》到新作《天和》大曲，等等，细腻的演奏，悦耳的笛韵，使听众如痴如醉。这些珍贵的乐章，让我们系统地领略了半个多世纪来，在我们伟大的中国共产党坚不可摧的领导下，各条战线传来的胜利凯歌。先进的文化受到人民大众喜爱，人们频频向这位老骥伏枥、壮心不已的人民音乐家致意。

古今中外，杰出的艺术家也常是杰出的教育家。1976 年起，陆春龄受聘于上海音乐学院，担任民乐系教授。他根据不同学生的特长，因材施教，培养了一批有影响、有作为的笛子演奏家、教育家。他是上海音乐学院老师的老师，教授们喜称他是“教授的工作母机”。

学生们在教授从艺 80 周年大庆的日子里，从海内外云集申城，追忆着在老师身边学艺的情景。在 20 世纪 60 年代那艰辛的日子里，不少学生免费吃住在他家，他和夫人将这些莘莘学子视同己出，悉心关怀。教授教笛，更教做人。他自己从没有大师的架子，但他常对学生说，有两个架子是万万不能丢的：一是演奏用的笛架，二是中国人的骨架。他平易近人，诲人不倦，几十年改不了的申城那既温和又亲切的乡音，他经常深入基层，无偿地参加敬老爱幼的福利慈善活动。在国外访问演出时，他还曾为美国、加拿大和德国及港澳台地区敬老院的孤寡老人演奏。

人民的音乐家爱人民。他心底无私，胸间装的就是怎样为大家服务好、演奏好，要为人们吐尽丝。在一次为大屯煤矿的慰问演出结束时，当他得知有一个工人因没有来得及赶到大会，仍坚守岗位在矿下时，他毅然请

陆春龄和孩子们在一起

命，要下矿单独为这位工人演奏。他戴起矿工帽，脚穿套鞋，背着笛包，由吊车下到百多米深的矿下为他吹奏《喜报》《鹧鸪飞》。那矿工听后热泪盈眶地说："我要多出煤、出好煤，来报答艺术家的厚爱啊。"

在他从艺80周年大庆的音乐会和研讨会上，面对鲜花和掌声，陆春龄久久不能自已。他弯腰向大家鞠躬致意，由衷地感言道："感谢大家。滴水之恩，涌泉相报。我要继续承诺，10年前我在上海大剧院艺术生涯70年音乐会上说过的话，生命不息，笛声不止。"

春和景明，春风又绿浦江岸。人们以《贺君》诗，祝贺、歌唱、赞颂这位老当益壮的人民的音乐家，诗曰：

万物复苏绿如海，春风又沐君子兰。
叶碧翩翩欲腾飞，花瑞娇娇展韵灿。
百花丛中汝是范，正气贯虹安岁岁。
贺君歌君笙箫伴，天和人和开年年！

作者：陆　潜

因为活着！活着的时候不去做，你去遗憾也是白搭。

秦怡

1922年生于上海，祖籍江苏高邮。上海百老德育讲师团名誉团长。16岁离家奔赴武汉抗日前线，从抗日救国开始，在长达80年的演艺生涯中先后主演了30多部故事片。她始终关注我国电影事业的发展，关心青年演员成长。她不计名利、不顾病痛，致力于各类社会公益活动。2004年被授予上海市慈善之星称号，2005年被授予国家有突出贡献电影艺术家称号，2007年被授予上海德艺双馨电影艺术工作者称号，2008年被授予中国十大女杰和华语电影终身成就奖艺术家称号，2009年获第十八届金鸡百花电影节终生成就奖。2011年被授予全国优秀共产党员称号，曾被周恩来总理称为中国最美丽的女性。

秦怡:一代女性艺术大家

秦怡,已是96岁的老人。从艺80年,主演过30多部影片,曾荣获多项艺术大奖,如第六届世界青年联欢节国际电影节银奖和墨西哥国际电影节银奖,1982年拍摄的电影《上海屋檐下》荣获第一届大众电影金鹰奖,主演获最佳女演员奖。1995年获中国电影世纪最佳女演员奖……一大串闪光的奖项属于秦怡,见证着她的勤奋与努力。

艺术人生造诣非凡

早在1938年,秦怡16岁就开始从艺,当实习演员,参演电影《正在想》。她出生富庶人家,天生丽质,有一份对艺术的爱好,更有一份执著的事业追求,从小就萌生投身艺术的嫩芽。秦怡懂得有国才有家,从上海奔赴抗日战争前线的武汉,用爱好艺术的热情在中国电影制片厂当实习演员。电影《正在想》是秦怡从艺的开始,也是登上艺术殿堂的第一步。她扮演的角色,有太多鲜活灵动的人物形象留在广大观众心里,成为他们难以抹去的记忆。《铁道游击队》中扔出未拉弦手榴弹的芳林嫂,《女篮5号》中历经磨难的运动员,《青春之歌》中信仰坚定的林道静……秦怡投注所扮演角色的是坦诚的真心、炽热的感情、纯熟的技艺。她用尊重生活、高于生活的艺术真谛诠释角色的心灵世界和人生轨迹,无不带给观众感动和启迪。

20世纪80年代，秦怡已是60出头的耄耋老人，她服从组织安排，担任上影厂剧团副团长。那是一个特殊年代，“文化大革命”虽已拨乱反正，但文化艺术界像各行各业一样，人才青黄不接，大力培养新秀是老一代艺术家的责任和担当。秦怡当仁不让，传艺先传德，甘做扶持新人的绿叶，甚至自己演配角，让新秀茁壮成长。2011年，年近90岁的秦怡到浦东南码头敬老院为老同志引吭高唱《弹起我心爱的土琵琶》，欢声笑语中掌声热烈，秦怡像百老团的其他艺术家一样，总是把群众的掌声当作最好的回报。

秦怡在作报告

2017年，95岁高龄的秦怡出席全国文代会，亲聆中共中央总书记、国家主席、中央军委主席习近平的重要讲话。秦怡感触颇深：“因为活着，活着的时候不去做，你去遗憾也是白搭。”

德性至上心地宽

秦怡的人生决非总是一帆风顺，她那凡人的烦心事绝不少于他人，甚至使人难以想象。她有着艺术大家、名人、妻子、母亲的诸多身份，人生的变幻，生活角色的转换有幸福欢乐，更有疲惫和辛酸。面对种种考验,秦怡重话轻说:“我的性格比较开朗,就是这样。”说得看似轻松平淡,实际上是她经历之后的淡然与超俗。

她心爱的儿子小弟身体一直不好,孩子生病,自己既要拍戏,又要去医院照顾,生活经常是乱成一团。最忙的时候,就穿着角色鲁妈的戏服去医院侍候儿子。秦怡爱子如命,同样也满腔热情地关心青少年成长,大爱无疆。她不顾演出繁忙,参与的社会公益活动很多,比如以一个志愿者名义参加百老德育讲师团活动。凡是讲师团开会,她只要挤得出时间总是主动积极参加,实在没时间也不忘打电话请假,一言一行总是给人做着表率和榜样。汶川发生地震,秦怡拿出养老的积蓄参加募捐;已买好下午飞往北京的机票,听说百老上海大学德育教育基地揭牌,立马乘出租车赶到现场。她应邀上台讲话,希望同学们珍惜时光,树立坚定的理想信念,为社会尽一己之力。她的谆谆教诲得到台下大学生的热烈掌声。

秦怡把演好人民欢迎的影片作为一个有抱负的文艺工作者的追求。她把人民艺术家的德性倾注在塑造鲜活的人物形象上,始终追随人民脚步,一辈子为电影事业奔走。她认为只有走出一方天地,才能阅尽大千世界,让自己的心永远随着人民的心而跳动。她言必行,行必果。2014 年,92 岁的秦怡宝刀不老,为了展示中国人民有力量的英雄气概,毅然自编自演电影《青海湖畔》,以修建青藏铁路为题材讴歌一大批气象专家攻克冻土难题,架起内地到青海的铁路大动脉。她在电影《青海湖畔》中饰演气象工程师,少不得要在当地实拍。考虑她已是高龄,再加上高原缺氧,担心她的身体,大家都劝她不要去青藏高原。一生从艺的秦怡珍惜艺术,甚至把艺术看得比自己生命还重要,说什么也得去实地拍摄。她坚持着,硬挺着,总算如愿以偿,拍完外景回到上海的第三天,她的一条腿突然麻木得不能动弹,到医院一查,是腔梗导致,至今也没完全治愈。

秦怡一直以来的心声就是“我愿意一直演下去”,“我尽管年老,也不能不追赶,不快跑”。听着老人的心声,大家细细感悟老人的情怀,掌声经久不息……

作者:人从众

可爱的年青人.
伟大的中国梦
你们来实现

任桂珍

2018.3.1.

任桂珍

1933 年生于山东临沂。1948 年到济南华东大学报名参军，加入部队文工团，随军南下。女高音歌唱家、歌剧演唱家。曾在华东人民革命大学文工团工作。曾任上海歌剧院指导、上海市音协理事、中国音乐家协会会员、中国戏剧家协会会员。中国农工民主党中央委员。2010 年春加入中国共产党。现为上海百老德育讲师团团员。

任桂珍：艺术人生把歌唱

中华民族5 000多年历史，人才辈出，犹如滔滔江水，长江后浪推前浪，世世代代有新人。出生齐鲁大地的任桂珍一生从艺，早负盛名，“北有郭兰英，南有任桂珍”。

开启艺术之旅

任桂珍出生在齐鲁大地，一方水土养一方人，这里有着厚重的文化底蕴，培养出一位又一位艺术大师。任桂珍的家是艺术世家，受上辈人的影响，她从小爱好艺术，在这方面天赋很高。任桂珍从小听父亲唱京剧段子《四郎探母》，跟着哼，学着唱，熟能生巧，打下了扎实的基本功。任桂珍在读高一参加学校歌咏比赛时就一鸣惊人，夺得了第一名的好成绩，这是任桂珍在比较大的舞台上初次华丽亮相，开启了她与艺术一生的相伴之旅。1948年10月，她的家乡解放了，在“打过长江去，解放全中国”的大形势下，年仅15岁的任桂珍热血沸腾，不顾母亲的劝说和阻拦，在地下党父亲的掩护下去济南报名参军，成了部队一名文工团员。在随军南下的途中，任桂珍用激情的歌声为行进大军鼓劲，成为军队里排忧解难的“小百灵”。中华人民共和国成立后，她到上海歌剧院从事歌剧演唱，在反映现实生活的歌剧《白毛女》《小二黑结婚》《红霞》《红珊瑚》《江姐》《洪湖赤卫队》等很多部著名歌剧中扮演角色，她热爱艺术，心中有观众，总是好评如潮。

“文化大革命”时期任桂珍被错判，遭到不公正的待遇，她并没有抱怨，更没有放弃艺术的道路。寒夜过后春至归，之后她更是锐气不减，全身心地投入艺术事业。记得在苏州演《洪湖赤卫队》时，由于任桂珍感冒高热，剧组安排由第二组的演员代替她。不知实情的观众纷纷表示：“任桂珍不演，我们就退票。”当时高烧 39.8 摄氏度的任桂珍感动得热泪盈眶，说什么也绝不能让观众扫兴，更何况她演的是韩英，韩英那种为革命事业视死如归的顽强精神激励着她，鼓舞着她，她决定抱病上场。任桂珍躺在后台临时为她搭起的病床上，同事们用酒精棉球给她上下擦拭，帮助退烧。任桂珍在心里也给自己打气：振作起来，向韩英学习！进场的铃声响了，两个同事将还昏昏沉沉的任桂珍扶到台上。也许是冥冥之中对舞台的感应，她全身心地投入到舞台表演，完全忘记了自己的病体，当唱到第四场“妈妈的眼泪……”时，台下爆发出热烈的掌声。她由衷地感受到观众对她演出的认可与鼓励，感到莫大的幸福和自豪！

经典传唱　熠熠生辉

艺术世界，古今不乏经典。经典经得起时间的检验，不会因为岁月易逝而淹没，相反，随着历史的演进，艺术经典在时代精神下熠熠生辉，传递着大众情怀。一首金曲烙印大众心头，这是艺术家用心闪耀的艺术魅力，具有传唱不衰的力量。

任桂珍用她对艺术一以贯之的执著带给大众的是情感互动、艺术享受，彰显出艺术的价值。任桂珍有着艺术的追求，认定志向，从艺 69 年从不懈怠，苦练真功夫，钻研舞台技艺。她演唱的一支支革命歌曲特别情感交融，尤为鼓舞士气，激荡心灵。《谁不说俺家乡好》《唱支山歌给党听》已是家喻户晓，经久传唱。《唱支山歌给党听》，任桂珍唱得情真意切，嘹亮动人，《谁不说俺家乡好》，任桂珍唱得犹如灵动的彩绘，引起听众深深的眷恋。她虽没有学过表演专业,全凭自学演戏学英雄,从英雄人物光辉形象中借力。她模仿英雄人物的一言一行,一举一动,求真神似,树立起一个个有血有肉、感情丰富的人物形象,得到了广大观众的认可与喜爱,达到了艺术教育人的核心价值。无论是表演《小二黑结婚》《白毛女》还是《江姐》《洪湖赤卫队》中的主角,任桂珍都成功塑造了一个个留给观众印象深刻的鲜活女性的高大形象。特别在表现革命先烈江姐、韩英上,更是惟妙惟肖,把共产党员为了天下劳苦大众的解放不怕把牢底坐穿,砍头如同风吹帽的大义凛然演得栩栩如生。

任桂珍创造出众多不同性格、不同身份的女性形象。20 世纪 60 年代的歌剧《江姐》表现了革命前辈为了建设新中国,铁骨铮铮,视死如归,任桂珍通过出色的表演为广大观众所熟悉,深受广大观众尊敬和喜爱。任桂珍演唱的多首红歌一直流行传唱至今,经久不衰。她嗓音明快,音域宽广,行腔圆润婉转,舒展自若,吐字清晰有力,一枝独秀。她善于博采众长,在吐字、声音控制、音色变化等方面,汲取了民歌唱法的特点;在表现人物等方面则汲取了我国传统戏曲的方法,同时又借鉴了西洋发声法,形成了女高音的全新风格。任桂珍曾出访朝、日、苏、捷、法、比等诸多国家。

人民艺术总是植根人民大众,群众的掌声才是最高的奖赏。任桂珍不忘初心,参加百老德育讲师团以来,一如既往发挥自身长处,以学校、纳凉阵地、文化中心为大舞台,用经典艺术感动人,教育人,让歌声飞扬。她已出版一套共三辑的经典歌曲精选。《谁不说俺家乡好》《唱支山歌给党听》等一首首歌曲流传大半个世纪,21 世纪的今天,依然让观众倾心,台上歌起,台下同唱,真情动人。

作者:重　实

我属牛姓马，牛有一股韧劲，马有一种冲力，我要做一番拼搏。

马莉莉

1949年2月生于上海。国家一级演员，享受国务院特殊津贴。1984年11月加入中国民主同盟，出席中国民主同盟第九次、第十次全国代表大会，并当选中央委员。1986年7月加入中国共产党。2008年1月任政协上海市第十一届委员，并任教科文卫体委员会副主任。2000年6月任上海百老德育讲师团副团长。1961—1964年进入杨浦区戏曲学馆；1964—1973年进入上海爱华沪剧团；1973—2002年进入上海沪剧(团)院，2002年2月当选上海沪剧院副院长。1982年获首届上海戏剧节表演奖；1988年获上海沪剧界中年演员声屏大赛最佳演员奖；1989年获首届上海戏剧艺术白玉兰主角奖(榜首)。1991年被文化部、人事部授予全国文化系统先进工作者称号。2008年被文化部任命为国家非物质文化遗产沪剧项目代表性传承人。

马莉莉：我在五星红旗下成长

我从 1971 年到 1980 年担任《解放日报》文艺部记者，1980 年到 2004 年担任上海支部生活记者。在这期间，我曾多次采访报道过马莉莉，十分熟悉和了解她。马莉莉曾深情地对我这样说："你是看着我一步步成长起来的。30 多年来，你始终热情地关注着我，鼓舞着我……"马莉莉同志出生于 1949 年，是新中国的同龄人，享受国务院特殊津贴。40 多年来，她在沪剧舞台上成功地塑造了李铁梅、陈白露、梅华、白灵、钟佩文、阿庆嫂、繁满、张志新、宋庆龄等各种类型的女性形象，曾荣获全国文化系统先进工作者的光荣称号，不久还被国家文化部命名为沪剧项目传承人，为祖国的文艺事业立下了汗马功劳。回忆当年采访和报道她的一些往事，我至今仍历历在目，就像电影里的镜头似的一幕幕地展现在我的眼前……

1979 年，张志新烈士的事迹在报刊上刊登以后，激起了上海沪剧院编剧、导演的创作热情。我曾清楚地记得，一次我在采访途中路过延安剧场（现改为共舞台），在门口的宣传栏上，中间有一张照片吸引了周围很多观众。我走近一看，那么，这张照片是怎么来的呢？为了了解究竟，我即去采访了马莉莉。她实话地告诉了我，她于 1979 年 7 月和院团编剧、导演一起到沈阳，体验生活，翻阅了张志新亲笔写的几十万字的控诉书，会见了烈士的难友，了解了烈士在城中的生活，并去监狱和刑场进行实地考察。她还专门访问了烈士的家，同张志新的爱人曾真同志和烈士的两个孩子——女儿林林、儿子海形交谈，了解烈士生前家庭生活的一些真实情况。他们向马莉莉愤怒地控诉了“四人帮”一伙迫害他们全家的情况。林林还把张志新烈士生前的照片给马莉莉看。马莉莉受到了先烈英勇事迹的教育。访问结束时，她就和两个孩子合拍了这张照片，以寄托她对烈士的敬重与思念。

在报社领导的重视和关心下，第二天，即 1980 年 1 月 11 号，题为《一张感人的照片》的图片新闻发表在《解放日报》头版显著位置上，在社会上引起了强烈反响。正在排演张志新的马莉莉从报上看到后，立即给我打电话，连声致谢，并说：“真没想到，在党报上还能看到这张照片。我一定要把这个戏演好，绝不辜负大家的期望。”

在 30 多年的采访和报道中，我深知她的可贵之处就在于：每演一个现代戏，她首先就是熟悉和了解剧中人的思想和生活。为了排演《雾中人》白灵，体现志愿军战士的艺术形象，她与剧组的同志们去好八连体验生活，和官兵们一起同吃同住同训练，在射击比赛中，还获得优秀射击手的光荣称号。唯其如此，她才能塑造出一个个性格鲜明、个性强烈、富有造型感的形象。她扮演的众多角色被著名沪剧表演艺术家丁是娥称赞为“演啥像啥”。这是对一个演员极高的评价。

难忘的“宋庆龄”

1999 年 8 月 24 日晚，我应马莉莉的邀请，去逸夫舞台观看首场演出的现代沪剧《宋庆龄在上海》。在观看中，我多次被“宋庆龄”的音容笑貌和崇高品质所感动。当谢幕时，身着黑色丝绒旗袍的“宋庆龄”走到舞台前方，以国母生前常有的微笑，向全场观众致意。这时，观众反应非常热烈，长时间地鼓掌。面对如此热烈的场面，我感到马莉莉扮演宋庆龄形象逼真,情真意切,情不自禁地走到后台去,向她表示衷心祝贺。由于此前听到一些关于工作室组建的艰难,于是,我关切地问她:"你觉得苦不苦,累不累?"她沉默了一会儿,然后坦然地对我说:"很苦,也很累,有时还不一定被人理解。但为了沪剧事业的发展,我想,吃一点苦、受一点累也是值得的。"

终于演出成功了。在成功的背后,马莉莉勇于改革、积极探索的那种可贵的精神实在使我敬佩,难以忘怀。曾记得,那还是20世纪90年代末,当时戏曲不是太景气,作为一个戏曲演员的她有一种责任感,不能让戏曲消沉下去。而戏曲要振兴,必须对文艺体制、机制进行改革,这是唯一的出路。她经过深思熟虑,在有关领导的支持下,于1999年4月留职停薪,由个人投资,组建了马莉莉文化工作室。她说:"我属牛,姓马,牛有一股韧劲,马有一种冲力,还要作一番拼搏。"

不久,当她拿到《宋庆龄在上海》的剧本后,就被宋庆龄这位伟大女性所吸引了。当时,工作室却一无所有。投资该剧需人民币50万元左右,怎么办?马莉莉认准目标,和家人商量,拿出了自己的积蓄,还向朋友借了20万元,全身心地投入到创作和排演中去。

当然,戏能否成功,关键还在于舞台形象的塑造。马莉莉反复观看有关宋庆龄的书籍资料和图片,探索宋庆龄的体态举止、音容笑貌等外形特征,进而着力领悟宋庆龄特有的气质、风范,从形似走向神似。开排后,担任主角的她不仅要背台词,学唱腔,还要出戏票,关注各部门的工作进程。那时,她由于每天从早到晚忙个不停,一下子就瘦了很多斤。

由于不懈的探索与创新,马莉莉的艺术更加成熟,更现光彩。后来,我高兴地获悉:1999年11月,她带领《宋庆龄在上海》演职人员赴湖南长沙参加国家文化部主办的第五届中国映山红戏剧节演出,获得了演出一等奖、编导一等奖、音乐一等奖、舞美一等奖、马莉莉表演一等奖等21项大奖。这段时间里，我先后采写了马莉莉创作演出的整个过程，着力在报刊上刊登了好几篇稿子，热情赞扬她探索创新的新成果。后来，马莉莉动情地对我说："党报党刊总是在我困难的时候，像母亲一样向我伸出了热情的双手，帮扶着我一步步向前！"

马莉莉艺术上的成就与她在政治上的严格要求是分不开的。我还记得，在1983年沪剧院党组织与她谈过一次话："小马，你作为一个文艺工作者很成功，但应该有更高的要求，要向党组织靠拢。"党组织的关心和培养，给了她无比的温暖，从此她积极参加党章学习小组。

由于她的努力，她终于在1986年7月26日加入了中国共产党。听到这个消息，我为她感到十分高兴，特向她表示祝贺。

从这以后，我看到她时时处处更加严格地要求自己，认真学习老一辈艺术家的优良传统和作风。她平时首先想到自己是一个党员，第二才是艺术工作者。马莉莉认为是党和祖国的阳光雨露哺育了她成长，自己的才能应该贡献给人民，因此她头脑十分清醒，始终不被金钱所迷惑，从不计较个人得失，无条件地为人民服务。多年来我经常跟她一起回娘家，深入到农村为农民演出，市郊很多乡镇都留有她的身影。使我感动的是，前些日子，马莉莉因病曾开过刀，但她从不降低标准，还是坚持和大家一起送戏下乡，热情为农民演出。记得一次去农村演出，在平地土场搭建的简易舞台上，她在观众的一片掌声中，节目一个接着一个，以致连嗓子都唱得哑了。然而，当她得知敬老院里的几位老人喜欢听沪剧时，她又不顾疲劳，主动登门去演唱，使老人们都乐开了花，合不上嘴。事后，我悄悄地对地说："你不要搞得太累了，自己要当心身体。"她却笑着对我说："不要紧的，谢谢关心。每当我来到农村，就感到如鱼得水，很高兴。演员不能脱离农民观众这个土壤，他们信任和欢迎你，你就应该无条件地为他们服务,这是自己的职责。”

我来自市郊农村长征镇,是个土生土长的本地人,平时喜欢沪剧。马莉莉知道后就赠送了几盒磁带“马莉莉沪剧艺术集锦”。这些磁带都是她多少年来的精品唱段,一直珍藏在我的身边。如今,我虽已退休了,但还经常听着她的唱段,听其声如见其人,真是百听不厌。我不仅从中欣赏着她的沪剧艺术,而且还为她在祖国的阳光下成长为一位有才华的艺术家而感到高兴,从而增强了对自己祖国的爱。

我在新闻工作岗位上耕耘了30多个春秋。回首往事,我曾采访过的人也很多,其中不少人我都已忘记了,但马莉莉这位被观众称为“英雄花旦”的女性,以其非凡的执著、对事业追求和勇于改革创新的时代精神,在我心中留下了永难磨灭的记忆。

作者:浦锡根

天赋加勤奋才能成功

王世英

1937 年 11 月生于山东，笔名朝阳。现为中国书画家协会常务理事，中国国家博物馆画廊客座教授，美国世界名人文化研究中心科学院艺术博士，上海百老德育讲师团团员，上海民族画院副院长、院士高级画师，世界书画家协会名誉副会长、加拿大理事，中国名家书画院名誉院长等，一级书画师。擅长画牡丹，有“牡丹王”之美誉。作品多次参加国内外书画大赛，荣获迎香港、澳门回归金奖，法国金塔金奖，全国二十佳艺术优秀园丁奖，世界华人第一届、第二届书画大赛金奖、特别金奖、“中国时代创新十大先锋人物”奖等。出版了《王世英牡丹精品集》，多次办画展，并赴新加坡、日本，及中国香港、澳门、台湾地区进行艺术交流，作品得到人民的赞赏和争相收藏。徐悲鸿纪念馆馆长廖静文曾赞她道：“用艺术家的心灵去认识牡丹，用艺术家的手段去塑造牡丹，牡丹成了她生命的一部分。”

王世英:活画牡丹

早就知道王世英是沪上一位画牡丹花的大王,早就听友人介绍过王世英的身世,早就想亲眼看看她画牡丹的风采。中秋之前,在上海百老德育讲师团举办的一次画会上,我认识了她。虽年近七十,但看上去很精神康健。那天,她身穿一件蔚蓝色的凉爽衫,与沪上几位著名的书画家即兴挥毫。只见她手握画笔,蘸墨上彩,正在画一幅牡丹图。她画得很尽兴,脸部表情似笔下的牡丹花,笑得十分灿烂。吸引了与会的众多同志,引来了一阵阵喝彩声。

1937 年 11 月 5 日,王世英出生在山东长清一个贫苦的农家。出生不久,父亲就参加了红军,坚强的母亲默默地操守着这个穷家。她 7 岁那年,家里穷得揭不开锅,7 岁的王世英十分懂事,天天拎着竹篮四处讨饭,每天靠吃野菜米汤维持生活。一天,她在一处农家园中看到了盛开的牡丹花,忽然顿生灵感,用树枝在沙土上学起了绘画,三下两下的还真的挺有灵气,沙土上忽然盛开了一朵朵牡丹。这种涂鸦式的作画方式令乡邻们赞叹不已。也就是从这时开始,王世英爱上了绘画,她画的牡丹、鱼、虫、鸟、草,栩栩如生,被众乡里称为聪敏的“小画家”“小才女”。

为了学画画,王世英常常走进牡丹花开的农家小园,观察园中形态各异的牡丹。她看蝴蝶和小蜜蜂在牡丹花丛中如何纷飞,看牡丹在阳光下绽放的情景,就连那些飞翔的小虫子她也要看个究竟,有时一人神，连饭也忘记吃。小时候的王世英完全被牡丹所迷恋。

王世英绘画作品

1949年后，穷人翻身得解放，王世英上学了，从小学一直读到中专。在这期间，她从来没有放弃过作画。可以这么说，读书期间，牡丹花始终成为她快乐的伴侣。她省吃俭用，用零用钱购买了颜料、墨汁，有时颜料不够了，就试用野草和野花的汁液代替，她把作画当作快乐，乐中有味，乐中酿画，乐中寄情，作画成了她对人生的美好追求。她还千方百计探寻历代名家绘牡丹的神韵，在自学中不断汲取养料，在探索中不断创新。她白天工作，晚上忙于绘画，一间不大的房子里，铺满了她作的画。她要让牡丹花在上海这块土地上生根、开花、结果。经过近40年的努力，她画的牡丹形状各异，独具风格，独具神功之妙。在她的笔下，牡丹的每一片叶子、每一朵花瓣、花蕊都是鲜活的。王世英不仅画牡丹，也把人物和山水相容于牡丹之中，她画的“仕女赏花”“嫦娥奔月”被列为画中的精品，多次获国内大赛金奖，30多幅画被国外馆院收藏。

牡丹，引领她走进了中国画坛。她不仅被吸收为中国美术家协会和中国书画家协会会员，还担任了世界书画家协会名誉副会长，并先后获得“世界华人杰出艺术家”、艺术院博士、“艺德高尚国画家”等光荣称号。然而，她迈向艺术的脚步永不停。她始终追求生活中的灵气和记忆，她笔下的牡丹、蝴蝶、花草，不仅能用工笔，而且还能用写意或以工笔带写意地画就,多姿多彩,看似织锦一般。被誉为中国的“牡丹王”。

我细细地品味王世英绘画。只见她手握彩笔脸带笑意,在宣纸上或轻画或重抹,一朵牡丹花立即呈现出不同层次的深、浅、淡三种颜色,三色的花瓣中透着鲜亮,又泛着红白,神奇得让人不敢相信是一笔凝成。她画绿色的叶子,也是一笔而成,那叶子绿色中透着深沉,深沉中泛着奶黄。这样的绘画艺术独具匠心,真是气象万千。画面上色彩斑斓,红胜胭脂、黄赛纯金、绿如翡翠、紫如水晶,那笔上的颜色一旦附在纸上,便立即被定格成静止的凝固或快活的动感。当王世英在牡丹图上添上最后一笔浓重的色彩时,从她的笑脸上我看到了她成功的欢乐和历程的艰辛。她扬起笑脸说:“其实,这些年我在不断地追求、探索,比如为让牡丹掀动起勃勃生机,便借助于雨露风烟这些画不出来的东西,来赋予牡丹动态的神韵。”说完,她从包里拿出一本刚出版的《王世英牡丹精品集》送到我手上。我打开集子,看到了这位“牡丹王”为牡丹作画的风采图;看到了牡丹盛开的千百种姿态。你瞧,牡丹承雨,润泽胀满,凄迷中带着执拗;牡丹沾露,厚重娇美,挺拔中带着几分沉醉;牡丹临风,摇曳生姿,端庄中带着几分顾盼;牡丹含烟,影影绰绰,分明中带着几分含蓄……啊,她把牡丹画神了。瞧牡丹图,似乎又有一种幽香在眼前浮动,蜂蝶飞舞,鸟雀啁啾,她把植物和动物的神韵画活了,奏响了一曲生命之曲。这就是王世英画的牡丹,望着画册,我似乎走进了一个神奇的牡丹园。古人云:“台上一声曲,台下十年功。”王世英画牡丹画了整整60年啊!王世英告诉我,牡丹是国花。她爱牡丹胜过生命,一生与牡丹结下了不解之缘,她画牡丹,因为她的心中藏着对祖国的爱。为了画出千姿百态的牡丹,她常常画到深更半夜。有时梦境中灵感一来,还连夜爬起来画。可以这么说,画牡丹成了她生命的全部。

这些年来,王世英用自己的行动证明了她的艺术是属于人民的,她画的“国色天香”“荣华富贵”“春满人间”先后7次获世界级书画艺术大赛金奖，被誉为世界华人杰出的艺术家。中央电视台等媒体都报道过她的作画过程，为中外文化人士惊叹。

王世英与小朋友们在一起

然而在众多的桂冠下，她从来没有骄傲过。她说：“上海是世界级的都市，我的画要服务于这个多彩的城市。”前不久，她加入了上海百老德育讲师团。下学校、下社区，为众多社区居民、少儿作绘画表演，她常常忘记了年龄，每次下基层，她一提笔就是好几个小时。她的徒弟曹海丽心痛地说：“她就像一头牛，一提起画笔就有使不完的劲……”是的，我看过许多画家画牡丹，但王世英的画却是别样的风格，是自成一体的。王世英的画是灿烂的，她画的牡丹成了花鸟鱼领域里的一朵奇葩，占据着沪上这一领域里的一大重镇。盛开在王世英笔下的牡丹花是幸运的，这不仅是牡丹的福分，更是艺术瑰宝的永恒升华。

作者：佳　华

多读诗书
注重礼仪
陈醇

陈醇

1933年6月生于北京。上海人民广播电台播音指导、中国传媒大学和浙江传媒学院兼职教授，上海普通话培训测试中心指导员、上海市语言文字工作者协会副会长。中国广播电视学会播音学研究委员会的创建者之一，参与创建了上海市语言文字工作者协会、上海演讲学研究会。1987年中国播音学研究会成立，他担任副会长并连任三届。曾获第三届全国优秀广播节目特别奖、1995年第二届上海国际广播音乐节“金编钟奖”、1990年获全国优秀播音作品“播音荣誉奖”、1992年被评为“全国推广普通话先进工作者”、1995年获全国播音杰出贡献奖、1997年获“全国语言文字工作先进工作者”称号。1992年起享受国务院颁发的政府特殊津贴。现为上海百老德育讲师团成员。

陈醇:善严求高 56 年

提起广播电视播音员,很多人会如数家珍:上视的刘剑,上海卫视的叶蓉,东视的李勇、卜凡,上海电台的王永涛、陈璐,东方电台的袁林辉、马红雯……同样,在 20 世纪的上海甚至华东地区,有一位播音员的名字几乎家喻户晓,他就是陈醇老师。

爱听广播的少年

少年时代的陈醇就对广播和广播节目充满了好奇与兴趣。他在北京艺文中学读书时就曾随学校国乐队去电台演播过,对电台里大人们神奇的工作很着迷。经过电台工作人员的辛勤工作,从收音机里传出来的语言和旋律竟会是那么悦耳动听。当时的广播节目如《孙敬修讲故事》、著名评书艺人王杰奎演播的《七侠五义》、赵英波的《聊斋》、连阔如的《东汉》等,都深深地吸引了陈醇:"那些精彩片断,依然清晰地留在脑海中,甚至在以后的播音中我都会不自觉地糅进他们的说书技巧。"

陈醇少时生活的环境对他影响颇深。他家所在的北京高牌胡同,当时也住着京剧名家李桂春、李少春、赵燕侠以及昆剧名家雪艳琴。很多人只看到名家在台上演绎的辉煌,却很难体会"台上一分钟,台下十年功"的艰辛。李少春 10 岁时就在父亲和老师的指导下开始练功:拿顶、下腰、虎跳、打飞脚,等等。每天天不亮就早起吊嗓,李桂春都在旁边监督，稍有差错，就严加呵斥。陈醇回忆说："我就是在这种环境中耳濡目染，京昆艺术中那熠熠闪光的语言文化让我如痴如醉，名家的努力也让我明白了天才出自勤奋，梅花香自苦寒来。"语言艺术的精妙就这样在陈醇幼小的心灵深处生根发芽了。小时候的这些点点滴滴经历，终于汇成青年期陈醇的人生追求。

1949年陈醇高中毕业，1950年初报考了华北人民革命大学。一年后中央广播事业管理处正好要招广播员，他便去应试。由于陈醇对广播的爱好，以及初显的语言才能，他被作为后备人员正式录取了。1951年，陈醇被分配到当时属于山东省的徐州电台，后于1953年到上海，开始了他几十年的播音艺术生活。

播音不是青春职业，是终身事业

从参加工作的那一刻起，陈醇一心想的就是做好广播工作，他一丝不苟地学采访、学编辑、学播音、学值机，像海绵一样汲取各方面的知识。为了提高自己的播音水平，他用心收听中央台广播，学习和摸索了不少播音技巧和练习模式；每天坚持练声：气息、发声、吐气；同时，在艺术语言的表达上，不断从当地戏剧、曲艺表演艺术中汲取营养，这都

声情并茂的播音

为陈醇播音艺术的发展打下了很好的语言功底。每次陈醇去北京出差,都要找同行、同学进行播音业务交流。

20世纪50年代初,电台设备简陋,工作条件很差。在密不透风的播音室里,冬天还好,夏天简直跟闷罐一样,热得喘不过气来。陈醇他们不得不在播音时挥汗如雨,利用放录音的间歇打开窗户,呼吸几口新鲜空气。有的时候,他们会弄一大块冰放在身边,用电风扇对着吹,边播音,边享受身边吹来的阵阵凉意,苦中作乐,其乐融融。那时,电台用的还是炭精话筒,这种话筒一定要与装硫酸的电瓶同时使用。有一次,陈醇播音结束正准备离开,低头一看,裤子居然破了。原来播音时没注意,裤子碰到了电瓶里的硫酸,裤脚被腐蚀得成了碎布。陈醇当时每月只有三十几元生活费,省吃俭用攒钱买了条新裤子,就这样给报废了。

就是在这样艰苦的环境中,陈醇夜以继日地努力工作着,没有星期天,没有节假日,甚至连婚假都放弃了。工作之余,陈醇博览群书,积累知识,因为他深知,一个人的创作水平是与其鉴赏能力成正比的,一名优秀的播音员,作品不但要经得起观众的欣赏,还要经得起内行的推敲,而优秀作品的产生离不开知识的积累,离不开勤学与苦练。当时,著名播音员齐越写了一篇《播音——光荣的岗位》的文章,对陈醇影响很大。他反复阅读,字句钻研,决定要把播音作为终身的职业,为"播音"这一光荣的岗位奋斗终生。

值得一提的是,上海电视台于1958年国庆节10月1日开播,陈醇幸运地成为上海电视台开播时进行直播的第一位新闻播音员。谈起上海电视台开播的情景,至今陈醇还记忆犹新:"十一那天上午我们在人民广场转播庆祝大会和群众游行的盛况。电视新闻记者都是刚从新闻纪录电影制片厂调过来的,拿着16毫米的小机器,拍好后到电影片厂去冲,去剪。播出时在墙上挂幅白布放映画面,我们在旁边解说播报。

那时没有提示器，口播稿就写成大字，夹在镜头前面，或者弄个乐谱架托住稿件……”陈醇的第一次电视新闻直播任务就这样紧张地完成了。上海电视台第一次新闻报道的顺利播出，开创了上海电视台崭新的历史。

在这一段时间里到底播出过多少篇新闻、多少个节目、多少部小说、多少个故事，就连陈醇自己也已经记不清了。不过1954年“我国第一部宪法”的全文播出、1955年印尼总统苏加诺访沪、1956年“鲁迅灵柩迁葬仪式”、1957年苏联主席伏罗希洛夫的访沪、1963年“南京路上好八连命名仪式”等重大新闻事件的播音和报道至今还被上了年纪的人们深刻地记忆着；《红岩》《铁道游击队》《烈火金刚》《欧阳海之歌》《创业史》……这些小说都在陈醇声情并茂的演播中，无不弘扬着主旋律，让那一代人留下难以磨灭的印象。

“文化大革命”的10年，是陈醇从33岁到43岁的金色年华，本应是他广播事业向巅峰攀登的人生阶段，可是却成了他“积蓄阅历、思考人生、坚定信念、日臻成熟”的时期。1973年陈醇结束下放东北的生活又回到了上海，他有机会演播一部描写上海知识青年在东北劳动锻炼的小说《征途》。播出后广大听众十分满意，就连作者郭先红本人也给予高度肯定，称赞他完全表达出作品的精神，丰富了作品的内涵。

走上讲台

1973年北京广播学院播音专业恢复办学，1977年学院向陈醇正式发来借调函。从未当过教师的他勇敢地接受这一新的工作，大胆地走上讲台，这一切都是出于他为振兴广播事业的崇高的社会责任感。

初时，他担任北京广播学院76级播音班的教学工作，又参加了77

播音中的陈醇

级、78级的招生工作，先后开讲过语言技巧课和文艺播音课。在学院任教期间，陈醇认真备课，循循善诱，想方设法调动学生的学习积极性和创造性，并开创了“愉快教学法”。在基础教学中，他探索了从“字、词、句、段”入手有步骤地训练学生的感受能力和表达能力；在文体业务理论教学中，他首次开讲“文艺播音”课，训练学生将自己对作品的理解和感受用准确的语言技巧表达出来。北京广播学院的付程教授对此评论说：“陈醇老师在播音专业教育方面，从经验教学向科学化、规范化教学的转型中起到了十分重要的作用，对播音专业的教学作出了开拓性的贡献。”

两年后，陈醇结束了借调回到上海，但他仍继续关心播音专业的教学工作，很长一段时间里，他一直是中国传媒大学和浙江传媒学院的兼职教授，他深深地懂得，一个人到了一定的年纪，就应该去培养和扶持青年人，把更多的知识和机遇留给年轻一代。

陈醇已经在播音艺术的人生之路上坚持了56年。回想这56年的人生历程，陈醇用四个字来总结：善严求高——高标准要求自己，高质量作品献给听众。他的五字创作经：情、意、味、畅、准，对年轻主持人及现代播音专业教学起到重要作用。陈醇当年选定的通讯《黄桥烧饼歌》、段子《井冈翠竹》、练习“锅里的水吱吱地响，老大娘里屋外屋地忙……”等练习片断，直到现在还依然保留在教材里。

作者：姚振尧

第七篇：平凡人的不平凡人生

平凡人在平凡的岗位也能演绎出不平凡的人生，实现人生价值。他们心里装着人民，默默奉献自己的光和热，用勤劳的双手为祖国的繁荣昌盛添砖加瓦。生命不息，奉献不止是他们人生的真实写照，为他们的人生增添了无限的动力与自豪。

劳动最光荣。

杨富珍

杨富珍

1932年生于上海南汇。1948年加入中国共产党。1946年起历任中纺一厂(上海国棉一厂)织布挡车工、生产组长,中共上海市委常委,普陀区、徐汇区区委书记、区长,上海市人大常委。第九届中共中央委员,第十、十一届中共中央候补委员。1959年去苏联、朝鲜等国访问。她善于学习他人的长处,不断提高自己的巧干技能,是1951年颁布的织布工作法创造人之一。1959年她代表上海纺织女工出席西安经验交流大会,在全国表演操作法时获好评。她所在的生产组从1953年起连续43年保持模范集体称号,被命名为“杨富珍小组”。1954年至1964年杨富珍连续七次被评为上海市劳动模范和先进生产者,1956年、1959年两次被评为全国劳动模范和先进生产者。上海市第五次、第六次、第七次党代会代表。现为上海百老德育讲师团副团长。

杨富珍:从心贴布到心贴民

“黄婆婆,黄婆婆,教我纱教我布,两只筒子两匹布。”这首歌颂黄道婆的民谣从明代开始,在上海地区的农村广泛流传。过去,几乎家家户户都以纺纱织布为副业谋生。

青年时代的杨富珍

1932年,杨富珍生于上海南汇乡下。幼年父母相继染上血吸虫病而病故。由于家境贫寒,为了活命,她从小就给人家打工,带小囡、挑羊草、煮猪食,手脚不能停。主人家本就刻薄,只供饭吃,不发工资。当时有个邻居劝说:“富珍大了,可换几个铜板。”其伯父一听,就制止说:“我再穷,也勿卖孩子。只要有口饭,我也不会饿阿珍。”后来,杨富珍的姑妈辗转托人,终于让她在1946年2月进中纺一厂(后改上海国棉一厂)当童工,做起“小珍子”来。每天“六进六出”,一年中有大半年见不到太阳,总感觉天是黑的。平时,杨富珍常吃发霉的土谷米、六谷粉。每天自带午饭,装在饭盒里,天一热就捂馊了,还照常吃。由于没日没夜地干,长期营养不良,头发也脱落了。那年秋天，因舍不得花四分电车钱，杨富珍顶着大雨走回家，结果染上伤寒症，躺在床上只能吃些咸菜粥汤保命。病未好浑身无力，她怕停生意，撑着去上班。工友们看她踉踉跄跄，关心地铺上纱头，让她躺一躺，想不到被拿摩温发现，不问三七二十一，拿起棍子向她头上砸去……工友们伸出援助之手，才使杨富珍化险为夷，坚强地活了下来。辛酸的家史，苦难的童年，使杨富珍对旧社会积满怨恨，她在黑暗中寻找曙光，在迷雾中寻找希望。1948 年 11 月，在地下党的关怀引导下，她终于找到了穷人的救星共产党，入党时才 16 岁，成为地下“小交通”。在全国劳模中，她是唯一参加过地下斗争的老党员。

随着解放的隆隆炮声，随着东海之滨的上海换了人间，杨富珍和千千万万的人民群众一样，以饱满的翻身激情，全心投入到建设新上海的滚滚洪流中去。她的心愿是：“心贴布、布贴心，为民努力织好布。”为确保织出每匹好布，杨富珍每天业余在家练“打结头”基本功，还叫她儿子测量打结的速度。平时逢到外出开会、学习和疗养时，她又利用乘车、坐船的间隙用废纱练打结，终于练就了一手绝活。她从每分钟能打 34 个结头，翌年提高到 36 个，后来又增加到 40 多个，短短两年，她就比别人多练了 10 万余个结头。由于辛勤劳动，精心钻研，1951 年颁布的“五一”织布工作法，她成为创造人之一。杨富珍光荣地被评为新中国第一批劳模。从 1956 年起，她两次荣获全国劳动模范称号，连续七次被评为上海市劳动模范和先进工作者。她还当选为上海市第五次、第六次、第七次党代会代表。

1951 年 4 月，杨富珍遵循周恩来总理“要让全国人民穿上衣服”的指示，带领南织布机乙班一组，开展“心贴布、布贴心”的竞赛活动，首创“六个巧干，六个仔细”的高产优质操作法，个人看台数发展到 20 多台。从此杨富珍和小组声誉传遍全国。从 1953 年起她们小组连续 43 年保持模范集体称号，被上海市人民政府命名为“杨富珍小组”。

1959年，杨富珍去苏联、朝鲜等国访问，学习先进操作法，取他国之长，不断提高自己的巧干技能。同年她还赴西安参加全国经验交流大会，并当场表演操作法，获得一致好评。

1966年的“文化大革命”，是一场旷古未有的浩劫。在这特定的人妖颠倒的历史时期，杨富珍被当作“三反黑帮”进行批斗。周恩来总理获悉后，立刻电话指示，要保护杨富珍，才使她幸免于难。

1968年，杨富珍调任普陀区区长、区委书记等职。在区委工作的9个春秋中，她受到全区人民的尊敬和热爱。同年4月，杨富珍参加中共九大，当选为中央委员。回沪后，杨富珍就深入中山北路光新村蹲点作社会调查，了解民情，并成立联合调查组，写出《关于一支业余工宣队的调查报告》。调查报告重点剖析了光新村。光新村由4个棚户区拆迁合并而成，情况比较复杂。全村有1 164户，5 578人。其中在职工人1 437人，退休工人108人（戏称108将）。隐藏在村里的一批流氓阿飞，经常兴风作浪，唆使一些青少年走邪道干坏事，尤其在居民间挑拨离间，无事生非，制造纠纷，把光新村弄成“不光村”。“大吵大打三六九，小吵小闹天天有”，成为全区的“老大难”。杨富珍看在眼里，急在心里。她作为区的负责领导，有责任造福一方平安。她就在进驻军宣队、工宣队和街道、派出所及有关单位支持配合下，重点对光新村1 955名青少年进行逐一排查摸底，了解其家庭情况和在校的表现，做到心中有数。特别对35名受到不同程度腐蚀引诱，沾染恶习的青少年，有的放矢进行帮教。对极少数犯有严重错误的青少年，坚持做到矛盾勿上交，就地教育。其中有个70届中学毕业女生，受到一些不良影响，做了一些不光彩的事情。其母伤透了心，一气之下，把她锁在家里软禁，还用剪刀戳她。杨富珍闻讯后，不顾工作繁忙，上门进行家访，耐心诱导女孩，对她讲述自己旧社会的苦难史,新社会工人翻身的幸福史。女孩被触动了,终于改邪归正。她含着热泪表示说:“过去坏人把我往火坑里推,现在你们费尽心血把我往正道上拉,让我一个工人的子女,也要接好革命的班。我既对不起你们,也对不起父母,我要脱胎换骨,再也不做浪荡子了!”

同年10月3日,上海《文汇报》《解放日报》将调查报告全文发表,还配发了社论。1970年7月,该调查报告被选入由上海出版革命组出版的《上海调查报告选》。

1976年杨富珍调至北京,任全国妇联筹备组副组长。她总以百倍的热情和千倍的努力,认认真真履行人民赋予的义务和权力。她把自己从事的工作看作是为民办实事的阵地,是立法调查提建议、沟通政府和人民的桥梁。次年8月,杨富珍参加中共十一大,当选为中央候补委员。1983年10月,杨富珍调任上海市人大常务委员会委员、城建环保委员会委员。她三天两头深入基层搞调查研究,了解民众实情。她感到市政建设工人和环卫工人的工作很辛苦,自己有责任反映他们的疾苦和愿望。1995年,杨富珍还提交了“关于土地批租的动拆迁”等提案。她恪尽职守,秉公办事,对一些违规违纪的行为,作过不调和的斗争。在黄浦江上游有家化工厂,不顾周围居民的生命安危,竟敢在深夜偷偷排放大量的污水入黄浦江,严重影响上游水质,严重危害市民的身体健康。为制止这家厂的恶劣行径,深夜12点后,杨富珍亲自到工厂排水管处暗访,发现大量的红水、绿水、黑水流进了黄浦江。杨富珍压住心中一团怒火,来到厂长室,当着众人的面责问说:“你这个厂长没有心肝!工厂污水不处理,省了些电费,但却害了广大市民,上海老百姓喝了这些污水,你不是伤天害理吗?”厂长在她的指责下,乖乖地低头认错,并表示立即整改,不再重犯。市环保部门对这家厂也毫不手软,除限期整治外，还处罚十余万元。

杨富珍自市人大常委会退休后，还兼任市政法委、徐汇区政法委、市公积金、住房委员会、园林局、环卫局、市城市轨道交通公安分局等单位的新职务——执法监督员。老伴沈德祥曾幽默地说："天上地下，她样样管。"有次杨富珍拨通政法部门的电话，传来生硬的一句话："快讲!"听音接话人有点凶巴巴。她不在意地问："×××在吗?"随着"不在!"，"砰"的一声挂了。杨富珍耐着性子，又打电话问："什么时候来?""下午三点在。"电话又挂了。杨富珍再拨通电话，对方恼火了，大声吼道："你是谁呀?""我是杨富珍。"工作人员听了一惊，马上笑嘻嘻打招呼说："富珍同志，对不起，我不知道是您!"三次电话，三种声音，杨富珍开门见山地说："我今天是以执法监督员身份，来检查你们对外接待的情况，你的表现不令人满意。试想打电话的是一个普通市民，你那句'快讲'把他吓回去，留下不良的印象，你代表的是政法部门呀!"听着话筒里传来杨富珍那严肃而中肯的声音，这位工作人员惭愧至极，连声表示："今后一定热情接待，我改我改。"凡是人民来信，杨富珍总是亲自一一落实。1995年12月19日《新民晚报》头版头条发表《鞭挞逆子恶媳》的社会新闻，引起社会强烈反响。杨富珍接到受害人包三生求援的申诉信，为扶正制邪，她立即作了批示，转徐汇区政法办负责处理。事后由区法院受理作了协调判决，责令逆子恶媳停止虐待，每月补贴赡养费200元。受害人包三生激动地说："过去杨富珍心贴布，如今心贴民。敢为老百姓主持正义，不愧为劳模的本色!"

平时杨富珍为人热情、正直。为维护人民群众利益，她敢讲真话，恪尽职守。她说："不为群众讲真话，就是愧对党、愧对人民、愧对祖国。"静安公园门口因建筑二号地铁线，要砍掉门口几棵古树名木。杨富珍获悉后，先到实地了解实情，后又听取方方面面的意见，会同有关

杨富珍与小朋友们在一起

人员调查研究,采取只拆除附近几间平房,不砍古树的妥善解决的方案。想不到这事儿传到市里一个“大人物”的耳朵里,他很不开心,仍坚持砍树筑路省力的错误决定。杨富珍也不放弃原则,多次上门摆事实,讲道理,促使“大人物”放弃偏见,才保护古树免遭厄运。岁月可改变一个人的容颜,但无力改变她坚定的信念。杨富珍那不求名利,心底坦荡的工人本质早已深深扎根在她的信念之中了。她常说:“岗位有退休,服务无尽头。我愿跟着党,做一辈子老黄牛!”

退休后有人想请她到经济实体当顾问,她婉言谢绝,却参加了上海百老德育讲师团,任副团长,协助团长戚泉木拓展青少年的教育基地。她进学校、访社区、去机关、下监狱,讲自己童年的苦难,讲新上海建设的幸福,讲人生奉献的价值,激发青少年奋发向上,树立远大理想。杨富珍还与一位服刑的青年结对帮教,促使他早日自新,回报社会。

面带谦和的微笑，无论在什么时候，无论在什么地方，杨富珍那颗赤诚的心，总是谱写着人生最闪光的乐章。上海有位诗人为她作了一首祝贺歌《好一个杨大姐》：叫侬一声富珍/好一个杨大姐/您心贴布布贴心/日夜咔嚓咔嚓……/从童工织到夕阳红/从浦东织到浦西家/您像当今黄道婆/日夜咔嚓咔嚓……/您像一对金梭银梭/织出海上朵朵中华花/您犹如百老团一枝红梅/甘把种子撒在下一代生根发芽/您富裕勿忘苦日黄连苦茶/您珍惜今天甘蔗甜瓜/啊，好一个杨大姐/日夜咔嚓咔嚓……

作者：白　鸥

给孩子们的一句话：

学习雷锋三热爱，
奋发向上志豪迈，
团结互助爱劳动，
长大做个好人材。

杨怀远

1937年11月生于安徽省庐江县。1956年3月参加中国人民解放军工程兵部队，1960年3月转业到上海市海运局成为一名海员，在民主五号轮上当服务员。在40年的海员生涯中，他全心全意学雷锋，作出了重大贡献，先后被评为上海市五好职工、红旗青年突击手、全国劳动模范、优秀共产党员、全国关心下一代工作先进工作者、全国“双百”英雄。由于他的卓越贡献，杨怀远的小扁担为人民服务的事迹家喻户晓。现为上海百老德育讲师团成员。

杨怀远：为人民服务到白头

唱着顺口溜战胜风浪

《杨怀远歌谣选》出版了，108首歌谣、快板、顺口溜，配有100多幅照片，记录了杨怀远用一根小扁担为人民服务到白头的全过程。

杨怀远家穷，从小没读过书，后来当上了人民解放军，才识了一些字，他真正能拿起笔写快板、写歌谣，甚至写诗，那是从部队转业到海运局当上海员以后的事，说来还挺有趣的哩。

这一天，民主五号轮离开江边码头，出黄浦江，向左拐了个弯，进入长江口，直奔东海而去。轮船在大海上，又向左拐，朝西北方向的目的地山东青岛前进。假如海上风平浪静，旅客可以在甲板上欣赏一望无际的大海，心胸也顿时会开阔起来，年轻人会对着大海唱歌、朗诵诗。可是这天天气不好，船走着走着，风越刮越猛。船立刻失去了平衡，剧烈地晃动起来。这时，别说走路了，就是坐着的人也吃不消了，头晕了，肚子里在翻动了。有的人，嘴一张，"哇"的一声，一肚子的饭菜还来不及消化就倒了出来。一时间，这边"哇"，那边"哇"，一股股酸味就到处蔓延开来。

看到旅客们这样痛苦，杨怀远心里难过极了，在这种时候，他总是一手拿扫帚拖把，一手拎铅桶，那边扫，这边拖地来回奔忙。可是地板是拖清洁了，翻肠倒肚的难过怎么办？到青岛要走36个小时哩！他忽然想呀想呀,想到了在电影里看到的场景:部队在行军上前线,文工团员在路边打着竹板唱起快板,鼓舞士气。现在,海浪不也是敌人吗?他想到,是不是可以用快板来鼓舞鼓舞士气呢?试试看!于是他凭着肚子里不多的墨水,创作起了顺口溜,腹稿打好了,他就站到旅客们面前,大声说:“各位父老乡亲,今天风大浪大,大家受苦啦!可是我们不怕,我给大家念几句顺口溜,请大家提意见。”

船乘过多少次,可没听到过服务员唱过顺口溜,大家一下抬起了头,把眼光集中到这个年轻高大的服务员脸上。只听杨怀远放大嗓门念道:“海浪海浪,你别猖狂。你高我高,你涨我涨。随你涨得多高,我总是在你的头上!”他唱了一遍又一遍,最后,他对大家一鞠躬,大家也报以热烈的掌声,不知谁还大声地喊起“好”来。

有几个人摇摇晃晃地走过来,也想看看这里的热闹。杨怀远对来人说:“你们别过来,我去。”说着,他走过去,又在那边大声地唱了起来:“海浪海浪,你别猖狂。你高我高,你涨我涨。随你涨得多高,我总是在你的头上……”唱了一遍又一遍……

人是要有点精神的,杨怀远的快板顺口溜分散了旅客的注意力,鼓舞了士气,人们纷纷议论起来。说也奇怪,呕吐晕船的人竟少了起来……

后来,每逢风浪,他就唱“海浪”。慢慢地,他把自己的生活写成一首首顺口溜、民歌、快板,连服务公约之类也用这种形式,成了船上一道美丽的风景线。

直到现在,他每次去学校做报告,都会插进很多的顺口溜、快板诗,听得孩子们哈哈大笑,合不拢嘴。

光荣的小扁担

说起杨怀远，就离不开小扁担，一条不起眼的小扁担，成就了杨怀远为人民服务到白头的大事业。

杨怀远的小扁担是从部队带回来的。他是为自己挑行李的，那当然不起眼，可是带到船上，派上了大用场。那时，轮船出海，从四面八方来乘船的乘客都是大包小包的，还有老人带孩子的，又要带孩子，又要拿包裹，十分不方便，上船下船，多么不容易啊！这时，杨怀远都要上前去帮助旅客拿行李、抱小孩，手拎肩背。

这时，他想到了自己家里的小扁担。

下一个航次，他就把小扁担带到了船上。从此，杨怀远和小扁担就成了为旅客做好事的亲密伙伴。上客时，他帮旅客挑行李，从岸上挑到船上，从甲板挑到客房。下船时又从客房挑到甲板，等船停稳以后再帮助一担担地挑上岸去，送出港口……

杨怀远为旅客挑行李，几十年来好事做了千千万，这里说一个。1983年3月8日，船从青岛开出，一位60岁开外的山东老大娘坐立不安地自言自语说："怎么办呢？怎么办呢？"同舱的旅客一问，才知道老大娘从上海回山东探亲，几个侄女、侄孙送了她大包小包的土产，光青岛啤酒就有10瓶，整整四大包，她告诉大家："32年没回老家了，她们硬要送东西给我，我说这么多东西我怎么拿呀，他们说送你上船，船是送上了，可我下船怎么下呀！真急死人了。"这事给杨怀远知道了，他来到老大娘面前，笑嘻嘻地说："大娘，你别着急，包在我身上，我帮你拿下去。"

老大娘看看眼前这个身材高大的服务员，还有点不放心地问："我有四大包哩，你搬得动吗？"

杨怀远笑着说:“不用搬,我有扁担,可以挑,一次就挑走了。”

“真的?”

“真的。”

“那我给你钱。”老大娘说着就要给钱。杨怀远不收钱,她又从包里拿出黄豆、花生要送。杨怀远笑笑说:“大娘,你别客气,我是服务员,帮旅客解决困难是我应尽的责任,黄豆、花生你送亲戚朋友吧。”船到了上海,杨怀远把四大包行李挑下船,一直送到老大娘出港。

现在说起杨怀远,总是和小扁担连在一起,其实,后来小扁担已不够用了,换上了大扁担。

杨怀远和他的“老伙伴”扁担

原来,时代变了,在改革开放以后,人们的生活水平提高了,带的东西已不再是花生、黄豆之类的小东西了,彩电、冰箱等大件也来了,这可怎么办?小扁担不能挑了,得换大扁担,可大扁担哪里去买?忽然他想到南京的战友,于是他写信给战友,托他在南京买了两条 1.7 米的大扁担。他肩上的担子更重了,可是挑在肩上,心里更舒畅了。他的扁担上被旅客写了很多感谢的话,还被拿到上海市青年运动史展览会展出。他用扁担为旅客服务的故事也一直被人们口口相传。

不是为了钱

“滴水之恩,当涌泉相报。”这句古话,杨怀远牢记在心里。有一次他牙痛，被旅客知道了，一下送来了十多种止痛药、消炎药。他用他的作品表示了深深的感动，说："我给旅客一杯水，旅客还我一口井。"

他为旅客做了那么多好事，却从来不要别人感谢。他总是一句话，我是共产党员，我是服务员，毛主席号召我们学雷锋，我就要切切实实学雷锋。他挑行李是学雷锋，他为小旅客洗尿布是学雷锋，他处处、事事以雷锋为榜样，完全彻底为人民服务，不拿旅客一分钱也是学雷锋。

1989年11月15日，船靠上海港，他为从新加坡来的六位华侨老太太挑行李，六位老太太是去普陀山烧香的，带了六大包行李，他把六大包行李一次挑下船，送到公平路口，还帮她们叫了两辆出租车。老人们十分感动，说出来烧香遇到了好人，说着，一位老太太掏出钱来，要给杨怀远作为小费。杨怀远当然不会收。两人推来推去好一会儿。旁边围观看热闹的人越来越多，有人知道情况后说话了："你帮她们挑行李，她们给你小费是应该的，用不着客气。"

杨怀远佩戴徽章像

杨怀远当然不是客气，他对大家说："我是服务员，我为旅客挑行李，是帮旅客排忧解难，是应该的。我也从不要报酬。我绝对不会收这个钱。"

杨怀远"胜利"了。老太太拿着这送不出去的钱，只能无可奈何地连连向这位热情正直的高个子服务员道谢。

多少年来，多少个航班，多少人要付小费，杨怀远从来没拿过旅客一样东西、一分钱。

这里还要说一说杨怀远的扁担。

在杨怀远的扁担上,一根根都题满了字:“为人民服务”“雷锋魂”“任重道远坚持挑”“扁担精神永放光芒”等。杨怀远视扁担为珍品,因为一根根扁担都浸透了他的汗水,他的心血凝成了扁担精神。他曾送给“南京路上好八连”两根,作为向好八连战士学习的标志,也有兄弟单位要去发扬扁担精神,陈列在展览会上的,还有抱着崇敬的心情想出大价钱买去收藏的,可是杨怀远……

那是一位台湾旅客老先生,看中了杨怀远的扁捏,扁担上题满了字,他感动地向杨怀远提出:“我要收藏你这条扁担,我出 2 万元钱买下,你肯不肯?”

那是 1996 年 2 月,那时,2 万元钱对杨怀远来说是一个很大的数目了,他考虑了一个晚上,决定不卖。第二天一早,他对老先生说:“我的扁担是用来为旅客排忧解难挑行李的,旅客为此才在上面留下了许多赞扬的话。这是我的传家宝,也是海运集团客轮公司的传家宝,绝对不能卖掉。但是,等台湾海峡两岸通航后,我送一条扁担给你。”老先生望着杨怀远脸上不能商量的表情,也不再强求了:“好的,我先在这里谢谢你了。”

杨怀远从 25 岁起到 62 岁退休,当了 37 年服务员。37 年来,他无心发财,一心只想为人民服务到白头。现在,他退休了,可还在继续为人民服务。在不长的日子里,他自己花钱买材料,扎了拖把送给朋友、邻居。作为百老德育讲师团成员,他到机关、里弄、学校、社区,一年到头 365 天,要讲上一两百场,5 年来共讲了 548 场。为人民服务到了白头还要服务下去哩!

作者:黄亦波

忠于党和人民教育事业，一切为了

吴佩芳

吴佩芳

1931年生于江苏苏州。1958年办起中华人民共和国成立以来上海第一家民办学校，从此，一个《鸡毛飞上天》的动人故事传遍浦江两岸。1960年被评为全国劳模。1998年又与几位老劳模在浦东创办上海市模范学校，春催桃李，为祖国培养新型人才。现为上海百老德育讲师团成员。

吴佩芳:鸡毛飞上天

“从前有个小姑娘,
她真想背上书包上学堂,
怎奈她三岁亲爹死,
家中无钱又无粮……”

这是沪剧演员丁是娥在她主演的《鸡毛飞上天》中的唱词。这个故事的原型正是吴佩芳。吴佩芳来自苏州农村,因为家里穷,小时候念不起书,只能看着人家上学心里无奈地叹息,原本大字不识一个的她,后来到了上海参加扫盲班才读完初中的课本。

鸡毛飞上天

上了年纪的人都能记得1958年是个怎样特殊的年代。“大跃进”的口号响遍神州大地,到处热火朝天,仿佛一切都在跑步前进,儿童入学也从7足岁提前了一年。这么一来,入学适龄儿童一下子远远超过了预定人数,原本有限的校舍更容纳不下这么多孩子了。怎么办?吴佩芳看着周围80多名儿童上不了学,心急如焚。居委会遵循党的“两条腿走路”政策,决定自力更生,民办建襄小学。吴佩芳和殷祖懿、江镜蓉几个姐妹一合计,立即主动请缨,义无反顾地挑起了筹备小学的任务。

吴佩芳给同学们上课

说是筹备，除了三双手和三颗火辣辣的心之外，什么也没有，真的是一穷二白。鲁迅先生说得好，世上本没有路，后来因为走的人多了，也便成了路。三个女人一台戏，没有教室，她们发现襄阳南路576号有一间空关着的汽车间，便请来师傅破墙安窗，自己打扫清理，石灰水中掺入少许煤球灰，把墙壁粉刷得雪白雪白的。还算得天独厚，门前有一块空地，正好改建成操场。没有课桌椅，三个人二话不说，倾其所有，把好几年省吃俭用硬抠下来的储蓄全拿出来，从南昌路补习学校的仓库里淘到了50套旧桌椅，修修补补，再买来油漆刷了一遍。教师办公室就将就一点，设在楼梯拐角的过道上，一张花8角钱买来的小木桌用来备课、批改作业，第三个人下课，就只能坐在台阶上“稍息”。

万事俱备，独缺东风，余下的事就是招聘老师。这就犯难了，没有工资，谁肯来上课？但是从来困难只能吓倒懦夫，没有人来就自己上呗！吴佩芳便毅然执起教鞭，带头走上讲台，边学边干。有人嘲笑说：“三个家庭妇女想当小学教师，真是鸡毛想飞上天！”

鸡毛能不能飞上天？吴佩芳决心用自己的行动来回答。

说来容易做起来难。开学那天，只有20个学生，大多数家长宁可让孩子留在家里玩。再说吴佩芳她们肚里墨水本来就不多，40分钟的一节课，20分钟就讲完没辙了，教室里顿时炸开锅，简直跟乱哄哄的茶馆没什么两样。这种局面别说没有人再敢把孩子送来，就是仅有的20个孩子只怕也会一个个离开。

怎么办？在这节骨眼上，吴佩芳和她的两个姐妹，谁也没有打退堂鼓。她们心里明白着呢，谁家孩子都跟自己的孩子一样，他们天真活泼，顽皮是儿童的天性，这算不得什么，只要我们以父母般的呵护加上厚爱，学生们慢慢地自会听话的。

常言说得好，打铁必须自身硬。为了改变家长们的看法，她们挤出时间学汉语拼音，早起晚睡练习普通话，轮流到公立学校去取经，三个人相互听课，灯下认真交流，每天晚上备课到深更半夜，常常带来铺盖往课桌上一搭就睡。三天两头家庭访问，见缝插针找学生谈心，用一句句"掏心窝子"的话去感动学生、感动家长。就这样，终于使建襄小学的教学一天天走上正轨。

有个皮大王叫胡海发，在别的学校读了三年，连留三级，至今还是一年级。这孩子皮得出奇，上课时常常从教室的窗口跳出去。老师批评他，他头一扬，眼一横，还会向你吐唾沫。有一次，居然在吴佩芳脚上撒了一泡尿，把她的布鞋全弄湿了。吴佩芳看着他，没有生气，也没有责备他，直看得胡海发难为情地低下头，低声说："老师，我以后不这样了。"

又有一次，胡海发举起一把扫帚在追打一个同学，被吴佩芳撞上了，她明知就里，却反话正说："海发，今天真乖啊，准备扫地呀？"一声亲昵的问话，弄得胡海发不好意思地连忙将扫帚放了下来，认真地扫起地来。

这样的故事多得说不完。吴佩芳说得好："其实当时我对教育可谓一窍不通，可我相信只要给他们爱，父母对孩子的那种爱，就一定会成功。”

就是这个曾经连读三年一年级、朝吴佩芳脚上撒尿的胡海发，到了15岁，小学刚毕业，主动报名去新疆参加边疆建设。吴老师得知后，当即组织全校老师，一起为胡海发购置行李、礼物，并连夜赶织了一件毛衣，上面绣有“建襄”两个大字。出发去新疆那天，建襄小学的所有老师都到火车站为海发送行，一路的叮咛嘱咐，海发至今难以忘怀。在新疆的茫茫戈壁滩，这一件渗透着慈母之爱的毛衣一直温暖着他的心，使他常常想起在“建襄”的五年时光。他经常会收到吴老师的来信，而海发也常常给吴老师去信，汇报自己的工作和生活情况。现在，当年的小胡早已成了老胡，可他仍珍藏着这件毛衣，回到上海后还是喜欢到吴老师家串门，帮老师“义务劳动”，旁人还只当他是吴佩芳的孝顺儿子呢。

“闲不住”的老校长

半个世纪过去了，吴佩芳所创办的建襄小学，早已鸟枪换炮，盖起了两座教学大楼，成为拥有千名学生、百名教师的上海知名度最高的小学之一。桃李满天下的吴佩芳被授予三八红旗手、全国教卫战线先进工作者、全国儿童教育先进工作者等荣誉称号，还被选为人民代表。

1986年，吴佩芳被任命为建襄小学名誉校长，成为上海解放后任命的第一批名誉校长。她虽然从第一线退了下来，但她整颗心仍然系在学校和孩子们的身上，每周都要去建襄小学，哪怕在教学大楼的走廊里转一圈，透过玻璃窗看看师生们上课，有机会跟他们谈谈心，这一天她就觉得特别踏实。她是上海百老德育讲师团的成员之一，经常到各区中小学作“鸡毛定能飞上天”的报告。大家选她当上海市退休教师协会副理事长、上海市教师劳模联谊会副会长。从1995年起，她每年都要组织“上海义务讲师团”,走南闯北,先后去湖南湘西土家族地区、内蒙古海拉尔与满洲里、湖北咸宁地区以及黑龙江等地送教下乡。她和讲师团的教师们“约法三章”,严守“四不”:不拿报酬,不住宾馆,不吃宴请,不收礼品。要知道,那都是些人烟稀少的山区,交通极为不便,有的地方要换几种交通工具,才能到达目的地,有时连车子也走不了,只能迈开双腿“自力更生”。饿了,在路边买个烧饼;渴了,从瓜农手里买个西瓜,敲开大家分享。住的就更不用说了,有的地方艰苦得难以想象,甚至连厕所都没有。在这支“自讨苦吃”的队伍中,要数吴佩芳的年纪最大,但她永远都是最乐呵呵的人。

1998年,这位永远闲不住的老校长又和几位劳模教师商量,在浦东创办了一所民办学校——上海市模范学校。她说,自己年纪大了,文化程度也不高,再做校长是担当不起了,但只要有一口气在,就要为教育出点力。她不要任何报酬,只要在学校里为困难家庭的学生留几个免费的名额。

有位三年级学生系双胞胎之一,其父母都是下岗工人,家庭经济相当困难。有一阵这孩子很不争气,学习成绩直线下降。吴佩芳知道后,立即找到他,一次又一次地家访,一次又一次地掏心窝谈话,还亲自陪同他参观学习。与此同时,吴佩芳与学校有关领导商量,免了他的午餐费和有关杂费,还把全国总工会奖励给自己的500元钱悉数资助给他。在吴佩芳的悉心教育下,这孩子的进步非常快,被推选为少先队中队长。每当提起这事,学生的父母都对吴老师感激万分。

“鸡毛飞上天”的故事还在继续着。

愿鸡毛飞得更高、更远!

作者:郑开慧

上海是党的诞生地.上海人民很光荣.有责任把上海建设得更好.

黄宝妹

上海市浦东高桥人，13岁入日资裕丰纱厂(国棉十七厂的前身)，一直在厂内工作到1986年退休，历时42年。1953年成为第一批全国劳动模范。1958年，著名导演谢晋根据其事迹拍摄了同名电影。1960年进入纺织大学(现东华大学)进修，获大专文凭。“文化大革命”期间被调回车间工作，20世纪80年代初成为厂工会副主席，主持生产工作直到1986年退休。后为启东、新疆等地开办纺织厂出谋划策；1994年与杨福珍等一起开办“劳模公司”，通过为各公会代购，所获利润用于补助贫困老劳模；2006年彻底退休。现为上海百老德育讲师团成员。

黄宝妹:这里是我们的幸福源泉

最近,86 岁的黄宝妹在电视新闻里看见上海发布党的诞生地形象标识,她开心地招呼家人一起看。“上海是党的诞生地,上海人民很光荣,有责任把上海建设得更好。”老人托孙子为她办件事,专程去中共一大会址留言。

黄宝妹曾是上海市国棉十七厂的纺织工人,20 世纪 50 年代被评为全国劳模和上海市劳模,多次受到毛泽东、周恩来等老一辈国家领导人接见。“想想过去的艰辛,更要珍惜今天的幸福。”她说,“幸福不会从天上掉下来,要靠每个人艰苦奋斗,努力奉献,国家才会越来越强,生活才会越来越好。”

办公室里坐不住,“我愿意一直当工人”

黄宝妹对党特别有感情,从旧社会一路走来的她深知,是共产党带领大家走向幸福,人民当家做了主人,社会安定祥和。

“1949 年以前,我们今天逃难,明天受灾,吃了上顿愁下顿。”为了全家人的生计,黄宝妹 12 岁起就跟着母亲,每天下午去东海滩,赤脚踏海水,上船挑一担 20 多斤的盐回家,第二天早早起床,挑上盐再赶 10 公里路,到高庙卖盐。

后来,盐不好卖,她又转去一家日本人开设的工厂纺纱劳动,常受工头欺压。“工头做一个动作，让我们一练就是三四个小时，腿站酸了不说，手指的皮被纱磨破，勒出了血。”那些年，社会动荡，生活得不到安宁。

黄宝妹回忆，1949 年 5 月 27 日那天，上海解放了。“像天降神兵一样，上海驻满了解放军，他们露宿街头，待人和气。”当宣布废除“拿摩温”制度和抄身制时，曾经是包身工的工人们心情舒畅，扬眉吐气。

从那时起，黄宝妹怀着对共产党的感激之情，积极劳动，一心想着多纺纱、纺好纱。在一些技能好手的启发下，她摸索了许多工作法，降低了生产成本，提高了生产效率。1952 年 11 月，她光荣入党。1953 年，她被评为纺织工业部首届全国劳模。之后，黄宝妹跟随党组织第一次踏入一大会址，脑海里就像“放电影”一样，曾经的苦难和如今的幸福全部涌了出来，“我们对这里的感情很独特，对我来说它很神圣，因为这里是我们幸福的原点”。

评上劳模，黄宝妹坐火车去北京开会途中，看到许多农民在田地里光着膀子干活，没衣服穿，皮肤晒得通红，孩子们衣衫褴褛。那一刻，她鼻酸了，心中暗想：好好劳动，好好工作，不单是报恩感恩，纺织工人还有责任让全国人民穿上新衣。

26 岁那年，组织任命黄宝妹当干部。可坐在办公室没几天，她浑身不舒服，又找到上级部门要求回车间，“生产很有意义，我愿意一直当工人”。就这样，黄宝妹当了一辈子工人，她说，“人活着有事情做，为社会作贡献就有意义，也活得更幸福”。

工作可以退休，“党员身份可没有退休”

大桥街道近日的一次创新创业志愿者活动中，86 岁的黄宝妹又赶来了，大家都亲热地叫她“黄妈妈”。她中气十足，声音洪亮：“工作可以退休，党员身份可没有退休，思想上不能退休。”她说，入党宣誓时说要为共产主义事业奋斗终生，“自己应该量力而行，做点事情”。

黄妈妈所在的小区正在进行业委会换届，居委干部找到她，让她帮忙寻觅人选。黄妈妈又开始走家串户，游说热心人士。“小区也是家。”她说，居委干部只有几个人，不靠大家怎么行？“我们党干革命、搞建设，历来是发动群众、依靠群众。”在她看来，不忘初心、牢记使命、永远奋斗，就要靠大家，从群众中来，到群众中去。

退休后，作为上海百老德育讲师团的一员，黄宝妹多次踏入一大会址参加宣讲活动。在这个我们党出征的地方，她诚恳地和年轻人说心里话。“现在我们的生活比以前好多了，我们不能忘本，要饮水思源。”黄妈妈说，说到底，幸福不是索取，而是奉献，发挥自己的价值。20 世纪 80 年代，黄宝妹退休后，应新疆某建设兵团邀请，前往新疆石河子市协助建棉纺厂。她不计报酬，数次进出新疆，从厂房设计到购买设备、人员挑选、技术培训，热心帮忙。“如果全国的党员都能严格要求自己，国家能不繁荣富强吗？”

黄妈妈说，她打算带着晚辈再去一大会址走走。“一大、二大、四大会址都在上海，是城市的骄傲与荣光。”黄宝妹说，一大会址是我们党梦想起航的地方，新时代我们更要用自己的智慧和才干践行人生价值，“怀着初心，奋斗吧，这是我们的幸福源泉”。

选自《解放日报》

作者：彭　薇

希望同学们：
互助友爱，
包容和谐。
程德旺

程德旺

1932年生于江苏海安。幼年父母双亡，孤身逃荒到上海，12岁当童工，16岁开始拉人力车。他1956年加入共青团，1959年光荣加入中国共产党，同年被评为上海市劳模，还被评为1960—1962年上海市劳模，1963年、1965年上海市五好工人。20世纪60年代开始担任领导工作，1970年到市总工会任副秘书长。先后三届当选市人大代表、两届当选虹口区政协委员，多次受到党和国家领导人毛泽东、邓小平、江泽民等的亲切接见。电影《丁根宝》、滑稽剧《喜上加喜》、沪剧《巧遇记》等都是以程德旺的先进事迹为题材创作的。现为上海百老德育讲师团成员。

程德旺：心中有把大算盘

人人心里都有一把“算盘”，有人打的是为国为民的“大算盘”，有人打的是自私自利的“小算盘”。老劳模程德旺心中装着一把“大算盘”哩！年轻时，他脚下踏着三轮车，心中拨着算盘珠，一边完全彻底地为人民服务，一边认真负责地为国家和群众的利益精打细算。

不是为钞票服务

20世纪50年代的一个傍晚，程德旺辛勤劳动了一天，把车子停在制造局路中山南一路口，想歇一歇时，来了一位乘客，说要坐他的车到宝山路虬江路。客人刚上车，猛地，后面传来一阵喊声：“三轮车！三轮车！”只见一个年轻人飞奔过来，气喘吁吁地说：“师傅，我爱人马上要生小孩了，请你快把她送到市九医院！”程德旺向四周一看，只有他一辆三轮车，就对坐在车上的乘客说：“对不起，同志，生小孩是急事，我得先把产妇送

青年时代的程德旺

去！”那位乘客不情愿地下车，说：“到市九医院只有一角二分车钱，到虬江路有七角七分，你为啥钱多的不踏反而踏钱少的呢？”程德旺诚恳地解释：“孕妇临产，一分钟也不能拖，我怎么能为多赚几角钱，丢下人家不管呢？”

当他把产妇平安送进医院后，年轻人忙把二角钱塞在他的手里。程德旺一把拉住他，要找还八分钱。年轻人说：“你为我已经吃亏了，这八分钱请你收下！”程德旺坚决地把找头退还给他，坦诚地说：“帮助你排忧解难是我的责任，没啥吃亏好谈。如果说为了几张钞票服务，我也不会把你爱人送来了！”

“国家”两字放心上

有一天，一对男女乘客乘上程德旺的车。女乘客说：“我们要去赶火车，车钱是七角二分，我给你八角，你踏快点！”男乘客跟着说：“只要你踏得快，九角也行，反正我们好报销……”程德旺听了皱皱眉，向他们提意见：“你们有急事，我应该尽可能把车子踏得快点。但是，因为车钱可以报销就慷慨加车钱，这就不对了！”

“多给你车钱有啥不好？真是多管闲事！”这两位乘客的嘴撅得高高的，一脸不开心。

程德旺心想，这哪里是多管闲事呢？拿国家钞票做人情，我怎么能睁只眼闭只眼？于是，边用劲踏，边大声地劝导他们：“厂里委托你们出差，你们就应该事事处处替厂里打算，每一分钱都用在刀口上才对！随意浪费国家建设的宝贵资金，哪怕是一分钱也不对。这可不是我们工人阶级应有的作风……”

三轮车飞一般进了火车站。程德旺送两位乘客下车时，又语重心长地叮咛："我刚刚的态度可能生硬了一些，不过我总觉得我们都是国家的主人，任何时候都应当'公'字当头，把'国家'两字放心上。两位说对吗？"

那位男乘客紧紧地握住程德旺的手，连连点头。

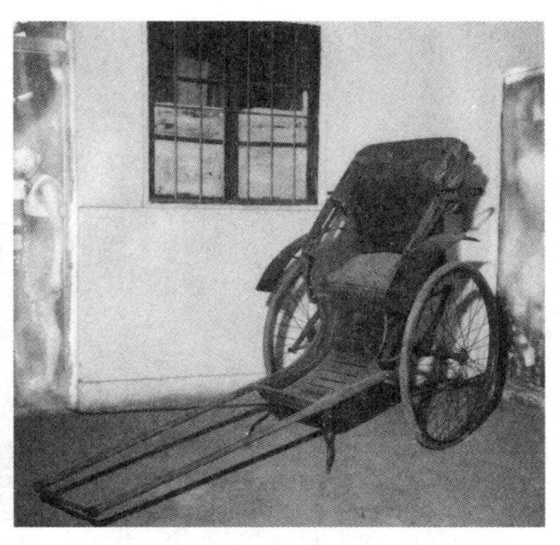
程德旺拉过的三轮车

"2963"就是他

一天，程德旺在一家医院门口候客人。他有个习惯，在等待乘客的空隙间，拿出毛主席的著作看上一篇。现在，他正在读《纪念白求恩》。当读到"我们大家要学习他毫无自私自利之心的精神。从这点出发，就可以变为大有利于人民的人……"他觉得耐人寻味，决定把这一段记下来。他一骨碌下了车，转身往车厢里摸着。先取出一个笔记本，又摸出一支钢笔。旋开笔套时，发觉这钢笔闪亮着金光！低头一看，不禁叫道：派克金笔！他赶忙又摸出自己那支半新的关勒铭钢笔。对着两支笔发愣了：那支金笔肯定是客人遗落在车上，被他放进车厢里了！是哪位客人的？他苦苦思索起来，一面想象载过的几批客人的穿着谈吐，一面根据经验排除。突然想起，第三批客人是两个女同志，衣着考究，模样文雅，到蓬莱电影院看电影——莫非就是她们？一算这里到电影院有六里路，得赶紧去，好赶在散场前遇见她俩！

程德旺汗流浃背地踏到电影院，还好，电影还在放映。于是，他耐心地等在门口。这时，有四批乘客叫车，他都一边耐心解释自己有要紧事情，不能为他们服务，一边热情地替他们叫来车子。电影终于散场了，那两位女同志走了出来。程德旺兴冲冲地上去询问："你们刚才在我车上，掉了什么东西没有？"其中一位中年妇女焦急地说："金笔，我发现我的派克金笔没有了……"

全心全意为人民服务的程德旺

当她重新握住程德旺递上的、自己心爱的金笔时，感动得连说话也结巴了："同——同志，太感谢了，请问尊姓大名——"程德旺朗朗地说："三轮车工人！""不不，您一定要告诉我真名！"那位妇女同志真诚地说："我要谢谢您！"这时，许多行人围拢来了，纷纷说："做了好事，总得留个名吧！""不说名字，说个姓总可以吧！"但是，程德旺硬是不说，他响亮地回答："这种事儿，在我们国家，在我们三轮车工人当中实在太多了，这是我们最起码的品德啊！你们让我走吧，我还得去载客做生意哩……"突然，不知道是谁，高兴地说："嗳，记下他的车号不就得了！"那个女同志恍然醒悟，跑过去往后车背一瞄，记下了车号：2963。程德旺见状，向大伙儿道了别，蹬着车子走了。身后传来阵阵赞扬声："多好的三轮车工人啊。"

几天后，车队领导接到市里转下来的一封表扬信，一查对，这位车号"2963"的三轮车工人是谁，我不说你们也知道了。

算盘谁都会打。"小算盘"，它只会使人把志气越算越短，眼光越算越小；而"大算盘"能使人把眼光越算越大，志气越算越高。愿我们大家像老劳模程德旺那样，任何时候任何地方在心里打的都是一把为国家为人民谋福利的"大算盘"！

作者：王成荣

平凡的生活使我渐渐懂得，一个人不能办好小事，又怎能干好大事，要想使周围的环境好起来自己不做努力怎么行？！

赵兰英

赵兰英

1951年生于上海。1966年6月（15岁）到新疆支边；1975年石河子市莫索湾垦区中心局报务员；1986年石河子市邮电局营业员；1985年12月入党；1995年任局电信科专职党支部书记；2005年退休回沪；2015年参加上海百老德育讲师团。

赵兰英:志在边疆写忠诚

中华人民共和国成立了,中国人民从此站起来了。妇女们也翻了身,妇女能顶半边天,她们纷纷走到担当的前台,干着一番国家大事。赵兰英好样的,不让须眉当自强,人生历程写着巾帼英雄的光荣。

15 岁的小姑娘支边新疆

在 20 世纪 60 年代城市人上山下乡的岁月,有一句口号叫得特别响:"上海好儿女志在四方。"15 岁的赵兰英还是个小姑娘,听得心潮澎湃,对新疆心向往之。

赵兰英出生在上海,上海是她的家。赵兰英人小心大,在她那幼小稚嫩的心灵上早已盛着一个美好的梦想,要为大上海添彩加分。1966 年 6 月,赵兰英毅然行进在上海好儿女志在四方的时代洪流中,报名去新疆屯垦戍边。赵兰英报名去新疆还是出乎人们的料想,更多人感到难以置信,她还小,只是 15 岁的小姑娘,还不到工作的年龄,更不要说出远门去新疆开荒种田。这个小姑娘任性凑闹猛,要不了十天半月,管保不哭着逃回上海才怪,这几乎是街坊邻里的同感和共识。赵兰英听得懂人们的议论纷纷,知道都是好心善意。说句大实话,这个决定有年少好奇的冲动,但决不轻率,赵兰英报名前有过激烈的思想斗争。新疆条件差,面对泥土背朝天种田绝不会有逛商场爽,虽然没有亲身体验和土疙瘩打交道的那苦那难,但还是能想象得出的。可她生性倔强,担心和害怕很快被执著赶得无影无踪。理想战胜了顾虑,好强占了上风。古有花木兰替父从军,红色娘子军扛枪为人民,《红灯记》中革命自有后来人等掀起赵兰英一股劲儿,浑身热血沸腾。虽说新疆是个陌生的地方,心里有志向,浑身是力量,党和人民培养我成长,哪里需要哪里就是我的家。

激情容易消逝,说得再多远比不上去做,赵兰英信奉行动才是真正的巨人。她手持上海好儿女志在四方这样一张特殊乘车证,惜别亲人,背上远去的行囊,登上西行的列车奔赴新疆。支疆人流的大部队中,赵兰英在大哥哥大姐姐当中,说什么也只是个小妹妹。和他们在一起,赵兰英感到了人多力量大的踏实,自己仿佛也真的长高长大了。从黄浦江畔走进茫茫戈壁,穿上向往已久的黄军装,虽没有红帽徽红领章,但仍然英姿飒爽,使人精神抖擞。不爱红妆爱武装的歌声飞出心窝,在天山南北激荡回响。

想象不是现实,而且反差很大。20 世纪 60 年代的新疆满天风沙扑人面,荒山戈壁天飞石,还只是待开垦的处女地,不要说石河子,就是自治区首府的乌鲁木齐,与繁华的上海滩也是判若泥云。一望无垠的荒漠人迹罕至,晚上总是漆黑一片,伸手不见五指,不绝于耳的狼嚎使人毛骨悚然。气候反复无常,干燥缺水,鼻子出血是常有的事。困难是拦路虎,只能使懦夫胆怯退缩,却难不倒数以万计的农垦战士,他们以不屈的精神战胜艰难,以坚强的毅力披荆斩棘,用辛勤的汗水和心血播种希望。新疆的快速发展和变化彰显出上海支疆青年的无私奉献。

赵兰英 1966 年 6 月来到新疆,9 年里,用锄头钉耙把身影揿入开垦的荒山沙地里,为新疆耕耘奉献。1975 年,赵兰英被调到莫索湾垦区中心局当报务员,受理电话,收发电报,接听电话,工作的单调和枯燥太令人乏味。她是个风风火火的人，不甘寂寞，对简单的报务员工作有些受不了，思想很波动，想过打退堂鼓，想调回农场开荒种地。但怎么也说不出口，这不是她的性格，她在困惑中悟理：一个萝卜一个坑，什么工作都得有人去做，我不干谁干？比较和反问产生震撼，心灵被狠狠敲打着。人不能站立往往总是因为自己把自己打倒，换位思考常是解开死结的最好办法。只有耐得住寂寞才能默默奉献。思想通了豁然开朗，她又一心扑在工作上，打开服务的心灵窗口，回应用户那期盼的目光，读懂用户的需求。赵兰英在平凡的报务员工作岗位上一干就是 11 个年头。又是工作需要，她 1986 年被调到石河子市邮电局做电信营业员，1995 年，局党委给支疆近 20 年的赵兰英压担子，决定调她到局电信科担任专职党支部书记。这是一个大科室，共有员工 363 人，其中党员 82 人，团员 96 人。赵兰英没有迟疑，走马上任，仍以“人民邮电为人民”为宗旨，从加强政治思想工作着手，紧紧依靠集体智慧和力量，把满意服务做得风生水起。

爱的奉献是忠诚

赵兰英到新疆整整 39 年，踩着边疆的土，留下奉献的情，把最宝贵的青春年华用在扎根边疆的光辉事业上，直到 2005 年退休才回到阔别已久的上海。她四次调动工作都是根据国家需要，服从组织安排，而自己从未主动提出要求，只是干一行爱一行，努力把工作做好，留下一个个感人的平凡故事。

赵兰英常常在想，每个人活着都是很不容易的，在有限的生命中怎样才能给人留下一点美好的东西，是不是一定要做出一番惊天动地的事才无愧于自己的一生？赵兰英有她的认知历程。她年轻时曾有过自己的梦，想到在新疆一定可以大有作为，可是，平凡的生活使她渐渐懂得，不能办好一件小事，又怎么能干好大事，要想使周围环境好起来，自己不做努力怎么行？

被评为全国劳模

天道酬勤。39 年支边，赵兰英用一颗滚烫的心贴紧新疆城乡，热爱边疆情愫殷殷，奉献边疆传为佳话，成为一面光荣的旗帜。1987 年、1988 年，她连续两年被自治区邮电管理局评为先进个人。1989 年至 1991 年连续三年被石河子市总工会评为优秀服务员。1991 年至 1993 年连续三年被新疆维吾尔自治区邮电管理局评为“全疆十大服务明星”之一。1993 年，新疆维吾尔自治区邮电管理局授予赵兰英“巾帼建功女英雄”的称号。1994 年，被新疆维吾尔自治区总工会树为“六赛六比先进个人”。同年 9 月被新疆维吾尔自治区总工会树为行业“十佳职业道德标兵”，1995 年被评为全国劳模。

为用户排忧解难是赵兰英的服务宗旨。

1993 年 10 月的一天，正在值班的赵兰英接待了一位行走不便的维吾尔族残疾青年，她主动走出柜台，关心地扶着他走进电话隔音间，拿凳子让他坐好后关上门离开。电话打完后，小伙子感动地说：“阿姨，您真好！像我妈妈一样亲！我常常被人瞧不起，没想到在这里就像到家一样。”

赵兰英心里有杆秤。人民邮电为人民，就是要为广大群众提供“迅速、准确、安全”的优质服务，坚持做到“急用户所急，帮用户所需”，使广大用户感到进了邮电局就像进了自己家。

1994年11月，她夜班下班后到医院去看病，门诊服务台的医护人员告诉她，外地一辆汽车在石河子出了重大车祸，车内三人都受伤了，需要赶快和他们家人联系。那时不像现在，挂长途电话都得往邮局跑。赵兰英听后，顾不上自己看病，要过伤者的地址，连跑带奔赶回邮局，给新疆尼勒克县挂长途，对方听到噩耗边哭边说："求求你帮忙问一下，发生车祸的情况怎么样了？"因为赵兰英急着给他们打电话，没有进病房，听后二话没说，立即再赶回医院。一个能说话的伤者赶忙下了病床跪在地上号啕大哭，连连说"谢谢你"。有两位重伤者不能说话，只是不停地流眼泪。赵兰英也难过地掉下了泪水，边哭边拉着他们的手："家里人都知道了，你们放心，我会照顾你们。"因为伤者身边没有那么多钱，赵兰英不顾风险，给他们作担保并照顾他们。赵兰英两天没有合眼，等到伤者家属来了才悄悄离开病房。后来，病人家属通过医院和报社找到赵兰英，感谢的同时要给她钱，被赵兰英婉言谢绝。

赵兰英对分里事认真做，对分外事多个心眼，总是感到有责任保护用户免受伤害。6月中旬的一天，营业大厅人多拥挤，她正忙着给用户办理电报手续，当她抬头瞬间，看见一个扒手做掩护，另一个扒手正在掏用户的钱包。赵兰英不顾个人安危，把用户叫到了营业大厅内，告诉他，有扒手在偷他的钱包。用户非常感谢，因为身上携带有一万多元购买农用的现金。

支疆39年的赵兰英重回故里上海，她没有停步，又开始续写新的岁月年华，成为上海百老德育讲师团的一名成员，风格依旧，做着默默无闻的志愿服务。赵兰英迈着坚实的步伐真干实干，用行动诠释着生命的价值！

作者：法　律

辛苦我一人

光明照万家

侍冬梅

侍冬梅

1949年12月生于上海。1968年上山下乡成为崇明长征农场职工；1973年7月1日加入中国共产党；1975年到2008年任市百一店灯具柜营业员；2007年，参加上海百老德育讲师团。1991年获全国“五一劳动奖状”、全国商业部劳动模范；1989年、1991年、1993年、1995年、1997年获上海市劳动模范；连续五次荣获上海“三八红旗手”、标兵；1997年被评为上海市优秀共产党员。

侍冬梅:小故事背后藏着的大真诚

侍冬梅,是共和国的同龄人,她那平凡的小故事说也说不完,被顾客美誉为“光明的使者”。

侍冬梅到过农村,1975 年从崇明农场调回城市,到市百一店灯具柜台当营业员。一干就是 33 年,侍冬梅成了新闻人物,被人们交口称赞,成为 20 世纪 90 年代商业服务的一面旗帜。

营业员这一普普通通的岗位,看似简简单单的服务,她却忘我地工作。营业员绝非清闲的工作,要一天 12 小时站柜台。侍冬梅工作第一天就累得腰酸背疼,腿麻脚肿,回到家连饭都不想吃。她的妈妈心疼女儿,但还是讲着过来人的经验体会,“调一样工作换一副骨头,用热水泡泡脚准没事,慢慢会习惯的”。侍冬梅从此一头扎进工作,开始和灯具交朋友,和传递光明结下了不解之缘。

侍冬梅工作的市百一店是著名的大商店,总是顾客盈门,络绎不绝。她的灯具柜每天要接待数不胜数的海内外客人,围绕灯饰,天天有故事,小中见大,同样感人。侍冬梅说得好:“辛苦我一人,方便千万家。”

灯的造型总是千姿百态,灯的规格更是大相径庭,一等货,一等价,价格也是千差万别。走进市百一店灯具柜,映入眼帘的是品类繁多的灯饰世界,让人有些眼花缭乱。侍冬梅有这份细心、诚心、善心,并不仅是顾及营业额和业绩,而是将“光明使者”注入她的微笑服务中,真情为

侍冬梅在修灯

买灯人支招，根据不同空间选择不同大小、功能的灯具。因人卖灯，根据不同需要，找出买灯人最需要的灯。问房配灯，针对不同空间对光源的需求不一，找出灯具和空间的最佳搭配。侍冬梅在售后服务上也是无微不至，一心为顾客着想：提供免费修灯服务；受理老弱病残顾客的电话，坚持送灯具上门；提供灯具装潢咨询服务。

一个普普通通的营业员，除日常售灯，却做起了分外事"换灯""送灯""修灯""寄灯"，将服务工作做到极致，温暖人心。

故事一：10 年后的一个敬礼

那是 1982 年的事，残疾人夫妇为读小学的女儿买盏双鱼牌台灯，但是这款台灯缺货了，他们满心失望。当班的侍冬梅看出他们的心思，一边好话安慰，一边作好登记，保证货到通知他们。想到顾客夫妇都是残疾人，侍冬梅决定利用隔天休息，寻着地址把台灯送到顾客家中。对方感到十分意外，忙不迭地一再表示感谢，他们还对女儿说："残疾人往往被人看不起，卖灯的阿姨真好，你长大了就要像阿姨一样，热心帮助他人。"

已是10年后的1992年1月15日，侍冬梅对这个日子记得特别深。那天有人对正忙着的侍冬梅说："有人找你。"她抬头看去，一个亭亭玉立、一身戎装的女军人站到她面前，她感到有些茫然。女军人连忙上前，先向侍冬梅行了个军礼，继而指着不远处站着的一对残疾人夫妇："那是我爸妈，你是10年前送台灯到我们家的好心阿姨。"

侍冬梅认出来了，喜出望外地说："原来是你们，今天怎么到这儿来啦？"残疾人夫妇走了过来，指着穿着军装的姑娘，满心欢喜地说："她是我们的女儿，考上了军校，明天就要离开上海，今天是特地赶来向你道别的。"

侍冬梅感动得双眼有些湿润，从一个敬礼感到服务他人的价值。10年前一件小事他们都牢牢记在心里，一个人做好事，并不是为了得到别人的感谢，但别人是一定会记住的。

故事二：想顾客所想，真情服务

那是1988年的寒冬腊月，台胞的来电传到了侍冬梅的耳边，说买的台灯有质量问题，不能照明，要求调换两盏。因为他明天要回台湾，事情很棘手。侍冬梅不待考虑，连夜赶到台胞下榻的海鸥饭店。经过反复试验，证明台灯质量没有问题，毛病出在使用不当。侍冬梅一边解释怎样使用，一边扭亮了台灯。看着明亮的台灯，台胞感到很抱歉，一再道歉并要送钱送物给侍冬梅表示感谢，还坚持要喊出租车送她回家。

侍冬梅再三婉言谢绝。告别顾客,待侍冬梅来到车站已是夜深人静,只得等着乘夜间车回家。

一天,有人拿着一盏台灯走到侍冬梅的面前,没好气地说:“刚买回,一会儿亮,一会儿不亮,这叫人怎么用?”侍冬梅非但不作计较,相反,十分礼貌地说:“对不起,让我看看。”侍冬梅认真检查,找出症结,实话实说:“不好意思,台灯电线有问题,想要退货或者调换都可以的。”对方听着侍冬梅语气谦和,在情在理,反而有些不好意思。他拿着调换的台灯,十分感慨地说:“我是公交车售票员,性格火暴,常与乘客闹口角,心里装着气包包,今天原来想找你出气,没想到你服务态度这样好,今后我得向你学习。”听着顾客的坦率表白,侍冬梅更坚定一个理念:买卖不只是一手交钱一手交货,更应理解包容,换位思考,做好服务工作。

故事三:来自云南的一封表扬信

侍冬梅还记得她服务过的一位云南医生,她热情地向她推荐了一盏银灰色的壁灯,简洁大方,特别实用。这个云南医生不方便自己带回去,侍冬梅就把壁灯严严实实地包装好寄给了她。她收到灯后,写信给侍冬梅:“银灰色的壁灯我非常喜欢,这不仅仅是一盏壁灯,它更是上海这个美丽、文明、友好的城市养育出来的侍师傅捧给我——一个边陲市民的一颗爱心。难怪我的朋友们都说我的运气真好,仅仅是萍水相逢,竟能遇到您这样的大好人,是啊,我是幸运的,托上海的福,托侍师傅的福。我希望此信能快快送到侍师傅手中,不是为了壁灯,而是想尽快表达我对侍师傅的感激之情,虽然我的表达能力差,言辞也很笨拙,望侍师傅能领我这份情!”侍冬梅的周到服务深深感动了祖国边陲的人们。

1973 年 7 月 1 日,侍冬梅加入中国共产党,那一刻,她就下定决心:

结对帮教

营业员是她奉献社会的新的岗位，用热情温暖他人，用真心服务他人。营业员做“光明使者”，向素不相识的人播撒光和热。从 1997 年起，侍冬梅和 12 个失足人员结对帮教，侍冬梅用心用情编织人与人之间的亲情、真情，点亮人心中的那盏灯。

“辛苦我一人，光明照万家”是侍冬梅做人的原则，她在平凡的营业员岗位上认真践行着这个原则，为千家万户送去光明。

作者：资　询

编后语

在阔步迈入新时代、新形势、新任务的2018年，我们热烈庆贺习近平总书记给上海百老德育讲师团全体同志的一封信公开发表10周年，重温总书记的殷殷教诲，坚定关爱青少年健康成长，为实现中华民族伟大复兴的中国梦奉献永在路上。

百老——一个特殊的志愿者团队，由600多位老干部、老将军、老英雄、老劳模、老教师、老专家、老艺术家等组成。这个平均年龄73岁的团队很有精气神，身体力行，依然把责任和担当扛在肩上，为下一代讲好中国故事。大家称赞百老德育讲师团是“一幅美丽的画、一首激情的诗、一曲动人的歌”。遵循中共中央总书记、国家主席、中央军委主席习近平同志的教导：“老同志的精彩人生是我们党领导人民进行革命、建设和改革的生动写照，是培养教育下一代的珍贵素材。”这是我们编写《百老风采》的初心。初版《百老风采》写了31位百老成员，新编《百老风采》适度增加篇目，增写谁成了拉不直的问号，使编著者犯难。刘文清将军戎马一生，德高望重，自然给他留有版面，老将军听后慈祥微笑着连连摆手说：“谢谢大家的好意，百老太多的老同志有着精彩的故事，还是写写他们吧。”简简单单的几句话，却彰显着老将军的品格和风骨。诚如老将军所言，百老人才济济，人民共和国的丰碑上刻有他们的光辉，历史的进程中留有他们的深深印痕，在社会主义新时期，他们更是奉献至上，续写忠诚，尽现人生风采。北海舰队原司令员王继英中将，南京路好八连原指导员、上海警备区原政委王传友少将，南京路上好八连原副指导员盛根铨，著名学者王健刚，老出版工作者、被誉为杂家的陆潜，少儿出版社资深编辑黄亦波，刑法大律师薛进展，上海监狱原管教处长孙安清，上海文化执法总队原巡视员陈晓菲，市新闻出版局退休员工党支部书记陆龙根，人称"牡丹王"的著名画家陈玉兰，上海老兵、人称抗震救灾英雄的朱乐年，好心妈妈王仁华等数不胜数，他们都有着感人的故事，新编《百老风采》实因篇幅受限，只能撷取百老成员中极少数老同志的人生故事，而且仅只是其人生片段，独立成章，传递最可宝贵的家国情怀，表达人生价值在奉献的胸怀，凸显初心永在路上的定力。

新编《百老风采》增加 24 篇，104 岁的国学大师章人英讲中国站起来、富起来、强起来的历史变迁大事记，生动感人；94 岁的老将军鲍奇，参加了 2015 年抗日战争胜利 70 周年大阅兵，他讲峥嵘岁月，教育青少年铭记历史；94 岁的郭幼栋把青春年华献给了祖国的造船事业，退休后讲了 18 年中国造船人攻坚克难、吃苦奉献的精神……百老有太多太多精彩动人的故事，闪耀着无私奉献的人格光辉。

百老德育讲师团响应习近平总书记"向着社会主义文化强国迈进"的伟大号召，和上海教育出版社联手进行新编《百老风采》的出版工作，精心打造高品位纸质阅读的亮点。该书的出版工作得到讲师团众多成员的支持和帮助，他们积极提供相关的史料与图片。在编写过程中，百老讲师团日常工作人员积极投入，他们是：副秘书长李亚飞、团长助理章贻良、办公室副主任石岐山，尤其是办公室秘书熊玮、施慧敏做了大量的文案工作，特此致谢！

因时间仓促，水平有限，编著乃存在不足或错处，敬请不惜赐教。

新编《百老风采》编辑室

图书在版编目（CIP）数据

百老风采 / 上海百老德育讲师团编著. -- 上海 :上海教育出版社,
2018.4
ISBN 978-7-5444-8259-2

Ⅰ. ①百… Ⅱ. ①上… Ⅲ. ①教师—生平事迹—上海—现代 Ⅳ.
①K825.46

中国版本图书馆CIP数据核字(2018)第056664号

封面题词　杨　堤
责任编辑　戴燕玲　邹　楠
封面设计　陈　芸

百老风采
上海百老德育讲师团　编著

出版发行　上海教育出版社有限公司
官　　网　www.seph.com.cn
地　　址　上海市永福路123号
邮　　编　200031
印　　刷　昆山市亭林印刷有限责任公司印刷
开　　本　700×1000　1/16　印张 25.25　插页1
字　　数　303 千字
版　　次　2018年4月第1版
印　　次　2018年5月第1次印刷
书　　号　ISBN 978-7-5444-8259-2/D·0105
定　　价　49.80 元

如发现质量问题，读者可向本社调换　电话：021-64377165